Klaus Kordon
Die Zeit ist kaputt

Die Zeit ist kaputt wurde mit dem Deutschen
Jugendliteraturpreis ausgezeichnet.

KLAUS
KORDON

DIE ZEIT
IST
KAPUTT

Die Lebensgeschichte des
ERICH KÄSTNER

GULLIVER
von BELTZ & Gelberg

Dieses Buch ist erhältlich als:
ISBN 978-3-407-75796-8 Print

© 1998, 2019 Gulliver
in der Verlagsgruppe Beltz · Weinheim Basel
Werderstraße 10, 69469 Weinheim
Alle Rechte vorbehalten
Weitere Rechtsauskunft im Anhang
© 1994 Beltz & Gelberg
Neue Rechtschreibung
Umschlaggestaltung: Cornelia Niere, München
Bildnachweis: Covermotiv von Walter Trier © Atrium Verlag AG,
Zürich 1935; Foto Erich Kästner: DLA-Marbach,
www.dla-marbach.de
Druck und Bindung: Beltz Grafische Betriebe, Bad Langensalza
Printed in Germany
15 16 17   23 22 21

Weitere Informationen zu unseren Autor_innen und Titeln
finden Sie unter: www.beltz.de

Inhalt

Die Anmaßung
Anstelle eines Vorworts

Erich Kästner liebte Vorworte. »Ich bin nicht dafür, daß die Besucher gleich mit der Tür ins Haus fallen«, schreibt er in seinem Erinnerungsbuch *Als ich ein kleiner Junge war*. »Es ist weder für die Besucher gut noch fürs Haus. Und für die Tür auch nicht.«[1]

Soll er also das Vorwort für seine Lebensgeschichte selber formulieren. In einem Brief an sich selbst schreibt der Einundvierzigjährige nach sieben Jahren Leben als verbotener Autor:

>»Berlin, 19. Januar 1940
>in einem Café am Kurfürstendamm

Mein lieber Kästner!

Früher schriebst Du Bücher, damit andere Menschen, Kinder und auch solche Leute, die nicht mehr wachsen, läsen, was Du gut oder schlecht, schön oder abscheulich, zum Lachen oder Weinen fandest. Du glaubtest, Dich nützlich zu machen. Es war ein Irrtum, über den Du heute, ohne daß uns das Herz weh tut, nachsichtig lächelst.

Deine Hoffnungen waren das Lehrgeld, das noch jeder hat zahlen müssen, der vermeinte, die Menschen sehnten sich vorwärts, um weiterzukommen …

9

Nun, Du weißt, daß Du im Irrtum warst, als Du bessern wolltest. Du glichst einem Manne, der die Fische im Fluß überreden möchte, doch endlich ans Ufer zu kommen, laufen zu lernen und sich den Vorzügen des Landlebens hinzugeben ...

Der Teufel muß Dich geritten haben, daß Du Deine kostbare Zeit damit vergeudest, der Mitwelt zu erzählen, Kriege seien verwerflich, das Leben habe einen höheren Sinn als etwa den, einander zu ärgern, zu betrügen und den Kragen umzudrehen, und es müsse unsere Aufgabe sein, den kommenden Geschlechtern eine bessere, schönere, vernünftigere und glücklichere Erde zu überantworten! Wie konntest Du nur so dumm und anmaßend sein! Warst Du denn nur deshalb nicht Volksschullehrer geblieben, um es später erst recht zu werden?

Es ist eine Anmaßung, die Welt, und eine Zumutung, die Menschen veredeln zu wollen. Das Quadrat will kein Kreis werden; auch dann nicht, wenn man es davon überzeugen könnte, daß der Kreis die vollkommenere Figur sei. Die Menschen lehnen es seit Jahrtausenden mit Nachdruck ab, sich von uneigennützigen Schwärmern zu Engeln umschulen zu lassen. Sie verwahren sich mit allen Mitteln dagegen. Sie nehmen diesen Engelmachern die Habe, die Freiheit und schließlich das Leben. Nun, das Leben hat man Dir gelassen ...

›Wer die Menschen ändern will, beginne bei sich selbst!‹ lautet ein altes Wort, das aber nur den Anfang einer Wahrheit mitteilt. Wer die Menschen ändern will, der beginne nicht nur bei sich, sondern er höre auch bei sich selber damit auf!

Mehr wäre hierüber im Augenblick nicht zu schreiben. Der Rest verdient, gelebt zu werden. Versuch es, und sei gewiß, daß Dich meine besten Wünsche begleiten!

Dein unzertrennlicher Freund

Erich Kästner«[2]

Der sich dies schreibt, ist ein Mann im besten Alter. Er hat einen hoffnungsvollen Anfang hinter sich und wird wenige Jahre später noch einmal von vorn beginnen.

Kindheitsbilder

Die Stadt. Die Straße. Die Eltern. Die Legende.

»Wenn es zutreffen sollte, daß ich nicht nur weiß, was schlimm und häßlich, sondern auch, was schön ist, so verdanke ich diese Gabe dem Glück, in Dresden aufgewachsen zu sein. Ich mußte, was schön ist, nicht erst aus Büchern lernen. Nicht in der Schule und nicht auf der Universität. Ich durfte die Schönheit einatmen wie Försterkinder die Waldluft.«[1]

Eine Liebeserklärung des achtundfünfzigjährigen Erich Kästner an die inzwischen kriegszerstörte ehemalige königlich sächsische Haupt- und Residenzstadt, in der er am 23. Februar 1899, morgens gegen vier Uhr, geboren wird. Doch er kommt nicht in der Innenstadt dieser einst als »Elbflorenz« gerühmten Stadt der Künste und Museen zur Welt, sondern im eher grauen Dresdner Ortsteil Neustadt, noch genauer: dicht unterm Dach der Königsbrücker Straße 66. In jener Mansardenwohnung im vierten Stock leben seine Eltern seit vier Jahren; seit sieben Jahren sind sie unglücklich miteinander verheiratet.

Die neunzehnjährige Ida Augustin, mit sechzehn Stubenmädchen, später Gesellschafterin, Vorleserin und Krankenpflegerin einer gelähmten Dame, musste unter die Haube gebracht werden. Ihre im sächsischen Döbeln verheirateten älteren Schwestern Lina und Emma fassten dafür einen jungen Mann aus ihrer Nachbarschaft ins Auge: Emil Kästner, Sattler von Beruf, jung, fleißig, ordentlich, der gerade ein eigenes kleines Handwerkergeschäft anstrebte. Ein idealer Ehemann für ein mittelloses Mädchen, wie die Schwestern fanden. Auf Idas Einwand, dass sie diesen Emil Kästner, der ihr bei Kaffee und Kuchen vorgestellt wurde, doch gar nicht liebe, antworteten die »erfahrenen« Schwestern nur, die Liebe käme schon noch – in der Ehe.

Ida Augustin blieb keine Wahl, wollte sie nicht als alterndes Dienstmädchen enden. Also ließ sie sich am 28. Februar 1892 – und damit fast auf den Tag genau sieben Jahre vor der Geburt ihres Sohnes – mit Emil Kästner verheiraten und zog aus dem Ort Kleinpelsen bei Leisnig, in dem sie geboren und aufgewachsen war, zu ihrem Mann nach Döbeln.

Dort eröffnet das junge Paar schon bald eine eigene Sattlerei. Brieftaschen, Schulranzen, Aktenmappen und Hundeleinen, Sättel, Zaumzeuge, Reitstiefel und Peitschen fertigt Emil Kästner an. Ida führt den Laden. Doch die von ihren Schwestern versprochene Liebe bleibt aus. Im Gegenteil, der biedere Handwerker wird der intelligenten jungen Frau von Tag zu Tag fremder. Und auch der Traum vom eigenen Sattlergeschäft ist bald ausgeträumt.

Der junge Kästner ist ein vorzüglicher Handwerker; was er herstellt, hält lange, seine Produkte werden auf Ausstellungen prämiiert. Als Geschäftsmann jedoch versagt er. Er arbeitet zu seriös, ist zu gewissenhaft. Der niedrige Umsatz deckt die hohen Unkosten nicht. So kann man als Selbstständiger nicht überleben. Schon gar nicht in einer Zeit, über die der Sohn später schreiben wird: »Das Maschinenzeitalter rollte wie ein Panzer über das Handwerk und die Selbständigkeit hinweg. Die Schuhfabriken besiegten die Schuhmacher, die Möbelfabriken die Tischler, die Textilfabrikanten die Weber, die Porzellanfabriken die Töpfer und die Kofferfabriken die Sattler.«[2]

Was bleibt Emil Kästner da anderes übrig, als dem Zug der Zeit zu folgen und nach Dresden zu ziehen, um sich in einer Kofferfabrik zu verdingen? So kommt das junge Paar in die Mietskaserne in der Königsbrücker Straße 66. Eine bessere Wohnung ist nicht drin, denn der Lohn in Lippolds Kofferfabrik ist gering. Ist so gering, dass Ida Kästner hinzuverdienen muss, um ihr Überleben zu sichern. Also nimmt sie eine Heimarbeit an: Leibbinden nähen; im Stücklohn.

Diese Leibbinden sind derbe, korsettähnliche Leinenbinden für korpulente Frauen. Ida schleppt die vorfabrizierten Teile in schweren, unförmigen Paketen in den vierten Stock hoch und sitzt dann bis spät in der Nacht an der Nähmaschine und näht die Teile zusammen. »Es war eine Schinderei für ein paar Pfennige. Aber hundert Leibbinden brachten eben doch ein paar Mark ein.«[3]

Eine schlimme Ausbeutung der menschlichen Arbeitskraft, aber kein besonderes Schicksal: So leben um die Jahrhundertwende viele Arbeiter- und Angestelltenfami-

14

lien. Dem Sieg Deutschlands im Deutsch-Französischen Krieg von 1870/71 (und der daraus resultierenden Geldschwemme von fünf Milliarden Goldfrancs Kriegsentschädigung!) folgte der Durchbruch der industriellen Revolution; in den anschließenden »Gründerjahren« hat sich ein selbstbewusstes Bürgertum entwickelt, das vor der erbarmungslosen Ausbeutung der niederen Klassen nicht zurückschreckt und sogar die Monarchie infrage stellt. Gleichzeitig ist ein Millionenheer von Proletariern entstanden: Menschen, die in den aus Ackerböden und Wiesen gestampften Fabriken arbeiten und in den gleich daneben hingestellten dumpfen, armseligen Mietskasernen leben müssen. Diese neue Klasse stellt nicht nur die Monarchie infrage, sondern auch ihre Ausbeuter.

Emil und Ida Kästner fühlen sich nicht als Proletarier, obwohl sie so leben und arbeiten. Kästners betrachten sich als Kleinbürger und versuchen alles, einen dementsprechenden Lebensstandard zu erreichen. Vor allem Ida Kästner stellt sich dem Erwerbskampf. Sie kommt aus einer Familie von tüchtigen Leuten. Bereits im Dreißigjährigen Krieg waren die Augustins Bäcker und verdienten gut daran, dass ihre Brötchen stets ein bisschen kleiner gerieten, als es die Vorschrift erlaubte. Später wurden die Augustins – wie auch Idas Brüder – Metzger und Pferdehändler und durch ihre Geschäftstüchtigkeit sehr wohlhabend. Ida und ihr Mann, der Lohnarbeiter Emil Kästner, sind die armen Verwandten. Darunter leidet die junge Frau – vor allem, als sie eines Tages schwanger wird. Fest davon überzeugt, dass das Kind, das da in ihr heranwächst, ein Junge ist, will sie ihrem Sohn eine bessere Zukunft bieten. Und so wird mit Emil Erich Kästners Geburt auch Ida Augustin neu geboren …

So weit die Legende, die der Sohn, zum Schutz des Rufs seiner Mutter, zu seinen Lebzeiten verbreitet. Erst 1982, acht Jahre nach Kästners Tod, wird der österreichische Kabarettist, Autor und Kästner-Schüler Werner Schneyder anlässlich einer kritischen Würdigung von Kästners Werk die Wahrheit über die Kästner'sche Familiengeschichte aufdecken.[4] Tatsächlich ist nicht der ungeliebte Emil Kästner der Vater des Jungen, sondern der langjährige Hausarzt der Familie, Sanitätsrat Dr. Zimmermann. So hat es die Mutter dem Sohn eines Tages gebeichtet; so hat Kästner es später die Mutter seines Sohnes wissen lassen. Hinzuzufügen ist, dass Dr. Zimmermann Jude war. Eine brisante Tatsache, wenn man bedenkt, dass Kästner – obwohl bekannter Gegner des Naziregimes – die vollen zwölf Jahre Hitlerdiktatur im Herrschaftsbereich der Nazis blieb.

Ende des neunzehnten Jahrhunderts weiß man noch nicht, was vierzig Jahre später als »Rassenschande« ausgelegt werden wird. Ein uneheliches Kind, das gilt als Schande. Aber Ida Kästner bekommt kein »uneheliches« Kind; es gibt einen offiziellen Vater: Emil Kästner. Und der nimmt diese Rolle an, wird ein so guter Vater, wie es ihm möglich ist; streitet zeitweise sogar mit der Frau um die Liebe dieses Sohnes. Ob Ida Kästner ihm je gestanden hat, dass er nicht der Vater ihres Erich ist, oder ob er es von Anfang an wusste, bleibt offen.

Den Vorurteilen ihrer Zeit gemäß hätte Ida Kästner wegen dieses »Fehltritts« zeitlebens ein schlechtes Gewissen haben müssen. Wenn sie es hatte, dann sicher nicht vor dem ungeliebten, von ihr verachteten Ehemann oder vor der Gesellschaft, von der sie nichts zu erwarten hatte, sondern einzig und allein vor ihrem Sohn. Würde sie diesem hübschen, intelligenten Kind eine würdige Mutter sein können? Würde sie ihm bieten können, was dem Sohn eines Sanitätsrats Dr. med. Zimmermann zustand? Sie versucht es, tut alles für den Sohn, lebt nur für ihn und durch ihn. Was bleibt dem kleinen Erich anderes übrig, als es ihr nachzutun?

»All ihre Liebe und Phantasie, ihren ganzen Fleiß, jede Minute und jeden Gedanken, ihre gesamte Existenz setzte sie fanatisch auf eine Karte, auf mich«, schreibt Kästner sechs Jahre nach ihrem Tod. Und: »Da sie die vollkommene Mutter sein wollte und war, gab es für mich … keinen Zweifel: Ich mußte der vollkommene Sohn werden.«[5]

Es fällt dem Jungen nicht immer leicht, Ida Kästners Mustersohn zu sein. Doch er ist klug, erkennt früh seinen »Auftrag«, ihrem unglücklichen Leben einen Sinn zu geben, und nimmt diesen Auftrag an. Und so wird auch der später so beliebte und gerühmte Autor vor allem immer eines bleiben: Ida Kästners Sohn.

Diese Zukunft kann die junge Ida nicht erahnen, wenn

sie in den Wäschekorb neben ihrer Nähmaschine schaut, in dem nun ihr Sohn liegt. Doch sie erhofft sich ein besseres Leben für ihn, und dafür schuftet sie. Und der Junge lernt »früh, daß er nur durch den unmenschlichen Arbeitsaufwand seiner Mutter ... eine behütete Kindheit und Jugend hat«[6], und fühlt sich der Mutter zeitlebens verpflichtet.

Die erste eigene Welt, die der kleine Erich für sich entdeckt, ist die der Königsbrücker Straße, in der er aufwächst und aus der er – gefühlsmäßig – bis an sein Lebensende nicht herauskommt. Noch zweimal ziehen Kästners in den Folgejahren um, doch immer bleibt es die Königsbrücker Straße, in der sie wohnen.

Diese Straße ist lang und hat dem kleinen Jungen viel zu bieten. Sie führt vom Neustädter Zentrum, dem Albertplatz, bis hin nach Klotzsche; beginnt hochherrschaftlich, wird kleinbürgerlich und durchquert ein Kasernenviertel. In der Nähe der Innenstadt gibt es vor den Häusern der besseren Leute Treppenaufgänge zu bestaunen, die mit Göttinnen und Nymphen aus Bronze und Marmor verziert sind; noch mehr aber imponieren dem kleinen Erich die dazugehörigen Vorgärten: Die Häuser, in denen er seine Kindheit erlebt, haben so etwas nicht.

»Mein Vorgarten war der Hinterhof, und die Teppichstange war mein Lindenbaum«, schreibt er später über seine Kindheit.[7] Im Hinterhof spielen die Kinder, an der Teppichstange turnen sie herum. Haben sie Hunger, werfen ihre Mütter ihnen Brote herunter. Eine schöne Zeit, wie Kästner findet. Dennoch: »Höfe und Teppichstangen sind etwas sehr Schönes … Nur, Fliederbüsche und Holundersträucher sind auf andere und noch schönere Weise schön.«[8]

Seinen Kindheitstraum, den Vorgarten, wird Kästner nie verlieren. »Wir zogen tiefer, weil es mit uns bergauf ging«, berichtet er über die Umzüge seiner Eltern innerhalb ein und derselben Straße vom vierten Stock der Nummer 66 in den dritten Stock der Nummer 48 und weiter in den zweiten der Nummer 38. »Wir näherten uns den Häusern mit den Vorgärten, ohne sie zu erreichen.«[9]

Als er das schreibt, kann er vor seinem Haus einen eigenen weitläufigen Garten mit Wiese, Bäumen, Vögeln und kleinem Bach genießen. Dass seine Eltern nicht so viel Glück hatten, empfindet noch der alte Mann als ungerecht.

Die Häuser mit den Vorgärten bieten dem kleinen Erich aber noch anderen Anschauungsunterricht. Sobald er lesen kann, wird er die Schilder an den Hauseingängen studieren: *Betteln und Hausieren verboten!*, *Eingang nur für Herrschaften!*, *Vorsicht! Bissiger Hund* und *Bitte, Füße abstreichen*. Auch solche Schilder gibt es an den Häusern, in denen er zu Hause ist, nicht.

Das Kasernenviertel in seiner Straße wird für den jungen Kästner erst später Bedeutung bekommen. Wobei mit »Kasernen« nicht nur Militärkasernen gemeint sind. »Ob Schule, Kadettenanstalt, Lazarett oder Kirche, an der Peripherie dieser Stadt war jedes Gebäude eine Kaserne«, heißt es im *Fabian*.[10] In einer dieser düsteren, dunkelroten oder schwärzlich-grauen Schulkasernen verbringt der Schüler Erich Kästner einen Großteil seiner Kindheit, in einer der pompös gebauten Kirchenkasernen singt er im Chor mit, vor der Pionierkaserne wird der Achtzehnjährige mit umgehängtem Karabiner Wache stehen. Keine schönen Erinnerungen. Schöne Erinnerungen stellen sich für den erwachsenen Kästner nur ein, wenn er an die Mitte der Königsbrücker Straße zurückdenkt: an die Volksküche, die Volksbücherei, den Spielplatz, der im Winter zur Eisbahn wird, den Konsumverein, all die Bäckereien und Fleischereien, Gemüseläden, Kneipen, Papierläden, die Fahrradhandlung ... Es ist diese Klein- und Kleinstbürgerwelt, die ihn geprägt hat und die für ihn stets der einzige Ort bleiben wird, »wo echte menschliche Gefühle noch einen Platz haben«[11].

Ein Kindheitsbild, das der Erwachsene nie vergessen wird: wie er als Junge mit den Eltern abends in der Küche sitzt. Wie die Mutter kocht, der Vater still sinnierend seine Zigarre raucht und wie er, Mutters Erich, genauso still dabeisitzt und liest. Er liest ja, zu Ida Kästners Stolz, fast immer. Was er an Büchern, Zeitschriften, Prospekten, Gebrauchsanweisungen, Speisekarten, Kalendern oder Zeitungsfetzen in die Hand bekommt, verschlingt er. Ein Idyll, diese Küchenszene – doch nur auf den ersten Blick. Denn da drängen sich in den Erinnerungen des erwachsenen Mannes zwei kurze Sätze in den Vordergrund: »Ich las, als wäre es Atemholen. Als wär ich sonst erstickt.«[12]

Es ist die schweigsame Nicht-Ehe der Eltern, die dem

Jungen oft die Luft nimmt. Er kann davor nicht weglaufen, also flüchtet er sich in die Welt des gedruckten Wortes.

Ein anderes Bild, an das der Erwachsene sich erinnert: wie der kleine Erich im Treppenhaus mit seiner Ritterburg und Zinnsoldaten die Schlachten der Weltgeschichte nachspielt. Einen Jungen, der nicht gern mit Soldaten spielt, den gibt es nicht im kaiserlichen Deutschland. In seinem Kinderbuch *Der 35. Mai* wird sich der eingefleischte Antimilitarist Kästner Jahre später über diese Zinnsoldatenschlachten lustig machen und die (in den Schulbüchern gerühmten) Feldherren der großen Kriege zum Gespött freigeben. Jetzt ist er Kind seiner Zeit.

Liest Erich nicht und spielt er nicht, sitzt er gern auf dem Fensterbrett, träumt und späht in die armseligen Hinterhöfe hinab. Und dann ist er manchmal ganz weit fort aus Dresden-Neustadt …

Ein letztes Kindheitsbild: Es gibt Streiks in der Stadt. Steine fliegen in die Gaslaternen der Königsbrücker Straße, berittene Gendarmerie schlägt mit gezogenen Säbeln auf Demonstranten ein. Der kleine Erich steht mit großen Augen am Fenster, bis ihn die weinende Mutter von diesem Anblick fortzerrt.

Er hat von dieser Szene nicht viel begriffen, doch er weiß nun, dass es so etwas gibt.

Der Ersatz-Mann
Der Primus. Auf den Elbbrücken.
Drama mit drei Personen. Lehren oder Lernen.

Hätte jemand den kleinen Erich Kästner gefragt, was er am liebsten werden wolle, hätte der geantwortet: Lehrer. Er hätte es schon gesagt, als er noch nicht mal schreiben und lesen konnte. Ursache dieses frühen Berufswunsches war ein Zufall. Der »Zufall« hatte Gründe:

Tag für Tag sitzt die Mutter bis tief in die Nacht hinter der Nähmaschine. Der kleine Erich wacht davon immer wieder auf. Ida Kästner und der Hausarzt Dr. Zimmermann, der nach wie vor in engem Verhältnis zur Familie Kästner steht, sind sich einig, dass es nicht gut für den Jungen ist, so wenig Schlaf zu bekommen. Also gibt die Mutter die Heimarbeit auf und hängt ein Pappschild an die Haustür. *Schönes, sonniges Zimmer mit Frühstück ab sofort zu vermieten. Näheres bei Kästner, 3. Etage.* Und nun ist es zufällig ein Lehrer, der als erster Untermieter zu Kästners in die Mansardenwohnung zieht. Franke heißt der fröhliche junge Mann, der oft am Abend bei Kästners in der Küche sitzt, Hefte korrigiert und aus der Schule erzählt. Dabei bringt er den kleinen Erich gern zum Lachen und wird so zum ersten positiven Lehrerbild des Jungen, der noch keine Schule von innen gesehen hat.

Als Franke heiratet und bei Kästners auszieht, sorgt

er für eine Nachmieterin aus seinem Kollegenkreis, eine Schweizer Französischlehrerin. Die ist nicht so fröhlich wie ihr Kollege Franke. Auf eine gewisse Art sorgt aber auch sie für Leben bei den Kästners: Die ledige Frau wird schon bald Mutter – eine Katastrophe Anfang des Jahrhunderts – und zieht unter Zurücklassung von viel Verdruss kurzfristig wieder bei Kästners aus.

Dafür wird der zweite Nachmieter, den Franke besorgt, zum Glückstreffer. Der junge, blonde, sehr sympathische Paul Schurig zieht später sogar mit Kästners in die Nummer 38 und bleibt Erichs gesamte Kindheit über so etwas wie ein älterer Kamerad und Mentor. Ist Schurig nicht anwesend, darf Erich in seinem Zimmer lesen, schreiben und Klavier üben. Blaue Berge von Diktat-, Rechen- und Aufsatzheften liegen hier herum. Dazu Lesebücher, Lehrbücher, Lehrerzeitschriften, Zeitschriften für Pädagogik, Psychologie, Heimatkunde und Geschichte. Er kann noch gar nicht lesen, da ist der Junge schon hingerissen von dieser »Landschaft aus bedrucktem und beschriebenem Papier«[1].

Bei einer solchen Vorprägung ist es kein Wunder, dass der kleine Erich sich freut, als er 1906 in die Vierte Bürgerschule in der Tieckstraße, unweit der Elbe, eingeschult wird. Es ist eine dieser düsteren Kinderkasernen, wie der erwachsene Kästner sie später beschreibt. Doch noch kennt er es nicht anders; der Bau erscheint ihm so normal wie der Rohrstock, mit dem die Kinder gezüchtigt werden. Und so wird er weiter gern zur Schule gehen und die gesamte Schulzeit über keinen einzigen Tag fehlen, egal, ob er stockheiser ist oder ihm die Mandeln wehtun, ob er Bauchschmerzen hat oder einen Furunkel auf der Sitzfläche. Sogar als er sich bei einem Unfall im Treppenhaus die Zungenbänder durchbeißt, geht er tags darauf tapfer zur Schule und sitzt danach wochenlang im Unterricht, ohne ein einziges Wort sprechen zu können.

»Ich wollte lernen und nicht einen Tag versäumen«, schreibt er später über diese Zeit.[2] Keine Frage, dass er bei einer solchen Einstellung vom ersten Tag an der Primus der Klasse ist und sich vor den Mitschülern für seinen Ehrgeiz verteidigen muss; so wie er es auch als erwachsener Mann noch tun wird. »Könnt ihr es begreifen und werdet ihr nicht lachen, wenn ich euch erzähle, dass Emil ein Musterknabe war?«, heißt es in *Emil und die Detektive*. »Seht, er hatte seine Mutter sehr lieb. Und er hätte sich zu Tode geschämt, wenn er faul gewesen wäre, während sie arbeitete, rechnete und wieder arbeitete.«[3]

Trotzdem wird aus dem Jungen kein Stubenhocker. Schon früh, noch unterhalb der zulässigen Altersgrenze, nötigt er die Mutter, ihn im Turnverein anzumelden. Nach einem Vorturnen wird er tatsächlich genommen. Später glänzt er oft bei Schauturnen; ein wirklich guter Turner allerdings wird er nicht – er hat Angst vor der Riesenwelle und gesteht sich seine Angst auch ein: »Ich wollte turnen … weil es mich freute. Ich wollte kein Held sein … Und ich bin auch keiner geworden.«[4]

Seine erste große Reise unternimmt der Erstklässler mit

dem Untermieter Schurig. Abends in der Dachkammer in dem kleinen Ort Falkenhain bei Leipzig, aus dem Schurig stammt, schreibt er unter Heimwehtränen die erste Postkarte seines Lebens, um die daheimgebliebene Mutter zu trösten. Er weiß ja, dass ihr die Trennung noch viel schwerer fällt als ihm. Und was an jenem Abend beginnt, wird so bleiben: Ihr ganzes restliches Leben, fünfundvierzig Jahre lang, wird der Sohn die Mutter mit Tausenden von Briefen und Postkarten über ihre Trennungen hinwegtrösten.

Paul Schurig hätte später gern Kästners Cousine Dora geheiratet. Kästners hätten diese familiäre Bindung an den freundlichen Schurig auch gern gesehen. Für Idas Bruder Franz jedoch – Doras Vater, Pferdehändler und Familientyrann – sind Volksschullehrer nichts als Hungerleider.

Diese Abqualifizierung seines Berufswunsches stört den Neffen Erich wenig. Da er einen geistigen Beruf anstrebt, hat er auch gar keine andere Wahl, als Lehrer zu werden. Er gehört nun mal nicht zu den Schülern, deren Eltern es sich leisten können, sie nach der Volksschule aufs Gymnasium oder die Realschule zu schicken. Nicht schulische Leistung, so viel hat er schon mitbekommen, allein der väterliche Geldbeutel ermöglicht diesen Aufstieg. Noch sehr viel später wird er diese Ungerechtigkeit als ersten bitteren Einschnitt in sein Leben empfinden.

Also Lehrer: »Das war wesentlich billiger. Der Junge ging bis zur Konfirmation in die Volksschule, und dann erst machte er seine Aufnahmeprüfung. Fiel er durch, wurde er Angestellter oder Buchhalter wie sein Vater. Be-

stand er die Prüfung, so war er sechs Jahre später Hilfs-
lehrer, bekam Gehalt, konnte damit beginnen, die Eltern
zu unterstützen, und hatte eine ›Lebensstellung mit Pensionsberechtigung‹.«[5]

Billiger ist die Lehrerausbildung, aber nicht kostenlos:
Schulgeld muss bezahlt werden, das Internat kostet Geld,
der Klavierunterricht und auch das Klavier. Emil Kästners
Lohn, die Einnahmen durch Untervermietung und die paar
Scheine, die Erich manchmal beim Hausarzt Dr. Zimmermann abholen darf, reichen dafür längst nicht aus. Da der
Sohn sich nun aber mal in den Kopf gesetzt hat, Lehrer zu
werden, und auch die Mutter diesen Ausbildungsweg für
den einzig richtigen hält, schiebt sie alle Bedenken beiseite
und fasst einen Plan: Sie will Friseuse werden. Das bedeutet, sie will in ihrem für die damaligen Verhältnisse bereits
recht fortgeschrittenen Alter von fünfunddreißig Jahren
noch einen Beruf erlernen und Geschäftsfrau werden: Was
ihrem Mann nicht gelang – ein eigenes kleines Geschäft am
Leben zu erhalten –, vielleicht gelingt ihr das ja.
    Ein in jenen Jahren ausgesprochen mutiges Unterfan-
gen. Doch Ida Kästner ist geschickt und hat flinke Hände; so findet sie nach anfänglichen Schwierigkeiten einen
Meister, der bereit ist, sie auszubilden, und eröffnet nach
beendeter Lehrzeit im linken Vorderviertel des Kästner'-
schen Schlafzimmers ihr »Etagengeschäft«. Einen Laden
zu mieten, scheidet aus finanziellen Gründen von vornherein aus. Und das Schlafzimmer gehört nur Mutter und

Sohn; Emil Kästner schläft schon seit Langem von seiner Frau getrennt, wird also durch ihren neuen Beruf in keiner Weise gestört.

Frau Ida Kästner – Friseuse – Dresden-N., Königsbrücker Straße 48 III., empfiehlt sich zur Ausführung der einfachsten bis elegantesten Tages-, Ball- und Brautfrisuren. Ondulation. Kopfwaschen. Gleichzeitig Ausübung der Gesichtsmassage steht auf der Geschäftskarte, die Mutter und Sohn schon bald darauf in den Läden des Viertels verteilen. Und die Frauen aus der Nachbarschaft lassen sich gern von der tüchtigen Ida frisieren. Kommen sie nicht ins Haus, geht sie eben zur Kundschaft. Morgens um sechs hat sie schon alles eingepackt – Spiritusbrenner, Kämme, Scheren und all das andere Handwerkszeug, das sie benötigt –, und dann geht es los, bis in die entferntesten Stadtteile, alles zu Fuß. Die Kundinnen außerhalb, die zehn oder zwanzig Frisuren oder Kopfmassagen auf einmal abonnieren und manchmal auch einen Auftrag über das Frisieren ganzer Hochzeitsgesellschaften ins Haus bringen, sind das Rückgrat des kleinen Friseurgeschäfts.

Erich begleitet die Mutter oft und lernt dabei ihre Kundinnen kennen. Die Gattin des reichen Juweliers mit ihren Sonderwünschen genauso wie die verkrüppelte Hausiererin, die sich nicht selbst frisieren kann. Arbeitet die Mutter zu Hause, hilft er ihr, schleppt heißes Wasser vom Küchenherd ins Schlafzimmer oder geht einkaufen. Nicht nur Lebensmittelbesorgungen übernimmt er, auch die oft sehr komplizierten und umfangreichen Einkäufe in der

Friseurbedarfszentrale. Zahllose Haarnadelsortierungen, Haarnetzschattierungen, Haarwaschseifen muss er sich merken. Und dann immer wieder mit der vollgepackten braunen Ledertasche die drei Etagen hoch. Noch als erwachsener Mann wird er das Ziehen in seinen Armen spüren, wenn er an diese Zeit zurückdenkt.

Er ist ein sehr zuverlässiger Junge, der Schüler Erich Kästner. Für Onkel Franz und Tante Lina – die Pferdehändler-Augustins – darf er nach den großen Pferdeauktionen sogar das Geld zur Bank bringen. Dann trägt der Zwölfjährige bis zu vierzigtausend Mark in seinem Schulranzen und nie geht eine Mark verloren. Die Schularbeiten vernachlässigt er über all diesen Nebenbeschäftigungen nicht. Die viele Arbeit, die die Mutter und er auf sich nehmen, hat ja nur einen Sinn, wenn er lernt. Und so sitzt Idas Erich oft noch beim blakenden Schein der Petroleumlampe über seinen Aufgaben und hat Ostern 1912 bis auf zwei Zweier nur Einser auf dem Zeugnis.

Ida Kästner und ihr Sohn haben ein Ziel und wachsen, um es zu erreichen, über sich hinaus. Die Mutter, weil das Dasein ihres Erich, seine Zukunft und sein Glück ihr Lebensinhalt geworden sind, der Sohn, weil er nicht wagt, die Mutter zu enttäuschen. Sie lebt nur durch ihn – also muss er für sie leben. Wenn er stolz auf seine guten Noten ist, dann hauptsächlich deshalb, weil sie stolz auf ihn sein kann. Sehr nachdenklich allerdings wird er, wenn er beobachtet, wie sie über ihm alles andere vergisst.

»Meine Mutter blickte weder nach links noch nach

rechts«, berichtet er in seinen Erinnerungen. »Sie liebte mich und niemanden sonst. Sie war gut zu mir, und darin erschöpfte sich ihre Güte. Sie schenkte mir ihren Frohsinn, und für andere blieb nichts übrig ... Darum erschien sie allen anderen kalt, streng, hochmütig, selbstherrlich, unduldsam und egoistisch ... Das machte sie unglücklich. Das trieb sie manchmal zur Verzweiflung.«[6]

Diese Verzweiflung geht so weit, dass der Sohn, wenn er aus der Schule heimkommt, in der Küche öfter einen hastig bekritzelten Zettel vorfindet. »Ich kann nicht mehr! Sucht mich nicht!«, steht darauf. Und: »Leb wohl, mein lieber Junge!« Dann jagt Erich, »von wilder Angst gehetzt und gepeitscht, laut weinend und fast blind vor Tränen, durch die Straßen, elbwärts und den steinernen Brücken entgegen. Die Schläfen hämmerten. Der Kopf dröhnte. Das Herz raste. Ich lief in Passanten hinein, sie schimpften, und ich jagte weiter. Ich taumelte vor Atemlosigkeit, schwitzte und fror, fiel hin, rappelte mich hoch, merkte nicht, daß ich blutete, und jagte weiter. Wo konnte sie sein? Würde ich sie finden? Hatte sie sich etwas angetan? War sie gerettet worden? War es noch Zeit, oder war es zu spät? ›Mutti, Mutti, Mutti?‹ stammelte ich in einem fort und rannte um ihr Leben. ›Mutti, Mutti, Mutti!‹ Mir fiel nichts weiter ein. Es war bei diesem Wettlauf mit dem Tod mein einziges endloses Gebet.«[7]

Er findet sie fast jedes Mal. Bewegungslos steht sie auf einer der Brücken und starrt ins Wasser. Er ruft sie, packt sie, zerrt an ihr, umarmt sie, schreit, weint und schüttelt sie, bis sie endlich wieder zu sich kommt.»Jetzt erst erkannte sie mich. Jetzt erst merkte sie, wo wir waren. Jetzt erst erschrak sie. Jetzt erst konnte sie weinen und mich fest an sich drücken und mühsam und heiser sagen: ›Komm, mein Junge, bring mich nach Hause!‹ Und nach den ersten zaghaften Schritten flüsterte sie: ›Es ist schon wieder gut.‹«[8]

Manchmal findet der Sohn die Mutter nicht. Dann irrt er ratlos von einer Brücke zur anderen, immer in der Angst, Boote zu entdecken, von denen aus mit Stangen nach ihr gefischt wird. Ist er endlich wieder zu Hause, schläft er vor Erschöpfung ein. Wenn er aufwacht, sitzt sie neben ihm, versucht zu lächeln, und er bekommt wieder dieses »Es ist schon wieder gut!« zu hören.

Eines Tages hält er seine Angst um sie nicht mehr aus. Er muss mit jemandem reden – und weiß längst, dass Emil Kästner nicht der richtige Gesprächspartner für seine Sorgen ist. Ein anderer Mann fällt ihm ein, den er seit seiner Geburt kennt und zu dem er unbedingtes Vertrauen hat: Sanitätsrat Dr. Zimmermann. Noch ahnt der Junge nicht, dass der langjährige Hausarzt sein Vater ist. Er geht zu ihm in die Radeberger Straße, weil er seit Langem spürt, dass dieser freundliche Arzt, der den Kästners ja hin und wieder sogar Geld zukommen lässt, Anteil am Schicksal seiner Mutter nimmt.

Dann sitzt er dem gut aussehenden Mann mit dem Knebelbart gegenüber. Und der Sanitätsrat spielt den väterlichen Freund und ist insgeheim sicher sehr stolz auf den hübschen, aufgeweckten Sohn.

»Deine Mutter arbeitet zuviel«, tröstet er ihn, als er von den Selbstmordabsichten Ida Kästners erfahren hat. »Ihre Nerven sind nicht gesund. Es sind Krisen, schwer und kurz wie Gewitter im Sommer. Sie müssen sein, damit sich die Natur wieder einrenkt. Hinterher ist die Luft doppelt frisch und rein.«[9] Und er fährt dem Sohn übers Haar und rät ihm, die Mutter zu überreden, mal ein paar Monate auszuspannen. Irgendwo im Grünen. Der Junge jedoch weiß, dass die Mutter das nicht tun wird: seinetwegen. Sie muss ja Geld verdienen. Er macht sich Vorwürfe und wieder tröstet ihn der Arzt: »Wenn sie dich nicht hätte, wäre es viel schlimmer.« Und dann sagt er dem verstörten Jungen, dass er keine Angst haben muss. Seine Mutter wird nicht von der Brücke springen: »Auch wenn sie alles um sich her vergißt, wird ihr Herz an dich denken. Du bist ihr Schutzengel.«[10]

Von nun an verspürt Erich noch mehr Verantwortung für die Mutter, glaubt er doch, dass all ihr Kummer nur mit ihrer vielen Arbeit – also mit ihm! – zu tun hat.

Auch Emil Kästner tut das Seine, um dem Sohn den gewünschten Beruf zu ermöglichen. Ida jedoch ist viel zu sehr in ihre eigene aufopferungsvolle Rolle vertieft, um zu begreifen, welche Leistung dieser Mann vollbringt. Der Sohn übersieht es nicht; wenn er das wahre Ausmaß dessen, was dieser stille, ruhige Mann seinetwegen auf sich nimmt, auch erst sehr viel später begreifen wird.

Jeden Morgen um sechs rasselt der Wecker. Eine halbe

Stunde läuft Emil Kästner durch die Stadt zur Kofferfabrik, abends kehrt er müde heim, setzt sich in der Küche auf seinen Schusterschemel und repariert in Privatarbeit Taschen und Mappen, Ranzen und Koffer, besohlt Schuhe und stellt unzerreißbare Portemonnaies und Brieftaschen her. Auf dem Herd kocht und stinkt währenddessen der Leim. Ein Grund für Ida Kästner, ihren Mann eines Tages in den Keller zu verbannen. Und so sitzt Emil Kästner bald Abend für Abend in Strickjacke und mit dicken Filzpantoffeln an den Füßen zwischen Kohlen, Brennholz und Kartoffeln und hält seinen Leim auf einem Spirituskocher am Sieden. Er sei nicht unglücklich über sein Kellerleben gewesen, vermutet Kästner später, hatte er doch im Keller Ruhe vor der strengen Frau.

Taucht der Vater zur abendlichen Gesprächsrunde mit dem Untermieter doch mal in der Küche auf und steht, den Reden der anderen zuhörend, mit dem Rücken am warmen Herd, spottet die Mutter gern: »Emil hält den Ofen, damit er nicht umfällt.«[11]

Der Vater gehört auch nicht dazu, wenn Mutter und Sohn durch den Thüringer Wald und die Lausitzer Berge, die Sächsische Schweiz und das böhmische Mittelgebirge, das Erzgebirge, das Isergebirge und den Harz wandern; ist nicht dabei, wenn sie Ruinen und Klöster, Burgen und Museen, Dome und Schlösser, Wallfahrtskirchen und Rokokogärten besichtigen. Als ihr Erich acht ist, beginnt die Mutter mit diesen Ferienwanderungen. Bis zu seinem vierzehnten Lebensjahr – da ist sie vierzig – gibt es keine großen Ferien, in denen die beiden nicht auf Wanderschaft gehen. Einmal versucht die Mutter sogar, noch schwimmen zu lernen – damit sie dabei sein kann, wenn Erich ins Schwimmbad geht –, und ertrinkt beinahe. Ein andermal lernt sie für ihn Rad fahren, damit sie auf ihren Wanderungen mobiler sind, versteht aber die Rücktrittbremse nicht, was in den Bergen zu gefährlichen Situationen führt. Zur Erleichterung aller gibt sie es bald wieder auf.

Kehren Mutter und Sohn von ihren oft bis zu vierzehntägigen Wanderungen in die Königsbrücker Straße zurück, hat der Vater zuvor gründlichst die Wohnung geputzt. Doch nie kann er sie zu Hause erwarten, sie kommen immer, wenn er in der Fabrik ist. Nach Feierabend tritt er dann herein und sagt zufrieden: »Da seid ihr ja wieder!« Weiterer Äußerungen enthält er sich; das Reden besorgen Mutter und Sohn.

Emil Kästner spürt immer deutlicher, dass er nicht dazugehört, und der Sohn wächst immer stärker in die Rolle von Ida Kästners Ersatzmann hinein.

Eines Tages kommt dann noch eine weitere Gemeinsamkeit hinzu: Mutter und Sohn gehen zum ersten Mal miteinander ins Theater. Billigste Plätze, aber ein unvergessliches Erlebnis für Erich. Eine große Liebe zur Bühne erwacht in ihm – und die Mutter fördert diese Zuneigung, wie sie alles fördert, was ihren Erich weiterbringt. Der Vater hat auch hieran keinen Anteil.

Die Mutter ergreift vom Sohn Besitz. Mit all ihrer übergroßen Liebe zu ihm. Sie gibt ihn nicht her, bewacht ihn sogar vor dem Mann, der ihm Vater sein muss, obwohl er es nicht ist. Trotz all der schönen Erlebnisse, die sie ihrem Erich beschert, eine Tragödie für den sensiblen Jungen. Besonders an den Heiligabenden. Vor der Weihnachtsbescherung, für Kinder sonst das Schönste an diesem Fest, fürchtet er sich.

Ida und Emil Kästner sind, wenn es um den Sohn geht, aufeinander eifersüchtig. Sie versuchen es zu verbergen, doch an den Weihnachtsabenden gelingt es ihnen nicht. Wochenlang hat der Vater für den Sohn einen wundervollen Pferdestall gebastelt, mit Raufen, Haferkiste und Stallbesen, die Pferde mit Zaumzeug und Mähnen: alles bis in jede Einzelheit mit viel Liebe angefertigt. Die Mutter durchstreifte währenddessen die Stadt, immer auf der Suche nach Geschenken für ihren Erich. Sie häuft Berge davon an, um sie am Heiligabend auf den Tisch legen zu können: Rollschuhe, Ankersteinbaukästen, Hanteln und Keulen für den Turnverein, einen Faustball für den Hof, Schlittschuhe, Wanderstiefel, einen Norwegerschlitten, einen Kaufmannsladen, einen Zauberkasten und, und, und. »Es war ein Konkurrenzkampf aus Liebe zu mir, und es war ein verbissener Kampf. Es war ein Drama mit drei Personen, und der letzte Akt fand, alljährlich, am Heiligabend statt. Die Hauptrolle spielte ein kleiner Junge. Von seinem Talent aus dem Stegreif hing es ab, ob das Stück eine Komödie oder ein Trauerspiel wurde«[12], schreibt Kästner.

Zum Glück ist Erich ein guter Schauspieler. Mit einem

elenden Gefühl im Herzen steht er kurz vor der Bescherung in der Küche und wartet darauf, ins Wohnzimmer gerufen zu werden. Als es so weit ist, haben sich Mutter und Vater links und rechts vom Tisch postiert, jeder neben seinen Gaben. Und nun muss der Sohn sich freuen, ohne den Vater oder die Mutter in seiner Freude über die jeweiligen Geschenke zu benachteiligen. Er freut sich nach rechts – zur Freude seiner Mutter –, er freut sich nach links – zur Freude des Vaters. »Und noch einmal rechts, und noch einmal links, und nirgends zu lange, und nirgends zu flüchtig.«[13]

Er freut sich ehrlich und muss seine Freude »zerlegen und zerlügen«. Ein Kind als von zwei Seiten bestochener Schiedsrichter; Freude, die zur Angst wird. Dazu ein ewig schlechtes Gewissen dem Vater gegenüber, weil er die Mutter ein bisschen mehr drückt als ihn. Eine geteilte Liebe, glaubt er, würde sie nicht verkraften. Wird aber der Sohn die Rolle, die er da spielen muss, jemals verkraften? Er sieht ja auch, wie kaltherzig die Eltern sich beschenken: »Mein Vater holte ein Portemonnaie aus der Tasche, das er im Keller zugeschnitten und genäht hatte, hielt es meiner Mutter hin und sagte: ›Das hätt ich ja beinahe vergessen!‹ Sie zeigte auf ihre Tischhälfte, wo für ihn Socken, warme lange Unterhosen und ein Schlips lagen …«[14]

Der Junge wagt nicht, an der Mutter zu zweifeln. Zweifel hätten ihn vielleicht dazu gebracht, sie eines Tages zu hassen – und damit hätte er sie für immer verloren. Der Vater ist ihm nicht so nah, dessen Rolle sieht er nüchterner. Was es bedeutet, unglücklich verheiratet zu sein, das allerdings prägt sich ihm in diesen Jahren für alle Zeiten ein.

Natürlich besteht der ausgezeichnete Schüler Kästner die Aufnahmeprüfung in die »Präparande«, die Übergangsklasse von der Bürgerschule zum Lehrerseminar, mit Glanz und Gloria und ist bereits ein Jahr später, 1913, Schüler des Freiherrlich von Fletscher'schen Lehrerseminars. Die Mutter ist stolz: ihr Erich – ein Seminarist! Der Sohn ist ebenfalls stolz: auf die grüne Mütze mit den rot-goldenen Streifen, die er nun tragen darf, und auf die Mutter, die ihm diese Ausbildung ermöglicht hat.

Im Lehrerseminar trifft der junge Kästner auf andere »begabte, bildungshungrige Söhne des Handwerkerstandes, der Arbeiterschaft und des Kleinbauerntums«[15]. Der Staat braucht Lehrer und die jungen Männer aus den bessergestellten Kreisen lehnen diesen Brosamenberuf ab. Also finanziert der Staat die Ausbildung mit, um die ärmeren Begabten für jenen staatspolitisch so bedeutsamen Beruf zu gewinnen. Der Preis, den die Seminaristen dafür bezahlen müssen, ist hoch: Auf sie wird herabgeblickt. Armeleutekinder! Und natürlich wird ihr Abgangszeugnis nicht dem Abitur gleichgestellt, obwohl Begabungsdurchschnitt und Wissensniveau der Seminaristen unleugbar über dem Mittelwert anderer Schulen liegen.

Zum Seminar gehört ein Internat. Ein »großes graues Gebäude mit schiefergedeckten, spitzen Ecktürmen …

Früh läutete der Hausmeister. Die Jagd begann: Schlafsaal, Waschsaal, Schrankzimmer, Speisesaal. Die Jüngsten
deckten den Tisch, holten die Butterdosen aus dem Eis-
schrank und die emaillierten Kaffeekannen aus dem Auf-
zug. Die Jagd ging weiter: Wohnzimmer, Staubwischen,
Klassenzimmer, Unterricht, Speisesaal. Die Jüngsten
deckten den Tisch fürs Mittagessen. Die Jagd ging weiter: Freizeit, Gartendienst, Fußballspiel, Wohnzimmer,
Schularbeiten, Klassenzimmer, Speisesaal. Die Jüngsten
deckten den Tisch fürs Abendbrot. Die Jagd ging weiter:
Wohnzimmer, Schularbeiten, Waschsaal, Schlafsaal.« In
der Aula finden statt: »Morgenandacht, Abendandacht,
Orgelspiel, Kaisers Geburtstag, Sedanfeier, Schlacht bei
Tannenberg, Fahnen im Turm, Osterzensuren, Entlassung
der Einberufenen, Eröffnung der Kriegsteilnehmerkurse,
immer wieder Orgelspiel und Festreden voller Frömmig-
keit und Würde ... Einigkeit und Recht und Freiheit hatte
sich in der Atmosphäre dieses Raumes festgebissen.«[16]

Lehrer werden mit Beiseitetreten und Hände-an-die-
Hosennaht gegrüßt. Betritt ein Lehrer das Arbeitszim-
mer, müssen die Seminaristen aufspringen, und der Stu-
benälteste hat Meldung zu erstatten. Nicht lange, und
im Freiherrlich von Fletscher'schen Lehrerseminar gibt
es zwei Kästner: den fleißigen Seminaristen und ewigen
Klassenprimus, der den hervorragenden Unterricht, der
ihm geboten wird, wohl zu schätzen weiß, und den em-
pörten Jungen, der sich durch diesen Drill in seinem »an-

geborenen Sinn für Freiheit und Gleichberechtigung« verletzt sieht. »Der Staat lenkte unsere Erziehung geradlinig dorthin, wo er den größten Nutzeffekt sah. Er ließ sich in den Seminaren blindlings gehorsame, kleine Beamte mit Pensionsberechtigung heranziehen. Unser Unterrichtsziel lag nicht niedriger als das der Realgymnasien. Unsere Erziehung bewegte sich auf der Ebene der Unteroffiziersschulen. Das Seminar war eine Lehrerkaserne.«[17]

Er lehnt sich fortwährend gegen diese Erziehungsmethoden auf. Und als seine Mutter erkrankt, kneift er trotz Verbots aus, um ihr etwas zu essen zu kochen. Zur Strafe sperrt man ihn in den Karzer. Das verstärkt seine Abneigung noch. Bald hat er den Ruf weg, ein renitenter Schüler zu sein.

In seinem Kinderbuch *Das fliegende Klassenzimmer* glättet Kästner diese Erfahrungen später freundlich und reichert seine Geschichte mit einigen positiven Lehrerpersönlichkeiten an. In seinem Gedicht *Kleine Führung durch die Jugend* wird er deutlicher. Da lässt er sich als Erwachsenen heimkommen in die Stadt, in der er seine Jugend verbracht hat, durch die alten Straßen gehen und schließlich vor der Schule anlangen:

»Das ist die Schule. Hier hat man gewohnt.
Im Schlafsaal brennen immer noch die Lichter.
Im Amselpark schwimmt immer noch der Mond.
Und an die Fenster pressen sich Gesichter.
Das Gitter blieb. Und nun steht man davor.

Und sieht dahinter neue Kinderherden.
Man fürchtet sich. Und legt den Kopf ans Tor.
(Es ist, als ob die Hosen kürzer werden.)

Hier floh man einst. Und wird jetzt wieder fliehn.
Was nützt der Mut? Hier wagt man nicht zu retten.
Man geht, denkt an die kleinen Eisenbetten
und fährt am besten wieder nach Berlin.«[18]

Auch in seiner Geschichte *Die Kinderkaserne* greift Kästner Erinnerungen an die Internatzeit auf. Darin bringt ein Dreizehnjähriger, dessen Mutter gestorben ist, einen Oberprimaner um, der ihn zuvor böse schikaniert hat. Diesen Oberprimaner gibt es im *Fliegenden Klassenzimmer* ebenfalls – nur kommt er hier aus Reue zur Einsicht.

1946 schreibt Kästner über die Pädagogen seiner Zeit: »Die Lehrer haben im Dritten Reich versagt, weil, vor 1933, die Lehrerbildung versagt hat. Es kann nicht früh genug darauf hingewiesen werden, daß man die Kinder nur dann vernünftig erziehen kann, wenn man zuvor die Lehrer vernünftig erzieht.«[19]

Zu Anfang seiner Seminaristenzeit verspürt der junge Kästner nur eine unbewusste Abneigung gegen den ehemaligen Wunschberuf. Jahre später, mitten im Ersten Weltkrieg, als der Siebzehnjährige vor einer Schulklasse steht und, da die älteren Seminaristen bereits im Felde sind, Unterricht erteilen muss, erkennt er seinen Irrtum: »Die Professoren, die als pädagogische Beobachter dabeisaßen, merkten nichts ... Doch die Kinder in den Bänken, die spürten es wie ich. Sie blickten mich verwundert an. Sie antworteten brav. Sie hoben die Hand. Sie standen auf. Sie setzten sich. Es ging wie am Schnürchen. Die Professoren nickten wohlwollend. Und trotzdem war alles grundverkehrt. Und die Kinder wußten es. Der Jüngling auf dem Katheder, dachten sie, das ist kein Lehrer, und er wird nie ein richtiger Lehrer werden. Und sie hatten recht. Ich war kein Lehrer, sondern ein Lerner. Ich wollte nicht lehren, sondern lernen. Ich hatte Lehrer werden wollen, um möglichst lange ein Schüler bleiben zu können. Ich wollte Neues, immer wieder Neues aufnehmen und um keinen Preis Altes, immer wieder Altes weitergeben ... Ich war ungeduldig und unruhig, ich war kein künftiger Erzieher. Denn Lehrer und Erzieher müssen ruhig und geduldig sein. Sie dürfen nicht an sich denken, sondern an die Kinder. Und sie dürfen Geduld nicht mit Bequemlichkeit verwechseln. Lehrer aus Bequemlichkeit gibt es genug. Echte, berufene, geborene Lehrer sind fast so selten wie Helden und Heilige.«[20]

Ein paar Jahre später bedauert er, dass er als Schüler ein solch »patentierter Musterknabe« war[21], nach dem Zweiten Weltkrieg wird er resümieren: »Man hat uns ... die falsche Tapferkeit gelehrt ... Man hat uns die falschen Jahreszahlen eingetrichtert und abgefragt. Man hat uns die gefährliche Größe ausgemalt, und die echte Größe fiel unter das Katheder. Man hat die falschen Ideale ausposaunt, und die wahren hat man verschwiegen. Man hat uns Kriegsgeschichte für Weltgeschichte verkauft.«[22]

Und in seiner *Ansprache zu Schulbeginn* verrät der inzwischen über fünfzigjährige Kästner den ABC-Schützen, für die es jetzt ernst wird: »Früchtchen seid ihr, und Spalierobst müßt ihr werden! Aufgeweckt wart ihr bis heute, und einwecken wird man euch ab morgen ... Vom Baum des Lebens in die Konservenfabrik der Zivilisation – das ist der Weg, der vor euch liegt.«[23]

Er erinnert sich vor den Kindern, wie er selbst zum ersten Mal in der Schule saß und es ihm »das Herz abdrückte«, und fährt fort: »Laßt euch die Kindheit nicht austreiben! Schaut, die meisten Menschen legen ihre Kindheit ab wie einen alten Hut. Sie vergessen sie wie eine Telefonnummer, die nicht mehr gilt ... Früher waren sie Kinder, dann wurden sie Erwachsene, aber was sind sie nun? Nur wer erwachsen wird und Kind bleibt, ist ein Mensch!«

Er bittet die Kinder mit den Schultüten, zu lernen und nicht wie Ochsen zu büffeln, und gesteht, dass er aus eigener Erfahrung spricht, weil er als Kind auf dem besten Wege gewesen sei, so ein Ochse zu werden. Besonders eindringlich aber legt er ihnen ans Herz, ihren Schulbüchern zu misstrauen, denn sie seien »nicht auf dem Berge Sinai entstanden«, sondern aus »alten Schulbüchern, die aus alten Schulbüchern entstanden sind, die aus alten Schulbüchern entstanden sind, die aus alten Schulbüchern entstanden sind«[24].

Hätte aus so einem – auf Dauer – je ein Lehrer werden können?

Kennst du das Land?

Der Landweg nach Kleinasien.
Rochlitz, Braun und Kern. Sergeant Waurich.
Die andre Möglichkeit.

Vom »Ausbruch« des Weltkrieges, von dem man noch nicht weiß, dass es nur der erste ist, erfährt Kästner als Fünfzehnjähriger in den großen Ferien. Die wohlhabende Tante Lina hat Mutter und Sohn Kästner eine Reise an die Ostsee spendiert – unter der Bedingung, dass sie ihre Tochter Dora mitnehmen.

Es ist Erichs erste Reise ans Meer. Er braucht Zeit, sich mit der Norddeutschen Tiefebene anzufreunden. Als es ihm gelungen ist, am 1. August des Jahres 1914, mitten hinein ins Ferienglück, befiehlt der deutsche Kaiser die Mobilmachung. »Der Tod setzte den Helm auf. Der Krieg griff zur Fackel. Die apokalyptischen Reiter holten ihre Pferde aus dem Stall. Und das Schicksal trat mit dem Stiefel in den Ameisenhaufen Europa. Jetzt gab es keine Mondscheinfahrten mehr, und niemand blieb in seinem Strandkorb sitzen. Alle packten die Koffer. Alle wollten nach Hause. Es gab kein Halten.«[1]

Auch Mutter und Sohn Kästner und Cousine Dora drängen sich mit ihren Koffern in den heimwärts flüchtenden Menschenstrom.

»Der Zug war überfüllt. Alle Züge waren überfüllt.

Berlin glich einem Hexenkessel. Die ersten Reservisten marschierten, mit Blumen und Pappkartons, in die Kasernen. Sie winkten, und sie sangen: ›Siegreich woll'n wir Frankreich schlagen, sterben als ein tapfrer Held!‹ Extrablätter wurden ausgerufen. Der Mobilmachungsbefehl und die neuesten Meldungen klebten an jeder Hausecke, und jeder sprach mit jedem. Der Ameisenhaufen war in wildem Aufruhr, und die Polizei regelte ihn … Der Weltkrieg hatte begonnen, und meine Kindheit war zu Ende.«[2]

Cousine Dora, echte Pferdehändlerstochter, sieht aber auch das Positive an diesem Krieg, von dem sie sich noch nicht vorstellen kann, was er wirklich für die Menschen bedeutet. »Jetzt wird mein Vater noch viel mehr Pferde verkaufen«, kommentiert sie die Geschehnisse.

Worum es in diesem Krieg geht, ist für die Menschen schwer zu verstehen. Der Kaiser beteuert, Neider zwängen Deutschland das Schwert in die Hand. Er spricht von »Bündnistreue«, von »deutscher Macht und Ehre« und davon, dass er von nun an keine Parteien mehr kenne, sondern nur noch Deutsche. Und die Parteien parieren. Am 1. August 1914 schreibt der SPD-eigene *Vorwärts* noch: »Wir wollen keinen Krieg!« Vierundzwanzig Stunden später heißt es im gleichen Blatt: »Die eisernen Würfel rollen.« Die SPD will – mit Ausnahme des Reichstagsabgeordneten Karl Liebknecht, der die Kriegskredite nicht bewilligt – das Vaterland in der Stunde der Gefahr nicht im Stich lassen. Führende Intellektuelle preisen den

Kriegsausbruch als »befreiende Tat«, andere verspüren ein »Glücksgefühl«; große deutsche Dichter wie Thomas Mann und Gerhart Hauptmann rufen zur Verteidigung der Heimat auf. Im hektischen Strudel der Ereignisse wird von den meisten verkannt, worum es tatsächlich geht in diesem Krieg der großen Worte.

Es geht um politischen Einfluss und es geht um Kolonien und damit um Marktanteile. Der ehemalige Staatssekretär im Auswärtigen Amt und deutsche Reichskanzler von Bülow (1900–1909) hat es bereits 1897 deutlich gesagt: »Die Zeiten, wo der Deutsche dem einen seiner Nachbarn die Erde (gemeint ist Frankreich, K. K.), dem anderen das Meer (die Seemacht England, K. K.) und sich selbst den Himmel reservierte ..., sind vorüber. Mit einem Wort: Wir wollen niemand in den Schatten stellen, aber wir verlangen auch unsern Platz an der Sonne.«[3]

Diese Rede wurde nicht irgendwo gehalten, sondern im Deutschen Reichstag in Berlin. Folge ist die deutsche Kanonenbootpolitik, die Europa Anfang des Jahrhunderts immer wieder an den Rand eines Krieges treibt. Er bricht aus, als am 28. Juni 1914 eine serbisch-nationalistische Organisation, die gegen die österreichisch-ungarischen Pläne zur Eingliederung der Slawen als dritte Nation in das österreichische Imperium kämpft, in Sarajevo den österreichischen Thronfolger ermordet. Auf den Tag genau einen Monat später erklärt Österreich-Ungarn Serbien den Krieg. Die serbische Antwort auf ein Ultimatum, das fordert, österreichische Polizisten an den Untersuchungen des Mordanschlags auf serbischem Gebiet teilnehmen zu lassen, wird als »ungenügend« abgelehnt.

Österreich-Ungarn ist Deutschlands Bündnispartner (Mittelmächte: 3,5 Millionen Soldaten unter Waffen), das gegnerische Bündnis ist die Entente (Frankreich, England und Russland, das mit Serbien verbündet ist: 5,7 Millionen Soldaten unter Waffen). Bündnispartner stehen einander bei – und Deutsche sind treu. Deshalb macht das Deutsche Reich tatsächlich auch nicht erst am 1. August mobil, wie es der Welt und dem eigenen Volk weisgemacht und später in offiziellen Geschichtsbüchern nachzulesen sein wird, sondern bereits am 10. Juli, drei Wochen vor Kriegsausbruch. Und damit der in der Luft liegende Krieg und die erhoffte Neuaufteilung der Welt nicht etwa doch noch verhindert wird, überreicht die deutsche Regierung der österreichischen als diplomatische Note eine Art »Blankoscheck« für jedwede Reaktion auf das Attentat von Sarajevo.

Das deutsche Volk, das in jenen Augusttagen seine Söhne jubelnd in den Krieg schickt, ahnt nichts von dieser Art Diplomatie. Niemand weiß, dass noch am 29. Juni 1914 der deutsche Botschafter in London das Auswärtige Amt in Berlin darüber informiert hat, dass England, solange sich der Konflikt auf Österreich und Russland beschränkt, abseitszustehen wünscht. Falls aber Deutschland und Frankreich in diesen Krieg mit hineingezogen würden, sei die Lage ab sofort eine andere.

Die kaiserliche Regierung beachtet diese Warnung

nicht. Am 1. August 1914 erklärt sie Russland den Krieg und am 3. August Frankreich. Am 4. August fallen deutsche Truppen ohne vorherige Kriegserklärung in das neutrale Belgien ein. Weihnachten seien die Soldaten wieder zu Hause, tröstet Wilhelm II. sein Volk und glaubt das in seiner Selbstüberschätzung vielleicht sogar selbst. August Thyssen, Stahlproduzent und einer der deutschen Industriekönige jener Jahre, sieht die Lage anders. Bereits im September 1914 schreibt er in einer *Kriegszieldenkschrift*:

»Werden wir den Krieg so glorreich durchführen, wie wir ihn begonnen haben, dann werden wir Frankreich und Rußland niederwerfen und beiden Staaten die Bedingungen zu Lande diktieren können, die wir für notwendig erachten. Was zunächst das westliche Gebiet anbelangt, so bin ich der Meinung, daß Belgien, die Departements du Nord und Pas de Calais mit den Häfen Dünkirchen und Boulogne, das Departement Meurthe und Moselle mit dem französischen Festungsgürtel und der Maas als Grenze bis zur Höhe von Givet und im Süden die Departements Vosges und Haut-Saone mit der Festung Belfort dem deutschen Reiche als Reichsland einverleibt werden müßten. Rußland muß uns die Ostseeprovinzen, vielleicht Teile von Polen und das Dongebiet mit Odessa, die Krim sowie asowsches Gebiet mit dem Kaukasus abtreten, um auf dem Landwege Kleinasien und Persien zu erreichen. Sie werden diese Ansicht vielleicht für undurchführbar halten. Dennoch werden wir nur dann eine Weltmachtstellung erreichen können, wenn wir jetzt nach dem Kaukasus und Kleinasien kommen, um England und Ägypten und Indien, wenn erforderlich, erreichen zu können.«[4]

Thyssen redet nicht um den heißen Brei herum, er spricht deutlich aus, wonach es das Deutsche Reich dürstet. Seine Schlussfolgerung: »Die Schaffung neuer aufnahmefähiger Absatzgebiete ergibt sich daher für Deutschland nach der Aufnahme der neuen industriereichen Gebiete mit gebieterischer Notwendigkeit; daher müßte Deutschland bei Friedensschluß neben dem französischen und belgischen Kongo auch Marokko als Kolonien unbedingt beanspruchen.«[5]

Mag der Kaiser von der Verteidigung des Vaterlandes reden, von »heil'ger Pflicht und deutscher Treu«, die Herren der Großindustrie in ihrem Eifer benennen die wahren Kriegsziele. Und weil ihre Pläne so weitreichend sind und die Gegner ihren »Besitz« mit Klauen und Zähnen verteidigen, ist Weihnachten 1914 kein einziger gesunder deutscher Soldat wieder zu Hause, und auch die Weihnachtsfeste 1915, 1916 und 1917 finden nicht im Frieden statt. Immer weitere Staaten erklären einander den Krieg und immer grausamer werden die eingesetzten Kriegsmittel.

Schon bald jubelt niemand mehr in Dresden, Berlin, Hamburg, München. Die sich häufenden Traueranzeigen in den Zeitungen, die Lazarettzüge, die Nacht für Nacht in die Bahnhöfe einlaufen – nachts, damit niemand die schrecklich Verstümmelten zu sehen bekommt! –, die Kinder, die an Unterernährung, Lungentuberkulose und Hungergrippe sterben, weil sie nur ungenügend ernährt werden können, lassen sich von niemandem wegleugnen. Immer öfter kommt es zu Streiks gegen den Krieg; Säbel schwingende Polizisten reiten die Demonstranten nieder.

Auch die Schüler des Freiherrlich Fletscher'schen Lehrerseminars zu Dresden werden vom Krieg nicht verschont. Immer wieder werden nachrückende ältere Jahrgänge ins »Feld der Ehre« verabschiedet, immer häufiger erreichen die Zurückbleibenden Todesnachrichten von der Front:

> »Der Rektor trat, zum Abendbrot,
> bekümmert in den Saal.
> Der Klassenbruder Kern sei tot.
> Das war das erste Mal ...
> Dann lasen wir wieder Daudet und Vergil
> und wurden zu Ostern versetzt.
> Dann sagte man uns, daß Heimbold fiel.
> Und Rochlitz sei schwer verletzt ...
>
> Der Rektor dankte Gott pro Sieg.
> Die Lehrer trieben Latein.
> Wir hatten Angst vor diesem Krieg.
> Und dann zog man uns ein ...
>
> Wir dachten an Rochlitz, Braun und Kern.
> Der Lehrer wünschte uns Glück.
> Und blieb mit Gott und den andern Herrn
> gefaßt in der Heimat zurück.«[6]

1917 wird auch der achtzehnjährige Erich Kästner einberufen. Zuvor bekommt er noch einmal acht Tage Urlaub. »Ich ... fuhr nach Graal. Ich fuhr hin, weil ich als Kind einmal dort gewesen war. (Die Reise, die vom Kriegsausbruch beendet wurde, K. K.) Ich fuhr hin, es war Herbst, ich lief melancholisch über den schwankenden Boden der Erlenwälder. Die Ostsee war verrückt, und die Kurgäste konnte man zählen. Zehn passable Frauen waren am Lager, und mit sechsen schlief ich. Die nächste Zukunft hatte den Entschluß gefaßt, mich zu Blutwurst zu verarbeiten. Was sollte ich bis dahin tun? Bücher lesen? An meinem Charakter feilen? Geld verdienen? Ich saß in einem großen Wartesaal, und der hieß Europa. Acht Tage später fährt der Zug. Das wußte ich. Aber wohin er fuhr und was aus mir werden sollte, das wußte kein Mensch.«[7]

Kästner kommt in eine Einjährig-Freiwilligen-Kompanie der schweren Artillerie. Dort werden Studenten und Gymnasiasten im Blitzverfahren zu Offiziersanwärtern ausgebildet, damit sie möglichst rasch ins Feuer geschickt werden können. Der junge Mann, der bereits die ständigen Maßregelungen im Internat hasste, leidet unter dem militärischen Drill und empört sich heftig über die brutalen Ausbildungsmethoden. Zumal er das Pech hat, einem besonders sadistischen Leuteschinder in die Hände zu fallen, der ihn dermaßen oft und hart strafexerzieren lässt, dass Kästner mit einem schweren Herzleiden ins Lazarett überwiesen werden muss. *Sergeant Waurich* heißt dieser Mensch:

»Das ist nun ein Dutzend Jahre her,
da war er unser Sergeant.
Wir lernten bei ihm: ›Präsentiert das Gewehr!‹
Wenn einer umfiel, lachte er
und spuckte vor ihm in den Sand.

›Die Knie beugt!‹ war sein liebster Satz.
Den schrie er gleich zweihundertmal.
Da standen wir dann auf dem öden Platz
und beugten die Knie wie die Goliaths
und lernten den Haß pauschal.

Und wer schon auf allen vieren kroch,
dem riß er die Jacke auf
und brüllte: ›Du Luder frierst ja noch!‹
Und weiter ging's. Man machte doch
in Jugend Ausverkauf …

Er hat mich zum Spaß durch den Sand gehetzt
und hinterher lauernd gefragt:
›Wenn du nun meinen Revolver hättst –
brächtest du mich um, gleich hier und gleich jetzt?‹
Da hab ich ›Ja!‹ gesagt.

Wer ihn gekannt hat, vergißt ihn nie.
Den legt man sich auf Eis!
Er war ein Tier. Und er spie und schrie.
Und Sergeant Waurich hieß das Vieh,
damit es jeder weiß.

Der Mann hat mir das Herz versaut.
Das wird ihm nie verziehn.
Es sticht und schmerzt und hämmert laut.
Und wenn mir nachts vorm Schlafen graut,
dann denke ich an ihn.«[8]

Dem jungen Mann ist tatsächlich »das Herz versaut«. Fortan kann er keine Treppe mehr hochsteigen, ohne Herzkrämpfe und Atemnot zu bekommen. Doch was ist das gegen all die anderen Verbrechen und Grausamkeiten, die dieser Krieg gebiert und deren Folgen er im Lazarett zu sehen bekommt? Und erst recht gegen jene, die er nicht zu sehen bekommt? »In der Provinz verstreut sollte es einsame Gebäude geben, wo noch immer verstümmelte Soldaten lagen. Männer ohne Gliedmaßen, Männer mit furchtbaren Gesichtern, ohne Nasen, ohne Münder. Krankenschwestern, die vor nichts zurückschreckten, füllten diesen entstellten Kreaturen Nahrung ein, durch dünne Glasröhren, die sie dort in wuchernd vernarbte Löcher spießten, wo früher einmal ein Mund gewesen war ...«[9]

Bisher hat der junge Kästner für vieles Verständnis gezeigt: für die miteinander unglücklichen Eltern; für den »Fehltritt« der Mutter, den sie dem Sohn gestanden haben wird, bevor er ins Feld musste; für den wahren Vater, der sich ihm nicht entdeckt hat; für den prügelnden Lehrer mit dem Rohrstock, in dem er die arme Kreatur erkannte; für die Verhältnisse, unter denen er aufwachsen musste.

Bisher ist der junge Kästner auch ein eher unpolitischer Mensch gewesen. Das ändert sich jetzt. Das Militär hat ihm nicht nur einen Herzfehler vermacht, der ihn bis an sein Lebensende begleiten wird, es hat ihm auch einen lebenslangen Hass eingeimpft: auf den Krieg und alle seine Auswüchse und damit auf jedweden Militarismus.

Sein Herzschaden aber wird sich in der Folge noch als lebensrettend erweisen – im Ersten Weltkrieg und im Zweiten: Weil der aus dem Lazarett Entlassene von nun an als frontuntauglich gilt, muss er nicht in den Schützengraben, sondern wird zum Schießplatz Köln-Wahn befohlen. Dort absolviert der Gefreite Kästner einen Lichtmess-, einen Schallmess- und einen Auswerterkurs. Er arbeitet mit Studenten, Ingenieuren und Professoren zusammen und fällt keinem weiteren Waurich in die Hände. Anfang November 1918 wird dann eines Tages ein Hauptmann geohrfeigt – von einem niederen Dienstgrad! –, und Matrosen auf Lastwagen mit Maschinengewehren und roten Fahnen fahren durch die Stadt. Die Revolution hat begonnen, die dem durch den vierjährigen Krieg ausgelaugten deutschen Kaiserreich ein Ende setzt und den vom Volk lang ersehnten Waffenstillstand ermöglicht. Kästner schaltet schnell. Er lässt sich einen Marschbefehl nach Dresden ausstellen und gibt in der Dresdner Kaserne seinen Karabiner ab. Nun ist der Krieg auch für ihn zu Ende.

Es gibt Fotos vom Soldaten Kästner. Ein junger, schlanker, hübscher Mann ist darauf zu sehen. Ein offener Blick, ein leises Lächeln um die Lippen. Auf einem Gruppenfoto sitzt er, nur durch einen Unteroffizier getrennt, nahe jenem Sergeanten, der ihm für alle Zeit »das Herz versaut« hat. Waurich trägt den wilhelminisch hochgezwirbelten Standardschnäuzer jener Tage, sein Gesicht erscheint starr und ausdruckslos. Es ist das Gesicht jenes anderen Deutschlands, das der Autor Kästner schon bald bekämpfen wird – und das ihn bekämpfen wird. Gleich in seinem ersten Gedichtband, zehn Jahre nach dem Ende des Ersten Weltkrieges herausgebracht, wird er es sich mit vielen seiner Landsleute verderben. Vor allem wegen dieser Zeilen:

»Kennst Du das Land, wo die Kanonen blühn?
Du kennst es nicht? Du wirst es kennenlernen!
Dort stehn die Prokuristen stolz und kühn
in den Bureaus, als wären es Kasernen.

Dort wachsen unterm Schlips Gefreitenknöpfe.
Und unsichtbare Helme trägt man dort.
Gesichter hat man dort, doch keine Köpfe.
Und wer zu Bett geht, pflanzt sich auch schon fort …

Kennst Du das Land? Es könnte glücklich sein.
Es könnte glücklich sein und glücklich machen!
Dort gibt es Äcker, Kohle, Stahl und Stein
und Fleiß und Kraft und andre schöne Sachen.

Selbst Geist und Güte gibt's dort dann und wann!
Und wahres Heldentum. Doch nicht bei vielen.
Dort steckt ein Kind in jedem zweiten Mann.
Das will mit Bleisoldaten spielen.

Dort reift die Freiheit nicht. Dort bleibt sie grün.
Was man auch baut – es werden stets Kasernen.
Kennst Du das Land, wo die Kanonen blühn?
Du kennst es nicht? Du wirst es kennenlernen!«[10]

Die Anlehnung an Goethes *Mignon* halten viele bereits für eine Frechheit. Deutschland aber als Land der Kanonen, der Bleisoldaten und der Unfreiheit darzustellen, ist in ihren Augen Vaterlandsverrat.

Zwei Jahre später wird Kästner diese Zeitgenossen noch tiefer treffen. In seinem Gedicht *Die andre Möglichkeit* fragt er sich, wie es in seiner Heimat aussehen würde, wenn Deutschland diesen Krieg gewonnen hätte, und entwirft ein düsteres, aber keineswegs übertriebenes Bild eines aus dem Ersten Weltkrieg als Sieger hervorgegangenen Deutschlands. Dieses Gedicht, noch zutreffender für die Situation nach dem Zweiten Weltkrieg (und deshalb im Kapitel *Der tägliche Kram* ein wenig ausführlicher zitiert), endet mit der Feststellung:

»Wenn wir den Krieg gewonnen hätten –
zum Glück gewannen wir ihn nicht!«[11]

Ein Stoßseufzer, der als Jubelruf missverstanden wird und dem jungen Autor viel Hass und Feindschaft einbringt. Er wird mit seinen Feinden leben lernen müssen – und er wird zwölf Jahre *unter* ihnen leben.

Glückallein

Klassenkameraden. Der Werkstudent.
Dichter und Redakteur. Ilse.

Der Krieg ist aus. Und nun? Lehrer werden? Das will
Kästner schon lange nicht mehr. Er sitzt im Abschlusskurs des Lehrerseminars und kennt nur ein Ziel: Er will
hier raus, an eine Universität, studieren. Doch wie soll er
das der Mutter begreiflich machen? Was hat sie nicht alles
getan, um ihm seinen Berufswunsch zu erfüllen! Wenn er
Lehrer wird, verdient er schon in einem Jahr eigenes Geld;
dann kann endlich mal der Sohn die Mutter unterstützen.

Eines Abends sitzt die Familie beisammen, in einer der
beiden Stuben, die der inzwischen ebenfalls aus dem Feld
heimgekehrte Lehrer Schurig bewohnt. Und da sagt Erich
endlich, dass er nicht Lehrer werden kann. »Die anderen
schwiegen wie gelähmt. Als erste sprach die Mutter: ›Mein
Junge, wenn du studieren willst, studiere!‹ Vater Kästner
trabte wütend hinaus. ›Ich werde wohl überhaupt nicht
gefragt?‹ rief er giftig und knallte die Tür hinter sich zu.«[1]

Der Vater wird nicht gefragt. Die inzwischen sechsundvierzigjährige Ida Kästner wird auch weiterhin alles
tun, um ihrem Sohn seine Träume zu erfüllen; auch wenn
diese Träume sich ab und zu ändern. Ob sie für eine Tochter ebenso viele Opfer gebracht hätte? Bei Betrachtung von
Ida Kästners eigenem Lebensweg ein müßiger Gedanke.

Das Kultusministerium gibt den jungen Kästner frei. Man hofft, dass er sich nach dem Studium dem höheren Lehramt widmet. »Kästner sagte ›Ja!‹ und meinte ›Nie!‹«[2] Er ist froh, einer ungeliebten Beamtenlaufbahn entkommen zu sein. »Die anderen, die wieder ins Seminar zurückgemußt hatten«, schreibt er später, »wurden weiter zu Gehorsamsautomaten gedrillt. Dann wurden sie Volksschullehrer und taten blind, was ihnen zu tun befohlen war. Und als dann eines Tages, nach 1933, die Befehle entgegengesetzt lauteten, hatten die meisten nichts entgegenzusetzen. Ihre Antwort war auch dann – blinder Gehorsam.«[3]

In umgearbeiteter Uniform, in Breeches und Reitstiefeln und zwei Jahre älter als seine Klassenkameraden, die, fast alle aus gutem Haus, eher elegant gekleidet sind, sitzt der Zwanzigjährige als Hospitant im Dresdner König-Georg-Gymnasium. Wer studieren will, braucht das Abitur. Doch er fühlt sich wohl in dieser Lehranstalt. Hier gibt es Lehrer, die ihre Schüler nicht drillen, sondern einen fast freundschaftlichen Umgang mit ihnen pflegen; Wissen wird angeboten, nicht aufgezwungen.

Er lernt neue Freunde kennen, darunter den sehr begabten Juden Ralph Zucker, der Jahre später im medizinischen Staatsexamen die meisten Fächer bereits mit Auszeichnung bestanden haben wird, als Kommilitonen sich den »Scherz« erlauben, ihm zu hintertragen, er sei in Augenheilkunde durchgefallen. Aus Verzweiflung nimmt sich der junge Zucker das Leben. Dabei hatte er auch dieses Teilexamen glänzend bestanden.

Ein anderer Klassenkamerad ist Hans Otto, bald ein berühmter Berliner Schauspieler. Der Kommunist Otto, von seinem Publikum als Heldendarsteller gefeiert, wird sich am Widerstand gegen die Naziherrschaft beteiligen. Von der SA verhaftet, durch mehrere Kasernen gezerrt und so schwer misshandelt, dass er mehrere Schädelbrüche erleidet, stirbt er am 24.11.1933, ohne wieder zu Bewusstsein gekommen zu sein.[4]

Das tragische Ende seines Freundes Zucker hat Kästner so fasziniert, dass er im *Fabian* der Figur des Fabian-Freundes Labude Züge des Ralph Zucker verleiht; dem Menschen Otto wird er, obwohl er der kommunistischen Ideologie eher ablehnend gegenübersteht, immer den höchsten Respekt erweisen.

Auch auf dem Gymnasium »ochst« der fleißige Schüler Kästner. Er muss Englisch nachholen, damit er möglichst bald als regulärer Schüler aufgenommen wird. Ostern 1919 hat er dieses Ziel erreicht, und bereits im Herbst 1919 macht er das Kriegsabitur – und besteht es mit Auszeichnung, bekommt für diese Leistung sogar das *Goldene Stipendium der Stadt Dresden* und kann so der Mutter einen Teil ihrer Geldsorgen abnehmen.

Einziger Nachteil: Das Stipendium gilt nur für eine sächsische Universität. Kästner wäre lieber nach Heidelberg gegangen, wo Friedrich Gundolf (eigentlich: Gundelfinger) lehrt, einer der hervorragendsten deutschen Literarhistoriker seiner Zeit. Der frischgebackene Abiturient will Germanistik, Theaterwissenschaft, Geschichte und

Philosophie studieren. Und wäre es nicht schön, dorthin zu gehen, wo das Studium am interessantesten ist?

Doch nicht alle Wünsche gehen in Erfüllung und die Universität Leipzig liegt wenigstens nahe bei Dresden.

Natürlich fährt der junge Kästner nicht allein nach Leipzig, um ein Zimmer zu suchen. Die Mutter fährt mit – und als sie wieder abreist, liegen achthundert Mark auf dem kleinen Tisch seiner zukünftigen Studentenbude im Leipziger Buchdruckerviertel. Daneben ein Zettel: »Iß tüchtig und schick die Wäsche.«

Achthundert Mark! Ein wahres Vermögen so kurz nach dem Krieg. Der Sohn ist beschämt. Und selbstverständlich wird er der Mutter die Wäsche schicken. Bis in den Zweiten Weltkrieg hinein, bis die Postverbindungen unterbrochen sind, wird er seiner Mutter die Wäsche schicken; zuerst von Leipzig aus, später von Berlin. Dass in Berlin die Expresswäscherei gleich um die Ecke liegt, spielt keine Rolle: Die Mutter möchte den Sohn behalten, indem sie etwas für ihn tut. Und was kann sie für den erwachsenen Mann noch anderes tun als ihm Briefe schreiben, ihn ab und zu besuchen und seine Wäsche waschen?

Gleich beim ersten Wochenendbesuch in Dresden bringt der Student Kästner seiner Mutter die Hälfte des Geldes zurück. Dünn wie ein Schnürsenkel ist er geworden, aber er hat es nicht übers Herz gebracht, das Geld auszugeben. Wieder in Leipzig, schreibt er ihr, wie bereits zuvor, jeden Tag mindestens eine Postkarte. Auch diesen regen Brief- und Postkartenverkehr wird er dreißig Jahre lang aufrechterhalten. All seine Erfolge, seine Sorgen und Nöte, sogar seine Liebesgeschichten wird er in diesen vertrauensvollen, beinahe tagebuchartigen Briefen mit ihr teilen.

Sie antwortet ihm genauso offen. Tag für Tag und trotz der vielen Arbeit, die sie hat. An der Herdkante oder am Küchentisch sitzend, schreibt sie ihrem Erich lange Briefe. Oft läuft sie noch mitten in der Nacht zum Briefkasten, damit der Junge auch ja bald Antwort hat. Was er anziehen soll, schreibt sie ihm, dass er genug essen und sparen, nicht so viel rauchen und ihr die Wäsche schicken soll. Sie berät ihn in seinen Liebesangelegenheiten und schimpft, wenn er sich ihrer Meinung nach unnötigen Ärger eingehandelt hat. Glaubt sie, dass er sie braucht, setzt sie sich sofort in die Bahn. In den Semesterferien fährt er zu ihr.

Kästners Freunde spotten oft: »Na, Karte an Muttchen schon im Kasten?« Doch es ist liebevoller Spott. Alle kennen sie Kästners »Muttchen«, alle lassen sie jedes Mal herzlich grüßen. »Kästners Muttchen war berühmt, noch ehe es ihr Sohn wurde«[5], berichtet Luiselotte Enderle, Kästners spätere Lebensgefährtin, die bereits in den Leipziger Jahren zu seinem Bekanntenkreis gehört.

Und der Vater? In den Briefen und Postkartengrüßen des Sohnes an die Mutter wird Emil Kästner meistens ausgespart. Wird er doch mal erwähnt, hat die Mutter sich über den Ehemann beschwert, und der Sohn tröstet sie, indem er durchblicken lässt, dass »E.« oder »E. K.« nun mal nicht zu ändern sei. Diese – erst recht für die damalige Zeit – ungewöhnlich fremdelnde Bezeichnung für den Vater ist ein deutlicher Hinweis darauf, dass Kästner inzwischen weiß, dass Emil Kästner nicht sein biologischer Vater ist. Als der Vater sich Jahre später einmal über diese kühle Art der Erwähnung beschwert, reagiert der Sohn eher barsch. Er wisse nicht, was Kränkendes daran sei, schreibt er der Mutter, lenkt jedoch ein und schickt fortan nicht allein ihr seine »Milliardonen Grüße und Küsse«, sondern fügt auch mal ein braves »Viele Grüße an Papa« hinzu.[6]

Das Wintersemester 1919/20, mit dem Kästner sein Leipziger Studium aufnimmt, fällt in eine politisch sehr unruhige Zeit. Die Revolution von 1918, die die Abdankung Wilhelms II. und im Jahr darauf die Geburt der Weimarer Republik zur Folge hatte, ist eine halbherzige Revolution geblieben: Kein einziger kaiserlicher Beamter, kein führender Militär ist entlassen worden. Die SPD, die zur Revolution getragen werden musste und sich erst, als ihr die Volkswut keine andere Wahl ließ, »an die Spitze der Bewegung« setzte, hat sich mit der Reichswehr verbündet. Man will eine deutsche Räterepublik verhindern und das mit allen Mitteln. Bereits im Januar 1919 sind in Berlin Rosa Luxemburg und Karl Liebknecht, die Führer des Spartakusbundes (seit dem 1. Januar 1919 Kommunistische Partei Deutschlands), von der Reichswehr ermordet worden. In Kästners Heimatstadt Dresden wurde ein sozialistischer Minister in die Elbe geworfen und so lange beschossen, bis er unterging. Eine regelrechte Hatz auf linke Revolutionäre hat in diesem Jahr 1919 stattgefunden. Hinzu kommt der Mitte des Jahres unterzeichnete Versailler Vertrag, der Deutschland die Alleinschuld am Weltkrieg zuweist, Teile des Deutschen Reichs abtrennt, die Stärke der deutschen Reichswehr begrenzt und den deutschen Staat zu umfangreichen Reparationszahlungen verpflichtet: eine schlimme Quittung für die säbelrasselnde Vorkriegspolitik des Kaiserreichs, die die Republik wohl oder übel unterzeichnen muss. All diese Ereignisse werden auch an den deutschen Universitäten heftig diskutiert. Schließlich waren viele Studenten Kriegsteilnehmer. Der »Schandvertrag von Versailles«, die »Sozi-Republik« und die »verlorene Revolution« bestimmen die Tagesthemen. Ein regulärer Studienbetrieb kommt nur langsam in Gang.

Kästner hat Germanistik und Theaterwissenschaft bei Albert Köster belegt, hört aber auch Philosophie, Zeitungskunde, Geschichte und französische Literaturgeschichte. Köster ist ein hervorragender Methodiker und ein guter Beobachter. Schon bald fällt ihm der eigenwillige junge Mann auf, der da in seinem Seminar sitzt. Der merkt das anfangs nicht einmal, liest viel, schreibt Lyrik – nachdem schon die Dresdner Theaterzeitschrift *Der Zwinger* erste Gedichte von ihm brachte –, geht tanzen, lernt Mädchen kennen, ist voll mit sich und der Welt beschäftigt und nur so ganz nebenbei auch als Student mal wieder »der Primus«.

Gleich im ersten Studienjahr erscheinen drei weitere Texte Kästners in einer Sammlung *Dichtungen Leipziger Studenten*, die ihm in der lokalen Presse einhelliges Lob einbringen – aus heutiger Sicht betont bildhafte Anfängergedichte im modischen Stil der Zeit. Dennoch: In Leipzig ist man überzeugt, dass da ein hoffnungsvolles Talent an die Tür geklopft hat. Das Talent aber schreibt bisher nur nebenbei, Kästners Wunschberuf ist seit Langem ein anderer: Theaterregisseur. Wenn er an den Wochenenden oder in den Semesterferien die Mutter besucht, sitzt er bei jeder sich bietenden Gelegenheit im dritten Rang des Dresdner Schauspielhauses, sieht fast jede Aufführung und wirkt in der einen oder anderen auch mal als Statist mit.

Eine Anekdote aus dieser Zeit: Berthold Viertel, der große Theaterregisseur, der in jenen Jahren am Dresdner Schauspielhaus beschäftigt ist, hat es Kästner besonders angetan. Der Student würde Viertel gern mal bei den Proben zuschauen. Als er mitbekommt, dass Viertel sich jeden Morgen vor Probenbeginn beim Friseur gleich gegenüber dem Theater rasieren lässt, sitzt er eines Tages neben ihm, ebenfalls mit Seifenschaum im Gesicht, und spricht ihn an. Viertel ist erheitert. Großzügig gestattet er dem jungen Mann, an den Proben zu Hasenclevers *Jenseits* teilzunehmen, und versteckt ihn zu diesem Zweck im dunklen Zuschauerraum. Das geht dreimal gut, beim vierten Mal wird die Hauptdarstellerin auf den jungen Mann in der letzten

Reihe aufmerksam. Empört bricht sie die Probe ab und Kästner muss das Theater verlassen. Seinen Traum nimmt er mit.

Das vierte Semester verbringt der Student Kästner in Rostock. Dort lernt er Ilse Beeks kennen, die, ebenfalls Studentin, zu seiner größten Liebe und – acht Jahre später – zur größten Liebesenttäuschung wird; eine Enttäuschung, von der Kästner sich lange nicht erholt und die Auswirkungen auf sein zukünftiges Leben haben wird.

In Rostock ist das junge Glück noch ungetrübt. Man beschließt zu heiraten, sobald Kästner seinen Doktor gemacht hat. Doch wann wird das sein? Die Zeit ist nicht gerade günstig für aufstrebende junge Leute; erste Anzeichen der Inflation – eine weitere Folge des Ersten Weltkrieges – sind zu erkennen.

Von Rostock geht Kästner, nun im fünften Semester, nach Berlin. Es ist eiskalter Winter; Kohlennot, Streiks und der unaufhaltsame Preisauftrieb bestimmen die Schlagzeilen der Zeitungen. Kästner schreibt an seiner Doktorarbeit. Lessings *Hamburgische Dramaturgie* ist sein Thema. Doch so intensiv er daran arbeitet, er wird nicht fertig damit. Zu umfangreich ist das Material. Außerdem zwingt ihn die immer rascher galoppierende Inflation, den größten Teil seiner Zeit dem Gelderwerb zu opfern. Sein *Goldenes Stipendium* ist längst nur noch eine Schachtel Zigaretten wert, und was die Eltern zu seinem Lebensunterhalt beisteuern können, langt weder vorn noch hinten.

In dieser ersten Berliner Zeit erreicht Kästner ein Brief aus Leipzig. Geheimrat Köster macht ihm das Angebot, sein Famulus – sein Assistent – zu werden. Kästner nimmt ohne lange Bedenken an; für diese Tätigkeit gibt es wenigstens ein geringes Entgelt.

Doch natürlich reicht das nicht zum Leben. Und so stiehlt auch nach seiner Rückkehr der notwendige Gelderwerb dem Studenten die Zeit. Einer wie Kästner jedoch, der mit einem schweren Herzleiden vom Militär zurückgekehrt ist, darf keine körperlich anstrengenden Tätigkeiten verrichten; das macht es schwer, überhaupt Arbeit zu finden. Wenn es da nicht die Leipziger Messe gäbe. Beim Messeamt können sich die Studenten als wandelnde Plakatsäulen, Katalogverkäufer und Adressenschreiber verdingen. Messe aber ist nur im Frühjahr und Herbst. Wie soll er außerhalb der Messezeiten überleben?

Nicht mal Geld für Kohlen hat Kästner in dieser Zeit. Sitzt im Mantel in seiner Studentenbude und schreibt eine Seminararbeit über Schillers *Ästhetische Briefe*. Kein Gedanke an eine Fortführung seiner Doktorarbeit, keine Hoffnung auf eine baldige Ehe mit Ilse.

Um der Not der Studenten ein wenig abzuhelfen, gründen Bürgerschaft und Professoren der Stadt einen »Studentenmittagstisch«: Wohlhabende Bürger unterstützen mittellose Studenten, indem jeder einen von ihnen zum Mittagessen einlädt. Kästner wird einem Leipziger Stadtbaumeister zugeteilt.

Die Leute sind sehr freundlich, dennoch fühlt Kästner

sich in der Rolle des »Mitessers« unbehaglich. Nur zögernd freundet er sich an und wird schließlich vom Herrn des Hauses in der Städtischen Baugesellschaft untergebracht. Dort verrichtet er die Tätigkeit eines Hilfsbuchhalters, muss den sich täglich und stündlich ändernden Wert der Aktien ausrechnen, die die Firma besitzt, und ist damit »Werkstudent«, eine Bezeichnung, die gerade erst geboren wird. Die Arbeit ist nicht schwer, erfordert aber, weil sie so stupide ist, viel Humor. Doch den hat Kästner, das merkt er spätestens jetzt.

Hat er sonnabends seinen Wochenlohn erhalten, flitzt er mit der Aktentasche voller Geldscheine los, um noch rasch einzukaufen; Brot, Margarine, etwas Wurst. Schon am Montag wird das Geld kaum noch was wert sein. Aber so geht es allen in Deutschland, kein Grund zur Beschwerde.

Neben der Arbeit läuft er in die Kollegs, arbeitet Referate aus, assistiert Geheimrat Köster. Beides, Geldverdienen und Studieren, hätte ausgereicht, um einem herzgeschädigten jungen Mann das Leben zur Hölle zu machen. Kästners Zeit ist damit noch nicht ausgefüllt. Es drängt ihn nach wie vor zu schreiben, und so schreibt er oft, bis ihm spät in der Nacht die Augen zufallen: Theaterkritiken für das Zeitungswissenschaftliche Institut, kleinere literarische Arbeiten, Briefe an Ilse, Briefe oder Postkarten an die Mutter.

Damit sie Theaterkritiken schreiben lernen, werden die Studenten in Erst- und Uraufführungen geschickt. Noch in derselben Nacht müssen sie ihre Besprechungen an den

Leiter des Instituts, den namhaften Leipziger Theaterkritiker Dr. Morgenstern, schicken, damit sie keine Möglichkeit haben, sich an der frühmorgens erscheinenden Tagespresse zu orientieren. Morgenstern äußert schon bald, er habe an diesem Institut in all den Jahren nur zwei echte Begabungen kennengelernt, eine davon sei Kästner.

Auch Kästners literarische Arbeiten haben Erfolg. Eine Glosse über die Geldentwertung der Inflationszeit – *Max und sein Frack* – schickt er, halb im Spaß, an das *Leipziger Tageblatt*. Zwei Tage später erscheint sie als Lokalspitze. Und nicht nur das: Richard Katz, der Verlagsdirektor und spätere Reiseschriftsteller, bietet dem jungen Autor postwendend eine Redakteursstelle an.

Damit ist wieder eine Wende in Kästners Leben eingetreten: Der Theaterregisseur Kästner rückt in weite Ferne, der Journalist Kästner ist geboren. Zugleich kann der Student Kästner seinen Lebensunterhalt auf eine ihm gemäßere Weise verdienen als mit dem Jonglieren von Aktienwerten und muss endlich auch die Opfer der Mutter nicht länger in Anspruch nehmen. Da mag Geheimrat Köster wegen des »Prestigeverlustes« des angehenden Germanisten im Kollegenkreis so viele Spitzen gegen ihn schießen, wie er will, Kästner ist froh über die Möglichkeit, die Richard Katz ihm bietet. »Liebes Muttchen!«, jubelt er am 4. Februar 1923 auf seiner täglichen Postkarte. »Ist gemacht! 200 M Anfangsgehalt. Vorläufig ein Probemonat. Also: Wenn mir's zuviel Arbeit wird, rücke ich wieder ab. Aber ich glaube, das wird ganz gut gehen … Freust Du

Dich über Deinen kleinen Redakteur? Grüße an Papa ... Dein Junge.«[7]

Und nun stürzt sich der junge Kästner in noch mehr Arbeit, schreibt neben dem Studium Reportagen, Theater- und Kunstkritiken, satirische Gedichte, politische Glossen und Storys. An allen drei Magazinen, die der Verlag herausgibt, arbeitet er mit: *Der Die Das*, *Das Leben* und *Die große Welt*. Und er findet nun auch den Ort, an dem er am besten schreiben kann: das Café. Es geht ihm wie so vielen anderen Journalisten und Autoren jener Tage, die Kaffeehausatmosphäre regt seine Kreativität an.

In Leipzig avanciert das *Merkur* am Dittrichring zu Kästners erstem Schreibcafé. Durch das Fenster kann er die Thomaskirche sehen und das Neue Rathaus; dieser Anblick gefällt ihm. Und dem Publikum gefällt, was dieser junge Mann, dessen herausragende Begabung so offensichtlich ist, in der Folgezeit veröffentlicht. Schon bald bittet ihn Georg Witkowski, Universitätsprofessor und Herausgeber der *Neuausgaben der Klassiker*, an seinen *Neuausgaben* mitzuarbeiten. Und auch Hans Natonek, Feuilletonchef der *Neuen Leipziger Zeitung*, wie das ehemalige *Leipziger Tageblatt* nun heißt, zieht Kästner immer öfter zur Mitarbeit heran. Schließlich wird der junge Mann sogar zweiter Feuilletonredakteur und zweiter Mann der Theaterkritik.

Das bringt eine Gehaltserhöhung mit sich – er verdient nun vierhundert Mark monatlich – und einen Wohnungswechsel. Seit er aus Berlin zurück ist, hat Kästner in einer internationalen Artistenpension unweit des Hauptbahnhofs gewohnt. Dort gab es monatlichen Gästewechsel, da spielte die Wirtin Geige und dressierte Affen hüpften durch die Räume. Jetzt mietet er im ruhigen Musikviertel in der Hohen Straße zwei kleine Zimmer. Das ist fast schon eine eigene Wohnung. Er will endlich mit seiner Doktorarbeit vorankommen.

Allerdings ist Lessings *Hamburgische Dramaturgie* nicht mehr sein Thema; mit Friedrichs des Großen Schrift *De la littérature allemande* will er sich beschäftigen. Und da Geheimrat Köster vor kurzem Selbstmord begangen hat, bittet Kästner Professor Witkowski, sein Doktorvater zu sein.

Was er jetzt noch braucht, ist Zeit. Also übergibt er seine Redakteursstelle für vier Monate einem befreundeten Kommilitonen und teilt sich mit ihm das Gehalt. Dann schreibt er, teils bei der Mutter in Dresden, teils in Leipzig.

Die Arbeit, in der der Sechsundzwanzigjährige die deutsche Literatur gegen die Angriffe Friedrichs II. verteidigt, wird ein großer Erfolg. Es sei »wünschenswert, doch kaum zu hoffen, daß wenigstens alle fünf Jahre eine solche Arbeit von einem Professor der deutschen Literaturgeschichte geschrieben wird«[8], urteilt der Korreferent der Fakultät. Keine Frage, dass der junge Kästner auch das mündliche Examen besteht und das Universitätsgebäude am Leipziger Augustusplatz als frischgebackener Dr. phil. verlässt.

Es ist 1925. Ida Kästners Erich hat seinen Doktor in der Tasche, ist festangestellter Redakteur und hat sich auch als Autor schon einen Namen gemacht. Das berühmte *Tage-Buch* bringt seine Arbeiten, die überregional bedeutsame *Vossische Zeitung*, das nicht minder bekannte Berliner *Tageblatt*, die *Dresdner Neuesten Nachrichten*, das *Prager Tageblatt* – alles allererste Adressen. Und die linksliberale Wochenzeitschrift *Der Montag Morgen*, für die auch Walter Mehring, Axel Eggebrecht und Hans Sahl arbeiten, erbittet von dem jungen Autor sogar jede Woche einen oder mehrere Beiträge. Das erste wirkliche Geldverdienen beginnt – und damit das große Dankeschön an die Mutter: eine Reise durch die Schweiz und an die oberitalienischen Seen. Nur Mutter und Sohn. Eine schöne Zeit für beide.

>»Das ist ein Glück: mit seiner Mutter fahren!
>Weil Mütter doch die besten Frauen sind.
>Sie reisten mit uns, als wir Knaben waren,
>und reisen nun mit uns, nach vielen Jahren,
>als wären sie das Kind«[9],

wird Kästner später über die Reisen schreiben, zu denen er die Mutter immer wieder einlädt, wie Jahre zuvor sie alles dafür tat, um mit dem Sohn durch Deutschland wandern zu können. Diese wenigen Zeilen aber verraten bereits, dass es ein großes Problem im Leben des Mannes Kästner gibt und immer geben wird: die Frauen, die nicht seine Mutter sind!

Er hätte stolz und glücklich sein können zu jener Zeit, der junge Kästner, es geht schnell aufwärts mit ihm. Doch sein Glück wird getrübt: Das Verhältnis zu Ilse Beeks geht in die Brüche. Er liebt sie, wie er nie wieder eine Frau lieben wird, sie jedoch verhält sich von Treffen zu Treffen ablehnender. Er vermutet einen anderen Mann dahinter, einen, der vielleicht verheiratet ist, weshalb sie sich von ihm, Kästner, nicht trennen will. Misstrauisch und in seiner »Ehre« gekränkt, fühlt er sich von ihr als »Almosenempfänger« behandelt, schläft schlecht, ist apathisch, kokettiert sogar mit dem Gedanken, nicht mehr zurechnungsfähig zu sein, weil er über seinem Leiden an Ilses Kälte eines Tages sogar vergisst, der Mutter zu schreiben. Ilse beteuert, dass es keinen anderen gibt, deutet aber an, dass ihr »die sexuelle Bereitschaft« unangenehm sei, wie er der Mutter brieflich mitteilt.

»Und dann reist man hin, gibt sich einen Kuß, geht ins Theater, fragt nach Neuigkeiten, verbringt eine Nacht miteinander und trennt sich wieder«, heißt es im *Fabian*. »Vier Wochen später vollzieht sich derselbe Unfug … Anschließend Geschlechtsverkehr nach dem Kalender, mit der Uhr in der Hand. Es ist unmöglich, sie in Hamburg, ich in Berlin, die Liebe krepiert an der Geographie.« Sie in Rostock, ich in Leipzig, müsste es eigentlich heißen. Und weiter wird dem Fabian-Freund Labude in den Mund gelegt: »Ich habe in den letzten Monaten vor jeder dieser Zusammenkünfte Angst gehabt. Ich hätte Leda, wenn sie mit geschlossenen Augen dalag, sich zitternd unter mir bewegte und mich mit den Armen umklammerte, das Gesicht wie eine Maske abreißen mögen. Sie log. Aber wen wollte sie belügen? Nur mich oder sich selber auch?«[10]

»Glückallein« nennt sich der trotz aller beruflichen Erfolge unglückliche junge Mann nun immer öfter in seinen Briefen an die Mutter, die anfangs noch versucht, die junge Frau zu verstehen, und ihrem Sohn vorwirft, sich mit anderen Frauen zu trösten – was Kästner vehement abstreitet, obwohl es da natürlich eine gewisse Karin gebe, netter Kerl, aber sonst, nein! Lange jedoch hält Ida Kästner die neutrale Rolle nicht durch. Sie bekommt ja mit, wie der Sohn leidet. Groll gegen die Frau, die ihren Erich nicht so liebt, wie er es ihrer Meinung nach verdient, erfasst sie; eigentlich hat sie ja immer schon gewusst, dass es mal so ausgehen wird mit der Ilse.

Kein Wunder, dass sich Kästners Herzleiden wieder meldet. Die nächste Urlaubsreise wird zur Kur im Herzbad.

Mit Datum vom 14. November 1926 erhält die Mutter dann einen langen Brief vom Sohn, in dem er ihr mitteilt, dass es endgültig aus sei zwischen Ilse und ihm. Nach einer knapp sechsstündigen Aussprache wären sie zu der Entscheidung gekommen, sich zu trennen, aber gute Freunde zu bleiben. »Dann war es Zeit, in den Zug zu steigen. Sie hat geweint und gewinkt. Und ich habe gewinkt und auch beinahe geweint … Ilses Bilder werde ich hängen lassen, bis ich mal eine Braut habe. Ich möchte nicht, daß man mich mitleidig von der Flanke ansieht und denkt: Der arme kleine Glückallein ... Na, hopp, mein Pferdchen! Nicht mit den Augen gezwinkert. Das Leben kann noch immer eine ganz feine Sache werden.«[11]

Ein Mann ohne Frau ist kein richtiger Mann; deshalb müssen die Bilder hängen bleiben, bis sie durch andere ersetzt werden können. In der Sprache von heute: Der Mann Kästner sorgt sich um sein Image. Er, der doch bisher in allem so erfolgreich war, kann einfach nicht fassen, dass seine Liebe nicht mehr erwidert wird.

Zwei Tage später seziert er diese »Niederlage« in einem weiteren Brief an die Mutter so: »Es ist nun einmal peinlich, besonders für einen Mann, sich zu sagen, daß er da, wo er lieb hatte, gleichgültig ... behandelt wurde. Er ... wird an seiner Bedeutung irre; er ist in seiner Eitelkeit tief, tief gekränkt. Ganz abgesehen davon, daß er seine Liebe austreten muß wie eine fortgeworfene brennende Zigarette.«[12]

Weitere zehn Tage später fasst der junge Mann wieder Mut. Nun setzt er voll auf beruflichen Erfolg. »Wenn ich 30 Jahre bin, will ich, daß man meinen Namen kennt«, schreibt er der Mutter. »Bis 35 will ich anerkannt sein. Bis 40 sogar ein bißchen berühmt. Obwohl das Berühmtsein gar nicht so wichtig ist. Aber es steht nun mal auf meinem Programm. Also muß es eben klappen! Einverstanden?«[13]

Die Mutter ist einverstanden. Erfolg im Beruf für verlorenes Liebesglück? Das scheint ihr kein schlechter Tausch zu sein. Und hat ihr Erich für die wahre Liebe denn nicht sie? Wird sie nicht ewig »sein einziger Freund« bleiben, wie er sie manchmal in seinen Briefen nennt?

Ja, die Mutter wird dem Sohn bleiben, über alle glücklichen und unglücklichen Liebesaffären hinweg, die ihr Erich noch erleben wird. Und oft inspirieren solch tiefe Enttäuschungen Dichter ja auch zu ihren schönsten Werken. Seiner Beziehung zu Ilse Beeks jedenfalls hat Kästner in seinem Gedicht *Sachliche Romanze* ein alle Zeiten überdauerndes Denkmal gesetzt (ohne allerdings zuzugeben, dass das Abhandenkommen der Liebe tatsächlich eine eher einseitige Angelegenheit gewesen war):

»Als sie einander acht Jahre kannten
(und man darf sagen: sie kannten sich gut),
kam ihre Liebe plötzlich abhanden.
Wie andern Leuten ein Stock oder Hut.

Sie waren traurig, betrugen sich heiter,
versuchten Küsse, als ob nichts sei,
und sahen sich an und wußten nicht weiter.
Da weinte sie schließlich. Und er stand dabei.
Vom Fenster aus konnte man Schiffen winken.
Er sagte, es wäre schon Viertel nach Vier
und Zeit, irgendwo Kaffee zu trinken.
Nebenan übte ein Mensch Klavier.

Sie gingen ins kleinste Café am Ort
und rührten in ihren Tassen.

Am Abend saßen sie immer noch dort.
Sie saßen allein, und sie sprachen kein Wort
und konnten es einfach nicht fassen.«[14]

Fortunas Fußtritt

Drei Erichs. Wenn du das Hemd
anhast mit rosa Streifen. Traurige Tischherren.

Der berufliche Erfolg hält an. Mit dreißig bekannt sein? Das schafft ein Talent wie Kästner früher. Doch er tut auch was dafür, arbeitet weiter rund um die Uhr. Trotzdem hat er Zeit für Freunde, ist beliebt in seinem Bekanntenkreis.

Zu Kästners besten Freunden zählen in der Leipziger Zeit noch zwei andere Erichs: Erich Ohser, der Illustrator, der Jahre später als e. o. plauen mit seinen *Vater-und-Sohn*-Bildstrips weltberühmt wird, und der Sozialdemokrat Erich Knauf, Studienfreund Kästners und Redakteur der *Plauener Volkszeitung*.

Ohser und Kästner haben sich 1923, gegen Ende der Inflationszeit, kennengelernt. Ohser, ein paar Jahre jünger als Kästner, wird von diesem als »groß, dunkelhaarig, tapsig und voller Übermut« geschildert. »Er studierte an der Kunstakademie und ich an der Universität. Wir waren beide unseren Berufen entlaufen und aufs Dasein neugierig, fanden die Freiheit samt ihrem Risiko herrlich, lernten und bummelten, lachten und lebten von der Hand in den Mund.«[1]

Noch nachts, wenn Kästner in der Redaktion »Stallwache« hat und beim Dröhnen der Rotationsmaschinen Spätnachrichten redigiert, hocken die beiden Freunde zusammen. »Manchmal brachte er – aus dem Café *Merkur* oder, in selbstgeschneiderten Kostümen, von Faschingsbällen – andere junge Künstler und Weltverbesserer mit, und dann redigierten wir die korrekturbedürftige Menschheit.«[2]

In der Redaktion der Leipziger Zeitschrift *Beyers Für Alle*, in der zu jener Zeit die junge Redaktionsvolontärin Luiselotte Enderle angestellt ist, werden der groß gewachsene Ohser und der 1,68 Meter »kleine« Kästner stets nur der große und der kleine Erich genannt. Die beiden schreiben und zeichnen gemeinsam für diverse Zeitungen und Illustrierte und veröffentlichen in dem Familienblatt unter anderem gereimte Bildgeschichten für Kinder. Außerdem spielt Kästner auf der Kinderseite den Briefkastenonkel.

»Beide waren sehr frech«, erinnert sich Luiselotte Enderle. »Kästner übertraf Ohser bei weitem. Meine Kollegin Lena und ich konnten ihm dennoch nicht widerstehen. Aber wir widerstanden ihm. Schon weil Hilde Decke (die Chefredakteurin, K. K.) auf Ordnung hielt.«[3]

Das lustige Leben könnte so weitergehen – Kästners Glück will es anders:

Anfang 1927 schreibt der kleine Erich ein Gedicht: *Abendlied des Kammervirtuosen*. Es ist für die damalige Zeit erotisch recht freizügig. Der große Erich illustriert es dementsprechend, und der nicht gerade ängstliche Erich Knauf bringt es, weil es von Kästners Hauszeitung, der *Neuen Leipziger*, abgelehnt wurde, in der *Plauener Volkszeitung*. Ein Skandal ist geboren. Warum? Das Gedicht erscheint ausgerechnet im Gedenkjahr zu Beethovens hundertstem Todestag. Und es beginnt mit den Zeilen:

»Du meine neunte Sinfonie!
Wenn du das Hemd anhast mit rosa Streifen …
Komm wie ein Cello zwischen meine Knie,
Und laß mich zart in deine Seiten greifen!«[4]

Darf man so etwas schreiben und auch noch so freizügig illustrieren – im Beethoven-Gedenkjahr? Richtet sich dieses Gedicht nicht gegen jede Sitte und allen Anstand? Ist es nicht ein Affront gegen die Öffentlichkeit? Den politisch rechtsgerichteten *Leipziger Neuesten Nachrichten*, der größten mitteldeutschen Zeitung jener Tage, kommt der Fauxpas der munteren jungen Leute gerade recht. Kästner, der erfolgreiche Mitarbeiter des demokratischen Konkurrenzblattes, ist der Redaktion der *LNN* schon lange ein Dorn im Auge. Also greift man die »Tempelschändung« durch Kästner und Ohser – und damit die ungeliebte Konkurrenz – in einem Leitartikel an. Und der hilflose Verlagsdirektor der *Neuen Leipziger Zeitung* versucht den Sturm im Wasserglas zu glätten, indem er Kästner und Ohser fristlos entlässt.

Eine Katastrophe für die beiden jungen Männer. Zwar bietet die Direktion des Blattes Kästner an, nach Berlin zu gehen und dort als Theaterkritiker weiter für die Zeitung zu arbeiten – und Kästner nimmt dieses Angebot notgedrungen an –, aber was ist das gegen die Stellung, die er zuvor in Leipzig innehatte? Und das Honorar, das er für seine Kritiken beziehen wird? Wie soll er, inzwischen achtundzwanzig Jahre alt, von den paar Pfennigen leben?

Ausgerechnet am Abend jenes Tages, an dem der große und der kleine Erich entlassen worden sind, veranstalten die jungen Frauen aus der Redaktion von *Beyers Für Alle* ein Redaktionsfest. Man hat, nur ein halbes Jahr nach der Gründung, den hunderttausendsten Abonnenten geworben. Die Feier soll in Kästners zwei Zimmerchen stattfinden und es soll ein lustiger Abend werden. Zum Spaß ziehen die Frauen Kinderkleider an, binden sich Schärpen um und Schleifen ins Haar. Ein Trichtergrammofon wird ausgeliehen, ein paar »kesse Platten« werden besorgt, eine Ananasbowle steht bereit. Doch die traurigen Tischherren passen nicht so recht zu den unternehmungslustigen jungen Damen. Als die endlich wissen wollen, was passiert ist, dreht der kleine Erich die große Beleuchtung aus und erklärt den gespannt Lauschenden, weshalb Ohser und er heute so langweilig sind: »Wir sind rausgeworfen worden.«[5]

Die Stimmung ist hin. Als um nähere Einzelheiten gebeten wird, bemerkt Luiselotte Enderle zum ersten Mal, dass der sonst so freche kleine Erich in Wahrheit ein sehr schutzbedürftiger Mensch ist. Ihr Kästner-Bild verändert sich.

Jahre später wird Kästner diesen Rausschmiss aus Leipzig als »Fußtritt« bezeichnen. Doch er wird hinzufügen, dass es ein Fußtritt Fortunas war, der ihn von Leipzig nach Berlin beförderte, mitten hinein in die »schönste Zeit meines Lebens«[6].

Dabei hätte Kästner vor dem, was ihn in Berlin erwartet, nicht bange sein müssen, schreibt er doch bereits für die berühmtesten Blätter der Stadt und wird am 6. Juli 1927 sein Debüt in der heute legendären *Weltbühne* geben. Und haben ihn nicht schon vor längerer Zeit Briefe erreicht, die ihm hätten Mut machen müssen? Schließlich war der Absender kein Geringerer als der zu jener Zeit wichtigste deutsche Publizist Kurt Tucholsky, der längst auf Kästner und dessen »prachtvolle politische Satiren«[7] aufmerksam geworden ist.

»Ich wüßte niemanden, dessen Urteil mir zuständiger und wertvoller erschiene als das Ihre«, schreibt Kästner seinem »Meister« noch im Dezember 1927, als er bereits selber Hauptstädter ist. Wenn Tucholsky also recht hat und der junge Mann aus Dresden tatsächlich ein großes Talent ist, wird er sich auch in Berlin durchsetzen.

Berlin
Im Steinbaukasten. Radikale Pazifisten.

Wer nicht pariert …

Sein Verhältnis zu Berlin hat Kästner stets als außereheliche Liebesaffäre beschrieben: Die Stadt kann nicht seine Ehefrau werden – verheiratet ist und bleibt Kästner nun mal mit Dresden –, doch versteht man sich mit seiner »Busenfreundin« nicht manchmal besser als mit der eigenen Frau?[1]

Über siebzehn Jahre wird Kästner in der deutschen Metropole leben, die »schönste Zeit seines Lebens« jedoch ist auf fünfeinhalb begrenzt – vom Sommer 1927 bis zum 30. Januar 1933, dem Tag der Machtübernahme durch die Nazis. In diesen fünfeinhalb Jahren, seiner produktivsten Zeit, wird der Erich Kästner heranreifen, der noch heute sein weltweites Publikum hat: der Satiriker, der Lyriker, der Romancier, der Kinderbuchautor, der Moralist.

Die Nazipartei, die ihm das mit viel Fleiß aufgebaute Autorenglück eines Tages ruinieren wird, existiert bereits und wird von Jahr zu Jahr stärker. Wie so viele andere Autoren bekämpft Kästner in seinen Texten die da am Horizont heraufschimmernde Gefahr; an eine Machtübernahme durch die »braunen Spinner« aber mag jetzt, mitten in den später sogenannten »Goldenen Zwanzigern«, noch niemand denken.

Berlin ist zu dieser Zeit eine faszinierende Stadt. Nirgendwo auf der Welt gibt es mehr Theater, Kabaretts und Vorstadtbühnen. Alle wichtigen Regisseure und hervorragenden Schauspieler betrachten Berlin als Ziel ihrer Karriere. Viele der bedeutendsten Autoren und Journalisten leben und arbeiten in dieser Stadt, in der täglich einhundert verschiedene Tageszeitungen und Zeitschriften erscheinen und fast alle großen Verlage ihren Sitz haben. Hier sammelt man sich, konkurriert miteinander, bringt einander vorwärts. Was die Bundesrepublik Deutschland nach dem Zweiten Weltkrieg nicht haben wird, Mitte der Zwanzigerjahre besitzt man es in europäischem Maßstab: ein geistiges Zentrum.

Berlin ist aber auch die deutsche Vergnügungsmetropole. Tanzlokale, Nacht- und Tagesbars, Eckkneipen und andere »Etablissements« reihen sich aneinander. Für einen lebenslustigen Achtundzwanzigjährigen, der zwei Schicksalsschläge zu verdauen hat – Ilse und den Fußtritt –, genau das Richtige. Kästner fühlt sich bald zu Hause in diesem »verrückt gewordenen Steinbaukasten«. Nacht für Nacht zieht es ihn in Bars und Stripteaselokale, besucht er Neureichenpartys, studiert er das Leben in diesem modernen Sündenbabel.

»Er betrieb die gemischten Gefühle seit langem aus Liebhaberei«, schreibt er über sein Alter Ego *Fabian*. »Wer sie untersuchen wollte, mußte sie haben. Nur während man sie besaß, konnte man sie beobachten. Man war ein Chirurg, der die eigene Seele aufschnitt.«[2] Der Autor Kästner wird diese Beobachterrolle noch oft einnehmen, nie wieder jedoch darf er sie so genießen wie in dieser Zeit, die man später, klüger geworden, als »Tanz auf dem Vulkan« charakterisieren wird.

Natürlich verkehrt der junge Autor bald auch in den Künstlerkneipen der Stadt und im *Romanischen Café* an der Gedächtniskirche; ein Mekka der zeitgenössischen Prominenz. Hier trifft er Autoren wie Roda Roda, Egon Erwin Kisch, Robert Musil, Anton Kuh und viele andere. Dazu Leute vom Film und einen Großteil der deutschen Schauspielerelite. Zum Essen geht's zu Schwannecke, nur wenige Minuten Fußweg vom *Romanischen Café* entfernt; ebenfalls ein Treffpunkt der Literaten und Theaterleute. Viktor Schwannecke, einst Schauspieler bei Max Reinhardt, inszeniert seine *Weinstube Stephanie* dermaßen geschickt, dass der Wirt Schwannecke bald berühmter ist, als es der Schauspieler Schwannecke jemals war. Vor allem nach Theaterpremieren trifft man sich in seinem Restaurant und tafelt, bis die ersten Morgenzeitungen mit den Kritiken erscheinen. Dann wird ausgiebig gelesen und gefrühstückt, bevor man endlich nach Hause fährt, um noch ein bisschen zu schlafen.

Auch Zuckmayer und Kästner begegnen sich in diesem Restaurant zum ersten Mal, kurz nachdem Kästner des späteren Freundes schwaches Kinderstück *Kakadu Kakada* in der *Weltbühne* nicht nur verrissen, sondern gnadenlos auseinandergenommen hat. In seiner Kritik wirft er dem erfolgreichen Zuckmayer »läppische Anbiederung«, »unechten Stil«, »kindische Gesinnung«, »Langeweile mit

Freilauf«, »familiären Normalkitsch«, »Sabberlätzchen tragende Urwüchsigkeit« und »Situationen auf Plattfüßen« vor und resümiert: »Zuckmayer wollte kindlich sein und wurde bloß albern.«[3] Nun sitzt der strenge Kritiker Kästner eines Abends bei Schwannecke und plagt sich mit einem seiner wöchentlichen Gedichte für den *Montag Morgen* herum, als plötzlich die Tür geöffnet wird und der Oberkellner Johnny – ein bei den Gästen beliebtes Original – eine vergnügte Gesellschaft empfängt. Mittendrin Zuckmayer. Kästner, schlechtes Gewissen wegen seiner harschen Kritik, bangt ein wenig, dass einer aus der fröhlichen Runde zu Zuckmayer sagen könnte: »Da sitzt ja Kästner«, da ist es, kaum hat man sich gesetzt, auch schon passiert. Zuckmayer dreht sich zu Kästner herum, fixiert ihn lange und tritt schließlich an seinen Tisch. »Ihnen hat mein Stück nicht gefallen«, sagt er. »Mir hat Ihre Kritik nicht gefallen. Beides kann vorkommen. Ich glaube, wir sind quitt.« Damit setzt sich der körperlich robuste Zuckmayer wieder, hebt sein Glas und trinkt Kästner lächelnd zu.[4]

»Wer es ehrlich meinte, den ließ man gelten«, schreibt Kästner seinem Freund Zuck zu dessen sechzigstem Geburtstag 1956, als er ihn an diese erste Begegnung und das Berlin jener Tage erinnert. »Wer Talent hatte, wurde akzeptiert. Man verletzte, wenn es sein mußte, einander. Man verletzte niemals die Spielregeln.«[5]

Auch in Berlin lebt Kästner wieder zur Untermiete. Ein möbliertes Zimmer in der Prager Straße, nicht weit vom

Romanischen Café, nicht weit von Schwannecke, nicht weit vom Kurfürstendamm entfernt. Zwei Zimmer, wie zuletzt in Leipzig, kann er sich vorerst nicht leisten. Schon gar nicht in dieser Gegend. Anfangs zahlt er siebzig Mark Monatsmiete, bald fünfundsiebzig, dann achtzig. Und dabei ist er nicht mal frei als »möblierter Herr«; die Witwe Ratkowski, für die nächsten zwei Jahre seine Wirtin und im *Fabian* treffend porträtiert, hält sehr auf Anstand und Sitte.

> »Mancher Mann darf, wie er möchte schlafen.
> Und er möchte selbstverständlich gern!
> Andre Menschen will der Himmel strafen,
> und er macht sie zu möblierten Herrn«[6],

beklagt sich Kästner über seine Situation. Die Gegend aber möchte er nicht tauschen. »Im Osten residiert das Verbrechen«, schreibt er über das Berlin der Zwanzigerjahre, »im Zentrum die Gaunerei, im Norden das Elend, im Westen die Unzucht, und in allen Himmelsrichtungen wohnt der Untergang.«[7]

Unter diesen Voraussetzungen kommt der mondäne Westen dem Lebensstil, den sich der junge Doktor Kästner wünscht, noch am nächsten. Schließlich hat er sich etwas vorgenommen: Er will sich als Autor durchsetzen – genau dort, wo die Konkurrenz am größten ist. Deshalb arbeitet er in diesen fünfeinhalb Jahren, die ihm bleiben, wie ein Besessener, schreibt Romane, Kinderbücher und Gedichte, textet fürs Kabarett, verfasst Filmdrehbücher und publiziert in den verschiedensten Zeitungen; am häufigsten in seinem Hausblatt, der *Neuen Leipziger*. Und nicht nur die vereinbarten Theaterkritiken schreibt er für die *NLZ*. Respektlos, spritzig, oft frivol plaudert er über den Kulturbetrieb der Zwanzigerjahre, glossiert die Kinoszene, merkt Politisches an, kritisiert immer wieder Militarismus, Chauvinismus und den ewigen Spießer im Deutschen. Er schuftet, als ahnte er, wie begrenzt diese seine fruchtbarste Schaffensperiode ist.

Sein neues Schreibcafé heißt *Carlton*, liegt am Nürnberger Platz und ist von der Prager Straße aus bequem zu Fuß zu erreichen. Im *Carlton* gibt es den köstlichsten Mohn- und Apfelstrudel von ganz Berlin, ein Trio streichelt die Ohren der Kaffeehausbesucher, das Stimmengewirr um Kästners Stammtisch bleibt angenehm verhalten. Hier sitzt er, der stets korrekt bis elegant gekleidete Dr. Kästner, ab dem frühen Nachmittag mit seinem Schreibblock in der Hand und dichtet, spottet oder trauert in zeitsparender Stenografie. Hier – und später im *Leon* – diktiert er seiner Sekretärin (ab 1928 kann er sich eine leisten), trifft Bekannte oder studiert die Leute an den Tischen nebenan.

Er schreibt auch in Restaurants oder – noch lieber – in einer Nachtbar, bei einem oder mehreren Gläsern Champagner, die gut für sein schwaches Herz sein sollen, ihm aber auch ausgezeichnet schmecken, und vielen, vielen Zigaretten; die Mutter schimpft oft besorgt über seinen immensen Zigarettenverbrauch. Vor fünf Uhr morgens geht der junge Autor nicht ins Bett, bevor es nicht Mittag ist, steht er nicht auf. Oft sitzt er gemeinsam mit Erich Ohser an seinem Schreibcafé-Stammtisch, oder er zieht mit dem Freund, der ihn in Berlin bereits erwartet hat, durch die Lokalitäten der vergnügungssüchtigen Stadt.

»Wir entdeckten Berlin auf unsere Weise und berichteten davon in illustrierten Reportagen, die uns die Provinzpresse abkaufte«, beschreibt Kästner seine ersten Berliner Monate. »Wir saßen stundenlang in unserem Café am Nürnberger Platz und erfanden politische und unpolitische Witze.«[8]

Kaum haben der große und der kleine Erich ein paar Mark zusammen, fahren sie nach Paris. Ohser malt, Kästner schreibt. »Es war keine Kavaliersreise«, erinnert sich Kästner später, »und Paris war nicht nur ein aus Museen bestehendes Museum! Ein pittoresker Schornstein, eine hinfällige Gaslaterne, ein Harfenspieler und ein Rummelplatz waren uns nicht weniger recht.«[9] Aber auch die Bar des weltberühmten *Lido*, wo sie die teuren Getränke kaum bezahlen können, oder das Seitenstraßenlokal mit nackter Damenbedienung studieren die beiden Erichs aus Sachsen.

Wieder zurück, wird das Schreibgeschäft weiter angekurbelt. Kästner wandert durch die Berliner Redaktionen und sitzt mit wichtigen Feuilletonleuten im *Romanischen Café*, wird oft freundlich, aber manchmal auch unfreundlich behandelt, wie zum Beispiel in der Redaktion der *B. Z.* Dort ist Egon Jacobsohn für das Feuilleton zuständig. Dem gefallen Kästners Gedichte nicht. »Wir leben in einer harten Welt, die keine Zeit für Gefühle hat«, weist er den jungen Dichter ab.

»Das habe ich bemerkt«, antwortet Kästner trocken. »Man hat mir in der Straßenbahn meine Aktentasche gestohlen.«

Mitfühlend fragt Jacobsohn, was denn drin war in der Aktentasche.

»Meine sämtlichen Gedichte.«

»Oh«, gibt Jacobsohn ironisch zurück. »Das tut mir leid – für den Dieb.«[10]

Eine schöne Anekdote, leider eine wahre. Doch zu Kästners Glück geht sie gut aus. Er bekommt seine Aktentasche zurück, und er braucht sie auch: Nachdem andere Verlage (darunter Paul List und Zsolnay) abgelehnt haben, plant der mutige Leipziger Verleger Curt Weller – nicht viel älter als Kästner, »Kriegsflieger mit Beinprothese« – den ersten Kästner'schen Gedichtband, der dann später *Herz auf Taille* heißen wird. Der junge Autor ist gerade dabei, eine neue Auswahl seiner Texte zusammenzustellen.

So ergeht es Kästner oft in dieser Zeit: Niederlagen und Erfolge wechseln einander ab, er muss lernen, sich daran zu gewöhnen. »Ich bin ein komischer Kerl«, schreibt er der Mutter bereits wenige Tage nach seinem Eintreffen in Berlin. »Wenn sich was zerschlägt, bin ich niedergeschlagen. Aber wenn es klappt, ist mir so, als müßte es so sein ... Da sitz ich dann wie ein kleiner Generaldirektor auf dem Stühlchen und wundre mich über gar nichts.« Und er bittet sie: »Bleib Du mir recht gesund! Damit Du noch viel Freude an mir hast.«[11]

Die Mutter wird noch viel Freude an ihrem Erich haben.

Dem großen Erich, Erich Ohser, fällt es schwerer, in den Berliner Redaktionsstuben Fuß zu fassen. »Er war ein rauflustiger Kritiker seiner Zeit«, schildert Kästner den Freund fünfunddreißig Jahre später, »er haßte die Profitmacher, er verlachte die Spießer und Heuchler, er attackierte die Bürokratie, er focht für die Freiheit des einzelnen und kämpfte gegen die Dummheit der meisten. Unermüdlich stellte er sich, mit Tusche und Feder, den Leithammeln und ihren Herden in den Weg und malte den Teufel an die Wand.«[12]

Das Gleiche ließe sich von den Gedichten des erfolgreicheren kleinen Erich sagen. Ohsers freche und oft skurrile Zeichnungen jedoch erregen mehr Anstoß als Kästners bei aller Schärfe sprachlich oft auf raffinierte Weise einschmeichelnden Texte. So überleben Ohsers Illustrationen zu Kästners Gedichtband *Herz auf Taille*, der im Frühjahr 1928 erscheint, nicht einmal die erste Auflage. Der kleine Weller-Verlag muss die von einflussreichen Herren im Leipziger Börsenverein des Deutschen Buchhandels als »zu obszön« empfundenen zehn ganzseitigen Ohser-Zeichnungen opfern, um den Vertrieb des Buches durch den Kommissionsgroßbuchhandel nicht zu gefährden. Die dadurch entstandenen leeren Seiten werden ab der zweiten Auflage mit weiteren Kästner-Texten »aufgefüllt«. Erst den dritten Band mit Kästner-Lyrik – *Ein Mann gibt Auskunft* – darf Ohser wieder illustrieren. Nach dem Zweiten Weltkrieg wird es dann eine doppelt komplette Ausgabe von *Herz auf Taille* mit den Zeichnungen und den hinzugefügten Texten geben.

Zu Ohsers Rettung kommt schließlich auch der dritte Erich nach Berlin: Erich Knauf, der im Jahr zuvor in seiner Zeitung das *Abendlied des Kammervirtuosen* brachte. Die Büchergilde Gutenberg hat sich den tüchtigen Mann geholt. Und Knauf holt sich Ohser, indem er Illustrationsaufträge an ihn vergibt.

1929 gehen der große und der kleine Erich wieder auf Reisen. Moskau und Leningrad heißen ihre Ziele. Sie wollen sich die junge Sowjetunion mal etwas näher ansehen. Die interessiert in jenen Jahren viele Künstler Westeuropas. Vor allem politisch links eingestellte Autoren wollen überprüfen, wie es aussieht, wenn ihre sozialistischen Träume reale Gestalt angenommen haben. Viele kehren sehr reserviert aus der Sowjetunion zurück, andere – wie Lion Feuchtwanger – sind begeistert von dem, was sie als Aufbau einer neuen, gerechteren Gesellschaft verstehen. Kästner, linksliberal, aber der kommunistischen Idee gegenüber sehr skeptisch, resümiert: »Wir sahen, was man uns zeigte, und noch ein bißchen mehr. Die Berliner Freiheit und das Leben auf eigene Gefahr waren uns lieber.«[13]

Ja, noch darf Kästner sie genießen, die »Berliner Freiheit«. Doch sie muss bereits verteidigt werden; vor allem von jenen, die mit dem Wort umzugehen verstehen. In erster Reihe stehen da die Mitarbeiter der pazifistischen *Weltbühne*, die mit ihren gezielt nach rechts und links ausgeteilten Hieben die Weimarer Republik nicht zerstören, wie ihnen später von bürgerlichen Politikern vorgeworfen werden wird, sondern retten wollen. Carl von Ossietzky, der unbeugsame Liberale, der vor 1933 für seine Überzeugung ins Gefängnis geht und nach 1933 Folter und KZ-Haft – und damit den frühen Tod – auf sich nimmt, ist der Herausgeber jener heute noch gerühmten Wochenschrift für Politik, Kunst und Wirtschaft. Zu ihren Autoren zählen Kurt Tucholsky, Alfred Polgar, Ernst Toller, Walter Mehring, Lion Feuchtwanger, Arnold Zweig, Hermann Kesten, Axel Eggebrecht und viele andere erste Autoren ihrer Zeit.

Hermann Kesten wird Kästners Freund auf Lebenszeit. Die beiden begegnen sich bei einem der Nachmittagstees, zu denen Edith Jacobsohn, die Witwe des *Weltbühnen*-Gründers Siegfried Jacobsohn, regelmäßig einlädt und auf denen stets »antikollegiale, kaltschnäuzige, postmarxistische, radikalitätsspritzende« Gespräche stattfinden. Kesten schildert, wie Kästner und er einander kennenlernen: »Ich schüttelte die Hand eines hübschen, adretten jungen Mannes, der mich mit einem freundlich verschmitzten Lächeln begrüßte … Wir waren uns bald einig, daß wir Moralisten und Satiriker waren. Ich behauptete, man müsse auf die Besten seines Jahrhunderts wirken. Kästner sagte, er wolle dem Volke gefallen, und je mehr Lesern, desto besser.« [14]

Es gibt noch mehr Gemeinsames zwischen den beiden jungen Männern. »Wir waren beide radikal und keine Marxisten ... Wir schlossen uns keiner politischen Partei an und ergriffen Partei, politisch und literarisch, wo es um Gerechtigkeit ging, um die Freiheit und gegen alle soziale Unterdrückung, gegen Militarismus, Chauvinismus und Unmenschlichkeit.«[15]

Die Gemeinsamkeit der beiden Freunde geht anfangs sogar so weit, dass sie wegen ihrer ähnlich klingenden Namen öfter miteinander verwechselt werden. So findet einmal ein bekannter Berliner Kritiker in einer Besprechung Kestens Novellen nicht so gut wie seinen Gedichtband *Herz auf Taille*. Um Korrektur gebeten, ordnet der verwirrte Kritiker nun Kestens Novellen Kästner zu. Da beschließen die beiden Autoren, den Irrtum höchstpersönlich aufzuklären, und erscheinen Arm in Arm in seiner Redaktionsstube, um zu beweisen, dass es sich tatsächlich um zwei Autoren handelt.

Und das Gefühlsleben des jungen Dichters? Kästner hat die Enttäuschung über das schmerzliche Ende seiner Beziehung zu Ilse Beeks auch zwei Jahre danach noch nicht überwunden. Er versucht, sich mit wechselnden Frauenbekanntschaften zu trösten, kommt in seinen Briefen an die Mutter aber immer wieder auf Ilse zurück. »Hertha ist wieder da«, schreibt er am 10. Januar 1929 in Bezug auf eine »alte Freundin« – und fährt fort: »Die neue kleine Freundin, Margot Schönlank, ist ein furchtbar lieber Kerl.

Bloß schon wieder zu sehr verliebt. Hat ja alles keinen Sinn auf die Dauer. Es ist wirklich so, als ob die Ilse-Affäre mir alle Fähigkeit, ein Mädchen richtig liebzuhaben, vollständig ruiniert hätte. Sehr schade ... Wenn mich die Mädels so lieb anschauen, komme ich mir vor wie das Kind beim Dreck.« Im selben Brief versichert er der Mutter, dass seine wahre Liebe nur ihr gehört: »Es ist so schön, dass wir beide einander lieber haben als alle Mütter und Söhne, die wir kennen, gelt? Es gibt dem Leben erst den tiefsten heimlichen Wert und das größte verborgene Gewicht.«[16]

Die Verbindung zu Margot Schönlank, die Kästner bald nur noch Pony nennt – nach dem Mädchen Pony Hütchen aus seinem *Emil und die Detektive* –, dauert etwa ein Jahr, dann gibt es erneut einen Bruch. »Am Sonntag hatte ich mit Pony eine lange, traurige Aussprache«, heißt es im Brief an die Mutter. »Sie hat furchtbar geweint. Ich hab auch mitgeheult. So verzweifelt war das arme kleine Ding. Ich werde nach wie vor mit ihr zusammensein, nur eben ganz freundschaftlich.« Drei Tage später berichtet er nach Dresden: »Gesundheitlich fühl ich mich unerhört wohl! Toi, toi, toi. Das Schlafen bei Steffa bekommt mir geradezu vorzüglich.« Weitere zwei Tage später: »Ich bin heilfroh, daß ich wieder so herrlich unabhängig von keiner Lügenkarline abhängig bin ... Pony ist immer ziemlich traurig ... Aber ich denke schon, daß sie gesund drüber wegkommen wird. Im übrigen sind die Mädchen in diesem Punkte ja alle einander ähnlich ... Man sollte sich eben doch alles abhacken, was mit Mann zu tun hat. Sonst hört dieser Schlamassel ja doch nicht auf.«[17]

Tatsache ist: Der »Schlamassel« wird nicht aufhören. Sein ganzes Leben lang wird Kästner »Frauensorgen« haben. Ob das aber nur an seiner unglücklichen Liebe zu Ilse Beeks liegt? Hat ihn nicht gerade seine enge Mutterbindung zu jeder anderen dauerhaften Beziehung unfähig gemacht?

Die Vermutung liegt nahe. Vor allem nach der Lektüre der Briefe an die Mutter. Wie abfällig da der Sohn, der doch in seinen Gedichten oft so einfühlsam argumentiert und in seinen Romanen und publizistischen Schriften so gerecht und aufklärerisch auftritt, hier über seine Frauenbeziehungen schreibt. Mitte August 1930 zum Beispiel ist er mit einer jungen Frau liiert, die er Moritz nennt. Unter dem 14. August schreibt er der Mutter: »Moritz wollte erst nicht mitfahren. Weil sie mich liebt und ich sie nicht liebe, hat sie gesagt. Na ja, sagte ich, da fahr ich allein. Aber das war ihr auch nicht recht. Und nun kommt sie also mit. Sie pariert ganz gut. Muß sie auch. Sonst verschwinde ich aus ihrem Gesichtskreis.«[18]

Und der Dichter Kästner bekennt:

> »Ich riet dir manchmal, dich von mir zu trennen,
> und danke dir, daß du bis heute bliebst.
> Du kanntest mich und lerntest mich nicht kennen.
> Ich hatte Angst vor dir, weil du mich liebst.

Du zürntest manchmal über meine Kühle.
Ich muß dir sagen: Damals warst du klug.
Ich hatte stets die nämlichen Gefühle.
Sie waren aber niemals stark genug.«[19]

Es ist wohl so, dass der Mann Kästner keine wahre Nähe zulassen kann. Er will von keiner Frau »besessen« werden. »Ihr wollt den Warencharakter der Liebe, aber die Ware soll verliebt sein. Ihr zu allem berechtigt und zu nichts verpflichtet, wir zu allem verpflichtet und zu nichts berechtigt, so sieht euer Paradies aus«, wirft das Mädchen Cornelia im *Fabian* Kästners Alter Ego vor. Und sie fährt fort: »Wenn wir euch nicht behalten dürfen, wollen wir euch auch nicht lieben.«[20]

Da mischen sich Einsichten und Ängste. An Kästners Haltung zu Frauen wird das nichts ändern. Die Gründe dafür sind in seiner Kindheit zu suchen.

Die kleine Versfabrik

Lyrik fürs Volk. Links vom Möglichen.

Kästner & Co. Scheinchen.

Herz auf Taille wird von vielen Kritikern bejubelt. Also erscheint 1929 der zweite, inzwischen schon heiß erwartete Band mit Kästner-Lyrik: *Lärm im Spiegel.* 1930 gibt es den dritten: *Ein Mann gibt Auskunft,* 1932 den vierten: *Gesang zwischen den Stühlen.* Viele der zeitkritisch-politisch-satirischen Gedichte aus diesen Bänden zählen heute zu den Klassikern, die Erstauflagen überraschen durch ihren schnellen und anhaltenden Publikumserfolg. Schon bald wirbt Kästners Verlag mit dem Slogan: *Seit Kästner liest man wieder Gedichte.*

Dieser Verlag ist seit 1930 die Deutsche Verlags-Anstalt Stuttgart – mit Curt Weller, dessen eigener Verlag der Wirtschaftskrise zum Opfer fiel, als Lektor und Geschäftsführer.

Hermann Kesten begründet Kästners raschen Durchbruch einerseits mit der »spielerischen und fehllosen Meisterschaft« seiner Sprache, andererseits damit, dass der Freund in seinen Gedichten ausdrückt, »was mancher gedacht und keiner zu sagen gewagt hat ... Er traf seine Zeitgenossen ..., entlarvte sie ..., zog sie aus und häutete sie.« Das alles »mit Charme und Grazie, mit Anmut und Witz ... Statt den Schmerz und die Schläge zu fühlen, fühlten seine Leser sich amüsiert ... Es stimmte sie lustig, daß er sich über sie lustig machte.«[1]

Argumente für Kästners Texte, die strengere Richter als schweres Geschütz gegen den Autor auffahren: Seine Texte würden nicht unter die Haut gehen, werfen sie ihm vor. Sein Publikum würde zwar lachen, aber innen bliebe es taub.

Einer, der Kästner gegen diese Angriffe verteidigt, ist Rudolf Frank. Nach Erscheinen von *Ein Mann gibt Auskunft* schreibt der bekannte Theatermann, Schriftsteller und Publizist begeistert: »Die Kästner-Verse liest man ... dort, wo sie aufgegangen sind: im Lärm auf der Straße, in der Bahn; man hört sie an den Tischen der Kabaretts, man gebraucht sie als Fernglas, Lupe oder Zeitraffer, um besser, tiefer, rascher zu sehen; man genießt die Strophen, Zeilen, Reime wie beim Boxkampf Schlag, Stoß und Finte. Diese aktuelle Gebrauchslyrik ... überläßt das sentimentale und poetische Genre den Lesebüchern und den Verfertigern von Tanzschlagern. Sie kann und will damit nichts anfangen. Sie gibt leidenschaftlichkühle Wort-Photographie. Sie verabreicht Wort-Medizin, die leicht eingeht und von allen Illusionen kuriert.«[2]

Die Bezeichnung »Gebrauchslyrik« wird Kästner übernehmen; mit denen, die seine Texte als zu leicht befinden, kann er sich auseinandersetzen. Diskussionsunwürdig sind die schon erwarteten negativen Reaktionen politisch rechtsstehender Publizisten. »Mit dem Titel *Lärm im Spiegel* hat sich Kästner ungewollt selber abgeurteilt«, kanzelt da ein Fritz Diettrich den jungen Dichter ab. »Im Kabarett sollen die Verse seiltanzen. Aus Witzblättern sollen sie herausknallen. Aber mit Dichtung hat das hundewenig zu tun, da es bestenfalls intellektueller Vorspann kommunistischer Polemik ist.«[3] Gift und Galle spucken auch der Nationalverband deutscher Offiziere, der Verband deutscher Akademiker, der Bartelsbund (eine Vereinigung deutsch-völkischer Antisemiten, deren Namensgeber Adolf Bartels so beschränkt ist, dass er die ihm politisch missliebigen Brüder Heinrich und Thomas Mann schlichtweg zu Juden erklärt), der Dahlemer Frauenbund (Frauen- und Mädchenbund für sittliche Reinheit) und natürlich die gesamte konservativ bis rechtsradikal eingestellte Hugenberg-Presse (»Schmierfink, kein Dichter«).

Die Gebissenen beißen zurück. Und um den Autor gleich mit einem Schlag zu erledigen, stellen sie ihn in die kommunistische Ecke. Trotzdem: Hass, für den jeder Autor dankbar sein muss. Wie furchtbar, von den Fritz Diettrichs oder Hugenbergs gelobt zu werden!

Kästner will fürs Volk schreiben, nicht für Hitlers braune Spießgesellen, die – um an die Macht zu kommen – an die niedersten Triebe appellieren und sie heuchlerisch als »gesundes Volksempfinden« deklarieren. Kästner schreibt fürs Volk, weil er es erziehen will. Und das mit einem Trick: durch gute Unterhaltung. Auf diese Weise ist er gewissermaßen doch noch Lehrer geworden. Wozu er sich auch stets bekennt: »Dem Satiriker ist es verhaßt, erwachsenen Menschen Zucker in die Augen und auf die Windeln zu streuen«, schreibt er in seiner *Kleinen Sonntagspredigt*. »Dann schon lieber Pfeffer.« Und er fährt fort: »Schulmeister müssen schulmeistern. Ja, und im verstecktesten Winkel ihres Herzens blüht schüchtern und trotz allem Unfug der Welt die törichte, unsinnige Hoffnung, daß die Menschen vielleicht doch ein wenig, ein ganz klein wenig besser werden können, wenn man sie oft genug beschimpft, bittet, beleidigt und auslacht. Satiriker sind Idealisten.«[4] Und so geht der junge Autor in seinen vier Gedichtbänden gegen deutsche Untugenden wie Untertanengeist, Mangel an Zivilcourage und Intoleranz an, geißelt den deutschen Militarismus, der das Volk ins Unglück gestürzt hat und nur auf die Chance zu einem Revanchekrieg lauert, und greift soziale Nöte auf. Im Gegenzug prangert er die unersättliche Besitzgier der Besitzenden an, verspottet die doppelbödige Moral der Gesellschaft und beschäftigt sich mit den Auswirkungen der modernen Zeit auf das Zusammenleben der Menschen, indem er auch die sogenannten kleinen Sorgen der Leute aufs Korn nimmt wie Großstadteinsamkeit, Kleinstadtödnis, Büro-, Ehe- und Kneipenalltag.

Ob Fabrikant, Bischof, Bäckermeister, Beamtenwitwe, Lohnbuchhalterin, verlassenes Mädchen, einsamer Junggeselle, in Kästners Versen finden sich alle wieder. Und oft sind Personal und Leser seiner Lyrik miteinander identisch. Deshalb ist Kästner gezwungen, einfach zu schreiben, ohne zu vereinfachen: ein Talent, das er in hohem Maß besitzt. Dass bei einem, der jede Woche mindestens ein Gedicht zu Papier bringen muss, manchmal auch literarisch schmalbrüstige Texte auf die Welt kommen, die der Autor in seine Auswahlbände nicht übernommen wissen will, kann nicht verwundern. Gleiches gilt für alle Freiberufler, die täglich oder wöchentlich ein gewisses Quantum Kreativität abliefern müssen.

Kästner ist als Lyriker kein »Sprachartist« wie so viele seiner zeitgenössischen Kollegen. Er schreibt ein knappes, sehr präzises Deutsch und benutzt gern die »saloppe Umgangssprache der späten zwanziger Jahre« mit all den »Alltagsphrasen, Zeitungswendungen und Reklameslogans, Behördenjargon und dem Slang der Militärs« jener Zeit.[5] Außerdem hat er sich in den meisten Fällen für den Reim entschieden, das »führt zur Glätte, zwingt in Konventionen«[6]. Doch gerade mit dieser Sprache und ihrer einschmeichelnden »Glätte« trifft Kästner das Lebensgefühl seines großstädtischen Publikums. Zudem sind seine schnörkellos dargebotenen Verse voll origineller Bilder und pointiertem Witz und fast stets mit einem moralischen Appell verbunden. Was Kästner »seinen Lesern gibt«, urteilt der Zeitgenosse Hans Fallada, »ist ein Ausschnitt aus ihrer Alltagswelt: genau, nüchtern, illusionslos. Dazu dann Illusion: Kindheit, Mutter, Konfirmation, Bäume. Und schließlich einen Impuls: wenn's euch dreckig geht, laßt es den anderen nicht dreckig gehen.«[7]

Der Leser spürt deutlich: Wo Kästner zynisch sein möchte, ist er nur verzweifelt, wo er Härte vortäuscht, ist er empört. Gebärdet er sich pessimistisch, tut er das augenzwinkernd; verrät er Optimismus, bleibt er sich selbst gegenüber misstrauisch. Bebt der Autor vor Zorn wie im *Sergeant Waurich*, wird hinter den Versen der verletzte Mensch sichtbar. Es ist nicht zu überlesen: Dieser Autor liebt die Menschen, deshalb leidet er unter ihrer Fehlerhaftigkeit. Mit all seinem Zorn, seiner Wehmut, seiner Trauer und seiner Wut will er nur eines: eingreifen in die oft unmenschlichen Verhältnisse seiner Zeit. Deshalb drischt er auf die rücksichtslosen Starken ein; deshalb tröstet er die Schwachen.

Kästners schärfster und zugleich gewichtigster Gegner ist Walter Benjamin, der in den Jahren des aufkommenden Faschismus die zeitgenössische Literatur in erster Linie daran misst, inwieweit sie zur Waffe im Klassenkampf taugt. Im Februar 1931 setzt er sich in der von Rudolf Hilferding in Berlin herausgegebenen Zeitschrift *Die Gesellschaft*, einer »Internationalen Revue für Sozialismus und Politik«, mit den ersten drei Gedichtbänden des erfolgreichen jungen Autors auseinander. Titel des viel zitierten Aufsatzes: *Linke Melancholie*. Darin bescheinigt Benjamin Kästner große Begabung und »Meisterschaft«, charakterisiert jedoch die Inhalte seiner Gedichte als »lackierte Kinderbällchen« und »Sachen für Großverdiener« und demzufolge als Lyrik, die »mit der Arbeiterbewegung wenig zu tun hat«.

»Es ist von Haus aus ganz allein diese Schicht (das Bürgertum, K. K.), der der Dichter etwas zu sagen hat, der er schmeichelt, indem er ihr vom Aufstehen bis zum Zubettgehen den Spiegel weniger vorhält als nachträgt«, wird da geurteilt. Kästner wie auch Mehring und Tucholsky, diese »linksradikalen Publizisten«, sind Benjamins Meinung nach nichts als »die proletarische Mimikry (Nachahmung, K. K.) des zerfallen(d)en Bürgertums«. Allen dreien bescheinigt der »bürgerliche Marxist« Benjamin, der sich 1940 auf der Flucht vor den Nazis in Frankreich das Leben nehmen wird, eine »groteske Unterschätzung des Gegners«, die verrät, »wie sehr der Posten dieser linksradikalen Intelligenz ein verlorener ist«. Im Hinblick auf Kästner ruft Benjamin schließlich sogar aus: »Nie hat man in einer ungemütlichen Situation sich's gemütlicher eingerichtet.«[8]

Diese Vorwürfe beim Wort genommen, ist Kästner also nichts als ein »literarischer Clown«, der die Bourgeoisie unterhalten will.[9] Müßig, aus heutiger Sicht darauf zu antworten. Kästner ist – zu jener Zeit und auch später – nun mal weder Marxist noch Sozialist, sondern ein sozial denkender liberaler Demokrat, der jeden revolutionären Umsturz zutiefst verabscheut. Wenn er Änderungen im Gesellschaftssystem verlangt, dann meint er möglichst umfassende Reformen. Wenn er »radikal« links steht, dann nicht, weil er an Ideologien oder Doktrinen glaubt, sondern weil er für Arme und Schwache, Rechtlose und Unterdrückte eintritt. Der von Benjamin angesprochenen Arbeiterbewegung steht er deshalb fern, weil dort Ideologien und Kaderfunktionäre Macht ausüben und er jeder

Macht gegenüber misstrauisch bleibt. »Das Proletariat ist ein Interessenverband«, lässt er – wie zur Antwort auf Benjamins Kritik – ein halbes Jahr später seinen Fabian sagen. »Daß ihr euer Recht wollt, ist eure Pflicht. Und ich bin euer Freund, denn wir haben denselben Feind, weil ich die Gerechtigkeit liebe … Aber, mein Herr, auch wenn *Sie* an die Macht kommen, werden die Ideale der Menschheit im Verborgenen sitzen und weiterweinen. Man ist noch nicht gut und klug, bloß weil man arm ist.«[10]

Der hungernde Kleinbürger ist Kästner genauso wichtig wie der hungernde Arbeiter; der pleitegegangene Kleinfabrikant erscheint ihm genauso bemitleidenswert wie die junge Angestellte, die sich für ein paar Mark Gehaltsaufbesserung von ihrem Chef benutzen lässt. Den Alltag dieser Menschen in einem menschenfeindlichen System will er einfangen. Und ist es verwunderlich, dass Kästner, der in Kurfürstendamm-Nähe lebt und sich als Kleinbürger versteht, zu kleinbürgerlichen Schicksalen eher Zugang findet als zu den politischen Überlebenskämpfen der Proletarier in den Elendsquartieren oder zu den Randexistenzen in den überfüllten Obdachlosenasylen der Viermillionenstadt? Diesen Menschen kann der Autor Kästner nicht aus der Seele sprechen, ganz einfach, weil er ihre Seelen nicht kennt. Was aber nicht bedeutet, dass ihm deren Schicksal gleichgültig ist.

Benjamins Vorwurf, die faschistische Gefahr zu unterschätzen, trifft Kästner zu Recht. Er unterschätzt sie sogar noch, als Hitler längst an der Macht ist – und gefährdet damit nicht nur sich selbst, wie er später zugeben wird.

Und Kästners »linker Radikalismus«? Laut Benjamin vertritt er »genau diejenige Haltung, der überhaupt keine politische Aktion mehr entspricht«, weil er »nicht links von dieser oder jener Richtung, sondern ganz einfach links vom Möglichen überhaupt« steht.[11] Der Autor Kästner hat tatsächlich »keinen Himmel«, wie Tucholsky es formuliert.[12] Zwar weiß Kästner immer, *wogegen* er ist – stellt sich die Frage, *wofür* er sein sollte, fällt ihm keine Antwort ein:

> »Und immer wieder schickt ihr mir Briefe,
> in denen ihr, dick unterstrichen, schreibt:
> ›Herr Kästner, wo bleibt das Positive?‹
> Ja, weiß der Teufel, wo das bleibt.«[13]

Es gibt keine Heilslehre, an die Kästner glauben kann; also kann er sie auch nicht predigen. Was er seinen Lesern empfiehlt, sind humanistische Anstandsregeln, Vernunftdenken und Zivilcourage:

> »Noch immer räumt ihr dem Guten und Schönen
> den leeren Platz überm Sofa ein.
> Ihr wollt euch noch immer nicht dran gewöhnen,
> gescheit und trotzdem tapfer zu sein.«[14]

»Gescheit und trotzdem tapfer«, das ist Kästners Kritikern von links zu wenig, zu harmlos, zu nebulös. »Er weicht dem Olymp geschickt aus«, merkt auch Tucholsky an und meint, bei Kästner »eine gewisse Enge der Opposition« zu spüren. Dennoch, der neun Jahre ältere Mentor, der seinen Schüler schon früh gewarnt hat, nicht zu glatt und harmonisch zu schreiben, verteidigt Kästner auch: »Was immer zu bejahen ist, ist seine völlige Ehrlichkeit. Wo er nicht weiß, da sagt er: Ich weiß nicht … Es ist auch ehrlich, in dem unsereinem aufs Fell geschriebenen Gedicht *Und wo bleibt das Positive, Herr Kästner?* zu sagen, daß wir ein Weltbild nicht aus dem Boden stampfen können und zunächst nur wissen: Also dieses da nicht.«[15]

Kästner selbst urteilt Jahre später über sich: »Er ist ein Moralist. Er ist ein Rationalist. Er ist ein Urenkel der deutschen Aufklärung, spinnefeind der unechten ›Tiefe‹, die im Lande der Dichter und Denker nie aus der Mode kommt, untertan und zugetan den drei unveräußerlichen Forderungen: nach der Aufrichtigkeit des Empfindens, nach der Klarheit des Denkens und nach der Einfachheit in Wort und Satz.«[16]

Auch wenn Kästner kein Rezept weiß, wie die Welt zu retten ist – bleiben, wie sie ist, darf sie auch nicht. Also bearbeitet er den Menschen, dass er sich ändere und damit in kleinen und kleinsten Schritten auch die Welt, in der er lebt.

»Halb ein Bürgerschreck und halb ein erschrockener Bürger«, charakterisiert Robert Neumann in einer Parodie den Kästner Ende der Zwanzigerjahre.[17] Eine Bemerkung, die oft als »einschränkender Spott« verstanden wurde, wie Werner Schneyder fünfzig Jahre später verwundert feststellt. Für Schneyder ist die oft zitierte Verszeile »eine – gewollt oder ungewollt – faire, vernünftige, menschliche Beschreibung eines der Gesellschaft angehörenden, diese Gesellschaft kritisierenden Autors«[18].

Kästners Publikum empfindet ebenso: Der sie da erschreckt, ist ja nur selbst erschrocken. Und weil er genau wie sie den Weg ins Paradies nicht kennt, sagt er ihnen nicht, was sie tun sollen, um eine bessere Welt zu schaffen, sondern bittet sie nur, Bestimmtes lieber zu unterlassen. Das ist selten in einer Zeit, in der die Anhänger der verschiedenen Heilslehren ihre Thesen an jede Wohnungstür nageln und ihre »bessere Welt« mit Fäusten und Pistolenschüssen durchsetzen wollen.

Natürlich wird der »Gebrauchslyriker« Kästner, wie es in Deutschland üblich ist, sofort in eine Schublade einsortiert. Drauf steht *Neue Sachlichkeit* und die Kollegen Tucholsky, Mehring, Brecht, Morgenstern, Ringelnatz und viele weitere Lyriker, Romanciers und Dramatiker der Zwanzigerjahre liegen schon drin. Dabei haben alle in dieser Schublade nur eines gemeinsam: Sie bemühen sich um eine möglichst objektive Darstellung der zeitgenössischen Welt und der sozialen und wirtschaftlichen Situation ihrer Mitmenschen.

Auch Kästner selbst sieht seine Schreibtätigkeit sehr »sachlich«, schreibt oft von seiner »kleinen Versfabrik«, nennt seine Sekretärin Elfriede Mechnig stets nur sein »& Co.« und signiert schon mal mit »John & Kästner«; betrachtet seine Lyrik also als Ware. Die deutschen Germanisten bestätigen diese Sicht auf die eigene »Produktion« auf eine von Kästner ungewollte Weise: Für sie ist seine Lyrik keine »Kunst«.

Dennoch kann Kästner seiner Mutter bereits im Herbst 1929 mitteilen, dass er bei der Verleihung des Kleist-Preises eine ehrende Erwähnung erhalten hat. Der Preis selber wäre ihm zwar lieber gewesen, fügt er unbescheiden hinzu, aber natürlich sei auch die Ehrung eine gute Reklame: »Also wieder ein Schritt vorwärts! Es wird schon werden mit dem alten Lehmann. Das steht nun in allen deutschen Zeitungen. Langsam werden's schon alle merken, daß ich im Anmarsch bin. Gelt? Ich weiß, Du freust Dich mit mir, Allerbeste. Schreib bald!

Millionen Gr. u. K.

Dein Junge«[19]

Mit dem Erfolg kommt das Geld. Noch im selben Monat kann Kästner es wagen, eine eigene Wohnung zu mieten: Roscherstraße 16, Gartenhaus, IV. Stock. Drei kleine Zimmer, Mädchenzimmer, Küche, Bad, Balkon, Fahrstuhl, Zentralheizung, Morgensonne. Und wiederum in der Nähe vom Kurfürstendamm; diesmal nicht weit vom Lehniner Platz mit dem Café *Leon* entfernt. Dazu alle möglichen Autobus-, Straßenbahn- und S-Bahn-Anschlüsse nicht weit von der Haustür. Ein Glücksfall für den nun

Dreißigjährigen, der sich an den folgenden Tagen zusammen mit seiner Freundin Pony und Erich Ohser an den Möbelkauf macht.

Bereits im Jahr zuvor hat Kästner – zu der Zeit noch Stammgast im *Carlton* – schweren Herzens die junge Elfriede Mechnig als Sekretärin eingestellt. Er mag es nun mal nicht, ständig einen fremden Menschen um sich zu haben. Noch weniger mag er es, diesem Jemand seine Texte zum Lesen zu geben, bevor sie endgültig fertig sind. Die viele Tipperei jedoch wächst ihm über den Kopf; er braucht endlich Hilfe.

Elfriede Mechnig hat eigentlich andere Zukunftspläne. Eine Freundin, zugleich Bekannte Kästners, überredet sie zu dem Vorstellungsgespräch. Auf der Caféterrasse des *Carlton* sitzen sich Chef und zukünftige Sekretärin dann lange schweigend gegenüber, während die Freundin die Peinlichkeit der Szene überbrückt, indem sie fortwährend redet, bis Kästner Elfriede Mechnig endlich fragt: »Wollen Sie mir helfen, berühmt zu werden?«[20]

Die junge Frau kann sich unter ihrer Mithilfe bei dem hochgesteckten Ziel des zierlichen jungen Mannes nichts Rechtes vorstellen, sagt trotzdem Ja und bekommt Kästners Visitenkarte: Damit ist »Kästner & Co.« geboren, wie die beiden im Freundeskreis seither nur noch genannt werden. Sie gehen ja auch miteinander um, als wären sie eine Firma. Er lässt sich von ihr »Chef« nennen – was sie netter findet als »Herr Doktor« –, sie wird sein »& Co.«. Sogar in Briefen redet er sie so an: »Liebe & Co.«

Für Elfriede Mechnig werden die fünfundvierzig Jahre, die sie für ihren »Chef« arbeitet, abgesehen von den politischen Ereignissen eine schöne Zeit. Nie ist Kästner launisch, stets wirkt er ruhig und ausgeglichen. Und das auch in den schlimmen zwölf Jahren, in denen er als verbotener Autor sein Leben fristen muss.

Doch noch ist es nicht so weit: Elfriede Mechnigs erste Arbeit ist die Abschrift des *Emil*-Manuskripts, danach richtet sie für ihren Chef ein eigenes Vertriebsbüro für die gesamte deutschsprachige Presse ein, an die sie fortan alle Gedichte und Artikel Kästners schickt. Ein florierendes kleines Unternehmen (eben eine »Schreibfabrik«) entsteht, und Kästners »& Co.« ist schon bald mit zehn Prozent am Umsatz beteiligt; was pro veröffentlichtes Gedicht zu jener Zeit ungefähr eine Reichsmark ausmacht.

Zum Jahreswechsel 1929/30 schwimmen »Kästner & Co.« bereits auf der Erfolgswelle: Mitarbeit an fast allen wichtigen Zeitungen und Zeitschriften, zwei erfolgreiche, angefeindete und bejubelte Lyrikbände liegen vor, dazu ein noch erfolgreicheres Kinderbuch *(Emil und die Detektive)* und eine Funkrevue, die unter dem Titel *Leben in dieser Zeit* von fast allen deutschen Sendern übernommen wird.

In dieser Funkrevue (Musik: Edmund Nick) fängt Kästner Existenzängste der Menschen während der Weltwirtschaftskrise ein und liefert zugleich eine beeindruckende Großstadtsinfonie. Um zu diesem Ergebnis zu gelangen, hat er es nicht nötig, neue Texte zu schreiben: Seine bereits vorliegenden Gedichte müssen nur, neu geordnet und teilweise ineinander verschachtelt, den jeweiligen Frauen- oder Männerstimmen und Sprechchören zugeteilt werden. Was dabei herauskommt, beweist, wie nah der Autor sein Ohr schon zuvor an der Zeit hatte.

Auch in den Kabaretts hält Kästners Lyrik früh Einzug. Die berühmtesten Diseusen interpretieren die beim Publikum rasch beliebten und von bekannten Komponisten vertonten Texte. Der Ruhm des jungen Autors wächst und sein Freundeskreis auch. Neben den beiden Erichs – Ohser und Knauf – und Hermann Kesten zählen nun auch Eugen Roth, Carl Zuckmayer, Mascha Kaléko, Roda Roda, Ringelnatz, Marie Luise Kaschnitz, der Lektor Willy Haas, der Kabarettist Kurt Robitschek und die Dichterin Annette Kolb dazu. Ganz zu schweigen von den vielen jungen Frauen, die den nun tatsächlich berühmten Dichter umschwärmen. Betritt Kästners »& Co.« morgens leise seine Wohnung, um den zu dieser Zeit noch schlafenden Kästner nicht zu stören, findet sie oft Blumengrüße der zahlreichen Verehrerinnen vor; einmal ist in einem solchen Gebinde sogar ein Wohnungsschlüssel versteckt.

Natürlich vergisst der Sohn Kästner über all seinem Erfolg die Mutter nicht, deren Opferbereitschaft er so viel zu verdanken hat. Noch im November 1929 schickt er ihr trotz neuer Wohnung und Möbelkauf Geld für einen neuen Mantel mit »ein bißchen Nerzmurmel an Kragen und Manschetten«.

Die Mutter ist stolz auf den berühmten Sohn, verteilt

seine Bücher in der Nachbarschaft und kommt oft nach Berlin. Dann bringt sie ihm die Wäsche, begutachtet und ordnet seine Wohnsituation, sitzt mit ihm im Schreibcafé und begleitet ihn zu seinen Veranstaltungen oder Treffen mit anderen Autoren. So auch mal zu einem der Nachmittagstees der *Weltbühnen*-Autoren bei der Verlegerin Edith Jacobsohn. Da sitzt sie dann »leicht benommen inmitten der lauten Männer«, die sie nicht kennt, und hört »von Büchern und Menschen, die sie noch weniger« kennt. Bis Tucholsky seinen Stuhl neben den ihren rückt, sich mit ihr über ihren Erich unterhält und ihn dabei »über den grünen Klee« lobt. »Das verstand sie nun freilich. Das war ihr Spezialgebiet. Er aber sah mich lächelnd an und nickte mir zu, als wollte er sagen: So hat jeder seine Interessen – man muss sie nur herauskriegen!«[21]

Auch ihr erstes Kinoerlebnis verdankt die Mutter dem Sohn: Billy Wilder, der später weltberühmte Hollywood-Regisseur, hat Kästner zu einem Kurzfilmexposé angeregt. Der damals schon bekannte Regisseur Max Ophüls erarbeitet gemeinsam mit Kästner das Drehbuch, Paul Kemp, Käthe Haack, Hannelore Schroth – bekannte und beliebte Schauspieler jener Zeit – spielen mit. Die Generaldirektoren der Ufa sind entsetzt, nachdem sie sich das fünfunddreißigminütige Lustspiel mit dem Titel *Dann schon lieber Lebertran* in einer Voraufführung angeschaut haben. Kästner bleibt ganz ruhig: Seiner Mutter hat's gefallen. Und tatsächlich – bei der Premiere in einem Kino im Berliner Arbeiterbezirk Wedding erntet der Film viel Beifall; also kann man es wagen, ihn demnächst dem Kurfürstendamm-Publikum vorzuführen.

Auch auf seine Reisen nimmt der Sohn die Mutter oft mit. Noch öfter aber schickt er ihr Geld: Mantelscheinchen, Wäschescheinchen, Gesundheitsscheinchen, Blumenscheinchen, Theaterscheinchen, Kinoscheinchen, Reisescheinchen, Scheinchen für ein Radio. Ihr bereiten diese Geldgeschenke manchmal ein schlechtes Gewissen. Einmal, als er ihr in Dresden ein eigenes Bankkonto eingerichtet hat und ein Bandwurm ihr gerade Kraft und Nerven raubt, schimpft sie ihn brieflich aus, er solle mit seinem Geld sorgfältiger umgehen.

»Warum Du Dich sträuben willst, von mir kleine Scheinchen zu verbrauchen, versteh ich schon gar nicht mehr«, antwortet der Sohn. »Dann macht mir das ganze Geldverdienen keinen Spaß. Daß wir zusammen Reisen machen, daß ich Dir das Dresdner Konto aufbauen will und daß ich Dir Scheinchen schicke, ist mir doch das Allerwichtigste im Leben. Und nun bist Du plötzlich so komisch. Muttchen, Muttchen … Deinen Brief hat der Bandwurm geschrieben. Glaub mir's!«[22]

Emil Kästner nimmt an diesen Reisen nicht teil und er kommt auch nicht nach Berlin. Der Vater wird den Sohn das erste Mal 1956 besuchen, als der längst in München lebt und Ida Kästner seit fünf Jahren unter der Erde ist. In der für den Sohn »schönsten Zeit seines Lebens« sitzt Emil Kästner noch immer im Keller auf seinem Schusterstuhl und geht auch in der Freizeit seinem Sattlerhandwerk nach. Inzwischen mehr aus Spaß am Beruf denn aus Not. Schreibt der Sohn der Mutter, grüßt er den Vater nur selten. Als Erfolgsautor ist er erst recht allein Ida Kästners Sohn.

1930 zieht Kästner ein erstes Resümee:

>Nun bin ich zirka 31 Jahre
und habe eine kleine Versfabrik.
Ach, an den Schläfen blühn schon graue Haare,
und meine Freunde werden langsam dick.

Ich setze mich sehr gerne zwischen Stühle.
Ich säge an dem Ast, auf dem wir sitzen.
Ich gehe durch die Gärten der Gefühle,
die tot sind, und bepflanze sie mit Witzen.
Auch ich muß meinen Rucksack selber tragen!
Der Rucksack wächst. Der Rücken wird nicht
        breiter.
Zusammenfassend läßt sich etwa sagen:
Ich kam zur Welt und lebe trotzdem weiter.«[23]

Der anständige Junge

Parole Emil. Wer an die Jugend glaubt.
Ernster Mann mit Kinderaugen.

Es ist kein Zufall, der Kästner zum Kinderbuch bringt, und auch kein plötzlich in ihm erwachter Wunsch, für Kinder zu schreiben. Schon in Leipzig hat er für Ohsers Bildergeschichten gereimt und kleine Geschichten geschrieben, in denen Kinder vorkamen – allerdings mehr aus der Sicht der Erwachsenen. Nun trifft man sich wieder mal in der Wohnung der *Weltbühnen*-Verlegerin Edith Jacobsohn im Berliner Grunewald zum Nachmittagstee. Natürlich wird diskutiert. Es ist Frühjahr 1928, die ständig vor sich hin kriselnde Weimarer Republik bietet eine Menge Gesprächsstoff. Edith Jacobsohn wartet einen günstigen Augenblick ab, dann zieht sie den jungen Autor auf den Balkon, klemmt sich ihr berühmtes Monokel ins Auge und eröffnet ihm, dass sie die *Weltbühne* nur im Vermächtnis ihres Mannes Siegfried Jacobsohn, des Begründers der Zeitschrift, leite. So ganz nebenbei – oder besser eigentlich – gehöre ihr ja der Kinderbuchverlag Williams & Co., der in jenen Jahren im Jugendbuchbereich großes Ansehen genießt. Leider fehle es an guten deutschen Kinderbuchautoren. Ob Kästner nicht mal ein Kinderbuch schreiben wolle?

»Ich war völlig verblüfft. ›Um alles in der Welt, wie kommen Sie darauf, daß ich das könnte?‹

›In Ihren Kurzgeschichten kommen häufig Kinder vor‹, erklärte sie. ›Davon verstehen Sie eine ganze Menge. Es ist nur noch ein Schritt. Schreiben Sie einmal nicht nur *über* Kinder, sondern auch *für* Kinder!‹

›Das ist sicher sehr schwer‹, sagte ich. ›Aber ich werd's versuchen.‹

Fünf, sechs Wochen später rief Edith Jacobsohn bei mir an. ›Haben Sie sich die Sache durch den Kopf gehen lassen?‹

›Nicht nur das‹, gab ich zur Antwort. ›Ich schreibe gerade am neunten Kapitel.‹«[1]

Edith Jacobsohn kommt aus dem Staunen nicht mehr heraus, vor allem, als sie die ersten, noch unfertigen Kapitel gelesen hat. Kästner selbst ist ebenfalls erstaunt. Dass ihm der erste Versuch, Kindern eine Geschichte zu erzählen, solch unbändige Freude bereiten würde, hätte er nicht gedacht. Die Verlegerin feuert ihn an, er schreibt weiter, und dann liegt das Buch im Herbst 1929 – und nicht bereits 1928, wie in vielen Werkverzeichnissen fälschlich behauptet (siehe Kästners Brief an seine Mutter vom 15. Oktober 1929) – in den Schaufenstern der Buchhandlungen. Es heißt *Emil und die Detektive* und wird bald von fast jedem Kind gelesen. Und das nicht nur in deutschsprachigen Ländern, sondern überall dort, wo Kinder Bücher in die Hände bekommen.

Heißt der Junge, der da nach Berlin kommt und im Zug vom Mann mit dem steifen Hut bestohlen wird, rein zufällig Emil? Hat er ganz zufällig eine im Lebenskampf ste-

115

hende, sehr tüchtige Mutter, die von Beruf Friseuse ist? Überrascht es, dass Emil seine Mutter sehr liebt? Wundert es, dass Emil keinen Vater hat und seine Cousine Pony Hütchen eine ist, die sich nicht die Butter vom Brot nehmen lässt, ihr Brot aber gern mit anderen teilt, genauso wie Cousine Dora?

Emil Erich Kästner hat sich selbst zum Helden dieser Geschichte gemacht und Menschen, die ihm nahestehen, mit hineingenommen. Er wird das auch in Zukunft so halten. Immer wieder wird in seinen Texten der wohlerzogene, von der Mutter dominierte Sohn auftauchen; immer wieder wird er alleinstehenden, lebenstüchtigen, aufopferungsvollen Müttern ein Denkmal setzen. Wer alle Kästner-Romane, all seine Erzählungen und Gedichte kennt, lernt, abgesehen von Randfiguren, nur eine einzige Mutterfigur kennen: Kästners Mutter. Und nur einen einzigen, dazu passenden, wohlerzogenen Sohn, ob der nun Emil heißt oder Anton, Martin Thaler *(Das fliegende Klassenzimmer)*, Fabian, Georg Rentmeister *(Der kleine Grenzverkehr)*, Rudolf Struve *(Die verschwundene Miniatur)*, Dr. Hagedorn *(Drei Männer im Schnee)* oder Prof. Mintzlaff *(Romanfragment Der Zauberlehrling)*. Die eigene, erlebte Mutter-Sohn-Beziehung prägt fast alle seine Werke.

Elfriede Mechnig hat ihren »Chef« mal darauf »aufmerksam gemacht, daß seine Mutter so ideal stilisiert wie in seinen Büchern eigentlich doch gar nicht sei«. Er antwortete »nur nachsichtig lächelnd: ›So war sie nicht, aber so wollte sie sein!‹ Und deshalb hat er mitunter an Gedichten, in denen sie vorkam, vor dem Druck im Manuskript noch Veränderungen vorgenommen, genau so, wie sie es wollte.«[2]

Und so wie Mutter und Sohn Tischbein im *Emil* nicht erfunden, sondern nur »verschönert« sind, ist auch die Jagd nach dem Dieb keine nur ausgedachte Situation. Der Autor hat sich an einen Vorfall in seiner Kindheit erinnert, als er einmal eine ältere Frau, die seine Mutter finanziell geschädigt hatte, durch halb Dresden verfolgte.[3] Natürlich ist die Handlung des Romans erfunden, das Grundthema jedoch, die Verfolgung eines »Diebs« durch viele Großstadtstraßen hinweg, ist erlebt – und verfehlt seine Wirkung nicht. Vor allem, weil es dem Autor die Möglichkeit bietet, Nebenfiguren um seinen Helden zu scharen. Diese Berliner Kinder der Zwanzigerjahre, wie Kästner sie darstellt, sind es denn auch, die dem Buch die Würze geben: Der kesse Gustav mit der Hupe, der intellektuelle »Professor« mit dem großen Organisationstalent, der kleine Dienstag am Telefon, der die Verbindung zwischen den Detektiven aufrechterhält, das nicht auf den Mund gefallene Pony Hütchen, Krummbiegel und die Gebrüder Mittenzwey, sie alle umgeben den aufgeweckten, aber doch eher braven Provinzjungen Emil als Kranz sympathischer Kinderfiguren. Und sie beweisen – was Kinder lieben! – Solidarität. Diesem Jungen im Besuchsanzug ist Unrecht geschehen, ein Schuft ist zu jagen, da helfen sie sofort mit: Parole Emil!

Unaufdringliche Moral dieser Geschichte: Das Kapital macht Diebe – und ist ungerecht verteilt. Doch wer »selbstbewußt, klug, kooperationsbereit zupackend sein eigenes Leben vernünftig und furchtlos einrichtet, der hat Erfolg«[4]. Nicht ganz so unaufdringlich der ständige Hinweis des Autors an den Leser: Achte und liebe deine Mutter! Vielleicht muss sie schwer arbeiten für das Geld, das du sie kostest.

Das Buch wird ein ungewöhnlicher Erfolg. Bei den Kindern – und bei den Kritikern. Wie Kästner die Sprache der Großstadtkinder eingefangen und wiedergegeben hat, wird gelobt, sein Witz und seine pädagogischen Fähigkeiten werden gerühmt, und vor allem wird anerkannt, dass da zum ersten Mal ein Kinderbuchautor seine Leser wirklich ernst nimmt. Was nicht in den Kritiken steht, aber ebenfalls Ursache für den ungewöhnlichen Erfolg des *Emil* ist: Hier wie in allen seinen folgenden Kinderbüchern wird in jeder Zeile Kästners Sehnsucht nach der verlorenen Kindheit deutlich. Der verlogenen, unsauberen, unmoralischen Welt der Erwachsenen stellt er eine saubere, bessere, ja verklärte Gegenwelt der Kindheit gegenüber. Seine Hoffnung, dass man die Menschheit nur dann zum Besseren verändern kann, wenn man die besseren Werte der Kindheit nicht erstickt, im *Emil* wird sie zum ersten Mal erkennbar.

Das erinnert – bei aller sonstigen Unterschiedlichkeit – an Kästners Arbeiten für Erwachsene: Kindheit stellt sich ihm immer wieder als hell, ursprünglich und unverdorben dar. In dem Moment aber, da er sich seinen kindlichen Lesern zuwendet, tritt der Gesellschaftskritiker Kästner weit hinter seine sonstigen Ansprüche zurück. Zu weit, wie heutige Kritiker meinen.

»Bei allem Realismus des Milieus«, schreibt Klaus Doderer, langjähriger Leiter des Instituts für Jugendbuchforschung an der Universität Frankfurt/Main, »trägt der Kinderroman (*Emil und die Detektive*, K. K.) utopische Züge. Die Wirklichkeit ist gleichsam eine frisierte Wirklichkeit. Kästner ... idealisiert das kleinbürgerliche Milieu, in dem Anstand, Zuverlässigkeit, Gutgläubigkeit, Sparsamkeit, Sauberkeit, Strebsamkeit vereinigt sind; er macht den viven Emil zum neuen Typ des Musterknaben, und er setzt kontrapunktisch dagegen den gewissenlosen Gauner, einen Mann mit den Manieren eines Grandseigneurs und dem Aussehen des ›feinen Pinkels‹.« Nach Doderer versuchte Kästner, »mutig eine politisch-soziale Thematik anzupacken, aber er verlor ... die präzise Erfassung gesellschaftlicher Realität aus dem Auge ... Dies ist der Punkt, an dem der sozialkritische Ansatz durch utopistische Wunschträume fortgesetzt, wo aus Realismus Märchen wird und wo die Wirklichkeit phantasievoll und genüßlich überspielt wird.«[5]

Dieser Einschätzung ist zuzustimmen. Will man aber Kästners Verdienst um die Kinderliteratur ermessen, muss man seine Werke mit anderen Kinderbüchern aus jener Zeit vergleichen. Bis weit in die Fünfziger-, Sechzigerjahre hinein schreiben ja größtenteils drittklasse Autoren Kinderbücher. Kästners Auftritt in der Kinderbuchszene der Zwanzigerjahre kommt einem kleinen Sonnenaufgang gleich: Endlich mal einer, der mit Sprache umgehen kann, endlich mal einer, der Witz hat und nicht nur Witze erzählt, endlich mal einer, der noch wie ein Kind empfinden kann. In einer Zeit, in der man gerade erst dabei ist, »das Ideal des gehorsamen, braven Kindes aus der Kinderliteratur des 19. und beginnenden 20. Jahrhunderts abzulösen«[6] und durch muntere, frische und manchmal sogar freche Kinderfiguren zu ersetzen, kann man nicht erwarten, dass da einer Kindern sofort die ganze Wahrheit sagt. Was Kästner den Kindern der Zwanziger- und Dreißigerjahre zumutet, ist aus damaliger Sicht schon beinahe revolutionär: Der kindliche Leser erfährt aus seinen Büchern, dass, wer leben will, Geld verdienen muss – und dass das soziale Milieu nicht nur bestimmenden Einfluss auf die Erziehung der Kinder, sondern auch auf deren Zukunftschancen hat. Im einigermaßen anspruchsvollen Kinderbuch von heute eine Binsenweisheit, damals etwas völlig Neues.

Natürlich haben sich Kästners Leser, vor allem aber seine Rezensenten, immer wieder gefragt, wie denn ein Autor, der in seinen Publikationen für Erwachsene oftmals eine sehr harte Gangart einlegt, für Kinder so viel weicher schreiben kann. Den Verdacht, da wolle sich einer von seinen Kämpfen mit der Welt der Erwachsenen erholen, indem er für eine Weile in die »schönere« Welt der Kinder eintaucht, hat Kästner später bestätigt. Sich selbst zum Zeugen aufrufend, berichtet er 1949 vor dem Zürcher

PEN-Club, dass Kästner ihm, als er ihn einmal fragte, »warum er neben seinen bitterbösen Satiren Bücher für kleine Jungen und Mädchen schreibe«, Folgendes geantwortet hätte: »Die Attacken ... die er mit seinem als Lanze eingelegten Bleistift gegen die Trägheit der Herzen und gegen die Unbelehrbarkeit der Köpfe ritte, strengten sein Gemüt derartig an, daß er hinterdrein, wenn die Rosinante wieder im Stall stünde und ihren Hafer fräße, jedesmal von neuem das unausrottbare Bedürfnis verspüre, Kindern Geschichten zu erzählen. Das täte ihm über alle Maßen wohl. Denn Kinder, das glaube und wisse er, seien dem Guten noch nahe wie Stubennachbarn. Man müsse sie nur lehren, die Tür behutsam aufzuklinken.«[7]

Dieses »Aufklinken« versucht Kästner auch in seinem zweiten Kinderbuch, dem im Frühjahr 1931 erscheinenden Roman *Pünktchen und Anton*, der nach einer Zeitungsnotiz – »Kind aus gutem Hause nachts mit Bettlerin auf der Weidendammer Brücke entdeckt« – entstanden ist und in dem Kästners erzieherischer Ansatz am deutlichsten spürbar wird. Hier erzählt der Autor von der Freundschaft zweier Kinder aus sehr unterschiedlichem gesellschaftlichen Milieu. Das Mädchen Pünktchen entstammt einem sehr wohlhabenden Elternhaus, ihr Freund Anton muss für die alleinstehende, als Aufwartefrau arbeitende, oft kranke Mutter kochen und verdient abends durch den Verkauf von Schnürsenkeln noch Geld hinzu. Nach allerlei Verwicklungen und einer gut ausgehenden Kriminalgeschichte kommt es schließlich zu einem dicken Happy End: Anton zieht mit seiner Mutter zu Pünktchens Eltern.

In keinem anderen Kinderbuch stellt Kästner die sozialen Unterschiede zwischen den Gesellschaftsschichten so krass heraus wie in diesem. Nirgendwo sonst ergreift er so eindeutig Partei, indem er dem »selbstsüchtigen Handeln der Reichen die hilflose Armut« gegenüberstellt. Nirgendwo sonst weist er dermaßen deutlich auf die »desolate Lage der Gesamtgesellschaft hin« und appelliert so eindringlich an die »Solidarität der Anständigen«[8]. Und nirgendwo sonst stört dieser unübersehbare und vor lauter Anständigkeit des Autors stellenweise naiv wirkende erhobene »Zeigefinger« so sehr wie in diesem Buch. »Glaubt ihr nicht auch, daß die Armut leichter abgeschafft werden könnte, wenn die Reichen schon als Kinder wüßten, wie schlimm es ist, arm zu sein?«, fragt Kästner seine Leser. »Glaubt ihr nicht, daß sich dann die reichen Kinder sagten: Wenn wir mal groß sind und die Banken und Rittergüter und Fabriken unserer Väter besitzen, dann sollen es die Arbeiter besser haben! Die Arbeiter, das wären ja dann ihre Spielkameraden aus der Kindheit.«[9]

Es ist wie in Kästners Lyrik: Der Autor stellt das System infrage, aber er weiß kein besseres. Deshalb setzt er auf die Erziehbarkeit des Menschen, insbesondere auf die der Kinder. Einwänden zeitgenössischer Kritiker vorbeugend, die ihm dann auch tatsächlich die Ähnlichkeit zwischen seinen Figuren Emil und Anton vorwerfen, schreibt er in dem kleinen Nachwort zu *Pünktchen und Anton*, dass es von dieser Sorte Jungen gar nicht genug geben könne, und stellt beide als nachzuahmende Vorbilder hin. »Vielleicht entschließt ihr euch, so wie sie zu werden? Vielleicht werdet ihr ... so fleißig, so anständig, so tapfer, so ehrlich?«[10] So wie Emil oder Anton zu werden, bedeutet nach Kästner, gleichzeitig ein Musterknabe *und* ein »doller Bengel« zu sein. »Fleiß, Aktivität ... Besonnenheit, Selbstbeherrschung, Bescheidenheit, Stolz, Offenheit, Aufrichtigkeit, Tapferkeit, ein ausgeprägtes Gerechtigkeitsgefühl und Zivilcourage«[11], das sind die Eigenschaften, die seine Helden prägen.

An seine wenigen weiblichen Hauptfiguren stellt Kästner nicht so hohe Anforderungen. Über sein *Pünktchen*, das nicht ideal, sondern lustig und frech gezeichnet ist und aus lauter Fantasie und Spaß am Helfen auch mal lügen darf, äußert er am Schluss des Buches nur, er hoffe, »daß sie sich durch ihre Erlebnisse belehrt, bessert und das Lügen künftig bleiben läßt«[12].

Fünfundzwanzig Jahre später wird er in seiner Erinnerungsrede an die ermordeten Widerstandskämpfer vom 20. Juli 1944 formulieren: »Wer an die Zukunft glaubt, glaubt an die Jugend. Wer an die Jugend glaubt, glaubt an die Erziehung. Wer an die Erziehung glaubt, glaubt an Sinn und Wert der Vorbilder.«[13]

Erziehung durch Vorbilder, um auf diese Weise die Gesellschaft zu verändern, das ist Kästners Ziel als Kinderbuchautor – und deshalb widersprechen sich der Kästner, der für Erwachsene schreibt, und der, der für Kinder schreibt, manchmal. Im *Emil* und in *Pünktchen und Anton* verteidigt der Autor die Musterknabenrolle seiner Kindheit, seinen erwachsenen Lesern gesteht er im *Kurzgefaßten Lebenslauf*, er bedauere, ein »patentierter Musterknabe« gewesen zu sein. Beides etwa zur gleichen Zeit. Zwanzig Jahre später, in seiner *Ansprache zu Schulbeginn*, verlangt er von den anwesenden Lehrern und Eltern, dass sie nicht zulassen, dass ihre »aufgeweckten« Kinder in der Schule »eingeweckt« werden. In frischer Erinnerung an die Brandstifter der zwölf braunen Jahre, die sich nur deshalb so lange an der Macht halten konnten, weil zu »Spalierobst« erzogene Menschen nun mal gern Spalier stehen, egal für wen und zu welchem Zweck, sagt er das. Aber ob es verstanden wird?

Das Kinderbuch, in dem Kästner diesen Forderungen näher kommt als in allen anderen zuvor und danach, erscheint im Herbst 1931. Titel: *Der 35. Mai oder Konrad reitet in die Südsee*. In diesem Buch, in dem der kindliche Held der Geschichte wegen eines Schulaufsatzes mit seinem Onkel Ringelhuth auf einem Rollschuh laufenden Pferd eine Reise in die Südsee antritt, gelingt es Kästner unter anderem, seine »pazifistischen Ideen« einzubringen und auf außerordentlich erheiternde Weise »Kritik an einem Geschichtsbild zu üben, das Krieg und Militarismus verherrlicht«[14]. Und das, ohne den Zeigefinger allzu deutlich sichtbar werden zu lassen. Entdeckt man ihn doch einmal, lugt er auf so lustige Weise aus der Geschichte hervor, dass man ihn gern in Kauf nimmt. Leider ist dieser gelungenen Satire für Kinder, in der Kästner sich weitgehend an seine Schreibweise für Erwachsene anlehnt, der geringste Erfolg von allen seinen Kinderbüchern beschieden.

Nach zwei Versbilderbüchern – *Arthur mit dem langen Arm* und *Das verhexte Telefon* – erscheint 1933 sein noch vor der Machtübernahme durch die Nazis fertig gewordener vierter Kinderroman: *Das fliegende Klassenzimmer*. In dieser reinen Jungengeschichte greift Kästner auf Erfahrungen aus seiner Seminarzeit zurück und erweckt darin wieder einmal gleich eine ganze Gruppe »sympathischer, liebenswürdiger und gescheiter«[15] Jungenfiguren zum Leben. Die Internatsgeschichte ist vielleicht manchmal »etwas sentimental«, doch »an individualisierender Charakterisierungskunst hat Kästner hier seine anderen Romane für Kinder bei weitem übertroffen«[16].

Das fliegende Klassenzimmer ist aber auch aus biografischer Sicht interessant, stellt sich im Martin Thaler doch ein größer gewordener Emil oder Anton vor, der, Klassenprimus, aber durchaus kein Streber, manchmal »kolossal wütend werden kann«. Und die Thaler-Eltern sind unzweifelhaft Ida und Emil Kästner.

Es wurde schon erwähnt, dass Kästner in diesem Buch seine eigenen, als schlimme Ohnmacht und tiefe Ungerechtigkeit empfundenen Internatserfahrungen sehr geschönt hat, um seinen jungen Lesern die ganze Wahrheit über diese Art Kasernenleben zu ersparen. Besonders augenfällig wird das an den Erwachsenenfiguren Dr. Bökh und dessen Freund, dem »Nichtraucher«. Beide Männer, besonders aber Lehrer Bökh, sind älter gewordene, doch anständige Jungen gebliebene Modellerwachsene, wie Kästner sie sich wünscht, aber in jener Zeit nicht angetroffen hat. Also auch hier wieder: Erziehung durch Vorbilder.

Illustrator fast aller Kinderbücher Kästners, vom *Emil* bis zur Nacherzählung der Geschichten um den Lügenbaron *Münchhausen* (1951), ist der Zeichner und Maler Walter Trier, der ohne Zweifel großen Anteil am Erfolg dieser Bücher hat. Trier, in Prag geboren und aufgewachsen, der »stille, ernste Mann mit Kinderaugen«, wie Kästner ihn mal charakterisiert hat, wird von Edith Jacobsohn mit Kästner zusammengebracht. Die kluge Frau hat damit nicht nur eine weltweit berühmte Partnerschaft zweier sich wunderbar ergänzender Künstler, sondern auch eine lebenslange Freundschaft gestiftet. Erst arbeiten die beiden Freunde in Berlin zusammen, dann – nachdem der Jude Trier 1936 vor den Nazis emigrieren musste – zwischen London und Berlin korrespondierend. Ab 1947, als Trier zur Tochter nach Kanada übergesiedelt ist, fliegen die Manuskripte und Illustrationen »per Luftbrücke« über den Atlantischen Ozean hin und her.

»Alles, was er zeichnete und malte, lächelte und lachte, sogar der Schrank und der Apfel, die Wanduhr und der Damenhut«, schreibt Kästner über den Freund. »Alles war und machte heiter. Er sah die Bosheit und wurde nicht böse. Er sah die Dummheit und blieb gelassen. Er sah die Welt, wie sie war, und lächelte sie sich zurecht.«[17]

Ein idealer Partner für den Kinderbuchautor, kein Partner für den Satiriker. Dessen sind sich Kästner und Trier stets bewusst. Der scharfe Angriff liegt dem freundlichen Maler, der in seiner Freizeit Kinderspielzeug sammelt, nun mal nicht. Selbst als er in London ab und zu Karikaturen über die deutsche Naziwirklichkeit veröffentlicht, wirken diese auf den Betrachter eher freundlich-witzig als kämpferisch-aggressiv.

Das Ungewöhnliche an Kästners und Triers beinahe fünfundzwanzigjähriger Zusammenarbeit und Freundschaft: Beide haben sich nach 1936 nur noch zwei Mal gesehen und sind dennoch einander so nah geblieben, dass noch ihre letzten gemeinsamen Arbeiten, praktisch auf dem Postweg zwischen Kanada und München entstanden, den Eindruck erwecken, die beiden Freunde hätten Haus an Haus miteinander gewohnt und jeden Tag gemeinsam über Manuskript und Illustrationsentwürfe beratschlagt.

Es brennt

Fabian Kästner. In Deutschland gewachsen.
Für Zucht und Sitte.
Ein unerschrockener Bürger

Am 30. Januar 1933 stirbt die Weimarer Republik. Entstanden als Ergebnis des Ersten Weltkrieges und der Revolution, die ihn beendete, wird sie von all jenen beseitigt, die eine andere Republik wollen: den zutiefst undemokratisch denkenden und handelnden Parteien ganz rechts und ganz links. Hinzu kommt die Weltwirtschaftskrise und das Unvermögen der Regierenden, soziale Probleme zu erkennen. Anfang 1933 gibt es allein in Berlin sechshunderttausend Arbeitslose, im gesamten Deutschen Reich sind es mehr als sechs Millionen. Und Arbeitslosigkeit bedeutet zu jener Zeit Hunger, Not und Elend bis hin zur Obdachlosigkeit.

Doch es sind nicht »die Arbeitslosen«, die Hitler wählen, wie später gern verbreitet wird. Sechs Millionen können nicht vierzehn (Juli 1932) oder zwölf Millionen (November 1932) Stimmen abgeben. Außerdem votieren viele Arbeitslose links. Die sich die Nazis an die Macht wünschen und andere dazu verführen, sie ebenfalls zu wählen, sind die, vor denen Kästner und andere seit Jahren gewarnt haben: der deutsche Kleinbürger, der glaubt, mehr Autorität könne die Not beseitigen; der die Schüler drangsalierende Lehrer, der die »Schmach von Versailles« nicht verwunden hat; das stockkonservative Junkertum, dem die ganze Richtung nicht passt; die Herren der Schwerindustrie, die sich vor »bolschewistischen Zuständen« fürchten und deshalb das »kleinere Übel« unterstützen.

>»Ihr und die Dummheit zieht in Viererreihen
>in die Kasernen der Vergangenheit.
>Glaubt nicht, daß wir uns wundern, wenn ihr schreit.
>Denn was ihr denkt und tut, das ist zum Schreien«[1],

schreibt Kästner 1932, ein Jahr bevor die Dummheit an die Macht kommt. Der inzwischen international erfolgreiche Autor gehört nach wie vor keiner Partei an, ergreift aber Partei. Nicht für die Sturmtrupps der SA, die grölend, prügelnd und schießend durch die Straßen ziehen, nicht für den Rotfrontkämpferbund der Kommunisten, der Gewalt mit Gewalt beantwortet und in der Sozialdemokratie seinen Hauptfeind sieht; wohl aber für die Menschen, die unter den verheerenden Auswirkungen der Arbeitslosigkeit leiden.

Er lebt zu dieser Zeit in einer widersprüchlichen Situation: Während er immer erfolgreicher, immer beliebter und damit auch immer wohlhabender wird, sieht er die Armut in Deutschland wachsen. Und je verheerender die Ausmaße dieser Verelendung, desto stärker wird der Zulauf zu den extremen Parteien.

>»Im übrigen bin ich dabei, eine Winterhilfe-Aktion auf-

zuziehen«, schreibt Kästner der Mutter am 19. September 1931. »Wir waren im Reichsinnenministerium, aber diese Kerle sind zu schlafmützig. Ich möchte nun für den Winter in der ersten Etage vom Café *Leon* einen großen Mittagstisch für Notleidende veranstalten. Der Wirt ist einverstanden. Ich suche nun noch paar Helfer, dann wollen wir Geld zusammentrommeln, von Schauspielern, Schriftstellern, Filmleuten usw. Wenn das überall gemacht würde, gibt's im Winter keinen Krach. Sonst ganz bestimmt! Da laß ich mich fressen. Man kann doch nicht zusehen, wie Deutschland kaputtgeht … Für 30 M im Monat kann eine Person Essen kriegen, Suppe und Fleischgericht, außerdem sitzen die Leute an gedeckten Tischen, sitzen warm und können lesen und sich unterhalten. Die Kellner vom *Leon* wollen umsonst bedienen …«[2] Aus heutiger Sicht ein rührend naiver Versuch, die Weimarer Republik zu retten. Bereits drei Tage später erkennt Kästner das selbst. Nach einem Besuch bei Theodor Wolff, dem Chefredakteur des damals sehr geschätzten *Berliner Tageblatts*, schreibt der Sohn der Mutter: »Er sagte, das sei aber nicht das Richtige. Sondern die Regierung müsse auf Lebensmittelkarten an Arbeitslose kostenlos Lebensmittel verteilen. Denn die Notleidenden wollten nicht im Café *Leon*, sondern bei sich zu Hause essen. Da hat er ja recht. Na, ich muß mal sehen, wie ich das mache. Die Leute sitzen alle da und scheinen zu denken: Wie Gott will. Aber damit ist keinem Menschen geholfen.«[3]

Die Mutter hat kein Verständnis für das solidarische

Denken des Sohnes, der es fertigbringt, einem Arbeitslosen Geld für Schuhe und obendrein noch Fahrgeld zu schenken. Der Frau, die für jeden Groschen schwer schuften musste, erscheint das als leichtsinniger Umgang mit Geld. Kästner kann ihr darin – vielleicht zum ersten Mal überhaupt? – nicht folgen. Schließlich verdient er doch genug, und wenn er abgibt, nun, dann spart er halt etwas weniger.

Allein mit privaten Solidaritätsaktionen jedoch ist den Menschen in den letzten Jahren der Weimarer Republik nicht mehr zu helfen. Genauso wenig wie mit den ständig neu stattfindenden Wahlen, die nur dafür sorgen, dass eine hilflose Regierung die andere ablöst. Schon im Januar 1932, ein halbes Jahr vor dem größten Wahlerfolg der Nazis bei demokratischen Wahlen, sieht Kästner kaum noch eine Chance, Hitler von der Macht fernzuhalten. Als Edith Jacobsohn, deren Kinderbuchverlag ebenfalls in wirtschaftliche Schwierigkeiten geraten ist, das Honorar nicht pünktlich zahlen kann, schreibt er der Mutter: »Na, es wird ja wohl auf dasselbe herauskommen, ob ich mein Geld bei ihr oder erst im Dritten Reich verliere.« Und: »Heute hab ich mit Kilpper (Gustav Kilpper, Direktor der Deutschen Verlags-Anstalt Stuttgart, Kästners Verleger, K. K.) verhandelt. Weller wollte Ostern meinen vierten Gedichtband herausbringen, Kilpper rät, ich solle damit warten. Aber was hat Warten für Zweck, wo man damit rechnen muß, daß das Schreiben bald nur noch unter ganz strenger Zensur möglich sein wird.«[4]

Der Autor Kästner hat die Wolken schon lange heraufziehen sehen, wird nicht aus heiterem Himmel vom Blitz getroffen wie so viele andere, die im Nachhinein nichts geahnt haben wollen, trotz aller Mahnungen und Warnungen der klügsten Köpfe ihres Landes und obwohl jene, die an die Macht wollen, ihre verbrecherischen Ziele mit großer Kaltschnäuzigkeit ausposaunten. Nicht nur in seinen Gedichten und publizistischen Schriften, vor allem in seinem Roman *Fabian. Die Geschichte eines Moralisten*, anderthalb Jahre vor dem Ende der Weimarer Republik in allen Buchhandlungen erhältlich, weist Kästner auf den Abgrund hin, der sich da auftut – und das mit einer oftmals ans Visionäre grenzenden Hellsichtigkeit.

Ursprünglich sollte der Titel des Romans *Sodann & Gemorrha* lauten, eine Anspielung auf die Chaos und Untergang beschwörende Redewendung »Sodom und Gomorrha«. Dagegen – und auch gegen den zweiten vorgeschlagenen Titel *Der Gang vor die Hunde* – erhebt die Leitung der Deutschen Verlags-Anstalt Einspruch und streicht Kästner aus geschäftlichen Erwägungen auch zwei als zu krass empfundene Kapitel und das Nachwort aus dem Manuskript; Änderungen, die Kästner nur unter Selbstverleugnung akzeptieren kann.

Trotzdem wird aus dem *Fabian* »eine der brillantesten Satiren auf deutsche, insbesondere Berliner Zustände am Ende der zwanziger Jahre und während der großen Wirtschaftskrise um 1930«[5]. Zudem ist dieser Roman, dessen

Hauptfigur, der Moralist Dr. Jacob Fabian, unzweifelhaft autobiografische Züge Kästners aufweist und schließlich an der zeitgenössischen Amoral zerbricht, einer der provokantesten deutschen Romane überhaupt. »Die Krise Fabians ist ja nicht die Krise eines einzelnen, sondern an ihm wird die Krise einer ganzen Gesellschaft demonstriert; die Arbeitslosigkeit und das damit verbundene individuelle Elend; die Wirtschaftskrise, die Krise der Führung, der politischen Parteien und ihrer zunehmenden Radikalisierung; der Verrat der Intellektuellen, die hier als Redakteure schreiben, was sie selbst nicht glauben; der moralische Verfall, den der Koloß Großstadt ausbrütet.«[6] So Hans Wagener dreißig Jahre nach Erscheinen des Romans.

Und die Zeitgenossen? »Ein unmoralisches Buch von höchster Moral«, urteilt Peter Flamm im *Berliner Tageblatt*. Und im *Hamburger Fremdenblatt* heißt es: »Hinter diesem Buch steht ein Dichter, der mit seinem Werk die Hülle, in der wir alle stehen, von innen erreicht hat. Einer, der den Weltuntergang im Blut hat.«[7] Hans Fallada schreibt: »Kästner kennt Berlin, was er da zeichnet, ist so sauber und klar hingesetzt … jedes Detail stimmt. Es ist eine Hölle, aber in dieser Hölle leben noch viele Menschen, die an etwas glauben, Idylliker meinethalben. Sie sind wehrlos, man macht mit ihnen, was man will … Hab nur Sorgen, leide Enttäuschungen, mach dir Schmerzen – so ist die Welt! Aber so soll sie nicht sein. Tut, was ihr wollt, sagt Fabian Kästner, wir werden nicht auf die Anständigkeit verzichten.«[8]

Die rechte Presse sieht das natürlich anders. Man attackiert Kästner erbarmungslos. »Autor der nationalen Schande«, »Asphaltliterat«, »Schund- und Schmutzschreiber« lauten die Bezeichnungen, die man für den Autor des *Fabian* findet. Bürgerlich-konservative Kritiker werfen Kästner vor allem Pornografie und Unmoral vor. Bringt er es doch fertig, wie Kästner in einer Erwiderung auf diese Art Kritik formuliert, »in verschiedenen Kapiteln völlig unbekleidete Damen und andre Frauen herumlaufen« zu lassen; deutet er doch »wiederholt jenen Vorgang an, den man, temperamentloserweise, Beischlaf nennt«[9].

Manch einer liest das in den ersten Monaten nach Erscheinen stets vergriffene Buch wohl gerade deshalb – und überliest die bittere Misere. Also erklärt Kästner in seiner Erwiderung vom Oktober 1931 (dem ursprünglichen Nachwort zum *Fabian*) seinen Roman: »Er (der Verfasser, K. K.) sieht eine einzige Hoffnung, und die nennt er. Er sieht, daß die Zeitgenossen, störrisch wie die Esel, rückwärts laufen, einem klaffenden Abgrund entgegen, in dem Platz für sämtliche Völker Europas ist. Und so ruft er, wie eine Reihe anderer vor ihm und außer ihm: Achtung! Beim Absturz linke Hand am linken Griff.«[10]

Eine Warnung, die besonders in einer Traumszene deutlich wird, in der Kästner dem Leser eine Vision von dem bietet, was ihm bevorsteht, wenn Deutschland weiter so blind auf den Faschismus zuläuft. »Aus den Dachluken und aus den Giebeln fielen Schüsse in die Tiefe. Aus den Fenstern hingen Verwundete. Auf einer Giebelkante rangen zwei athletische Männer. Sie würgten und bissen einander, bis der eine taumelte und beide abstürzten. Man hörte den Aufschlag der hohlen Schädel. Flugzeuge schwirrten unter der Saaldecke und warfen Brandfackeln auf die Häuser. Die Dächer begannen zu brennen. Grüner Qualm quoll aus den Häusern.«[11]

1931 mag vielen Lesern diese als Kriegsszenario beschriebene Untergangsvision übertrieben erschienen sein; heute staunen wir über die politische Hellsichtigkeit des damals Zweiunddreißigjährigen. Charakteristisch für Kästner: Am Schluss dieses Traums nimmt Fabian ein kleines Mädchen an der Hand und führt es aus all dem Chaos heraus ...

Im Übrigen steckt der *Fabian* voller Epigramme und Aphorismen, in denen so viele zeitlose Wahrheiten enthalten sind, dass der heutige Leser immer wieder aktuelle Bezüge entdeckt, ob es sich nun um den moralischen Verfall der Medienlandschaft handelt, um ökologische Probleme, um Heuchelei und Hilflosigkeit der um Posten und Pöstchen bemühten Politiker oder um die Stimmengewinne rechtsradikaler Rattenfänger.

Der *Fabian* wird der einzige literarisch ambitionierte Roman für Erwachsene bleiben, den Kästner vollendet. Alle weiteren Romane müssen als »leichte Unterhaltung« eingestuft werden.

Einer der »anderen vor und außer« Kästner, die lange vor 1933 »Achtung!« gerufen haben, ist Kurt Tucholsky, der sich 1935 aus Verzweiflung über die politische Entwicklung in Deutschland (und unter der Marter immer unerträglicher werdender Stirnhöhlenschmerzen) das Leben nehmen wird. Kästner und Tucholsky sehen sich nicht oft, Tucholsky lebt in den letzten Jahren der Weimarer Republik mal in Frankreich, mal in Schweden, mal in der Schweiz. Einmal jedoch – 1931 oder 32 – führt der Zufall die beiden *Weltbühnen*-Autoren für vierzehn Tage zusammen. In Brissago, am Lago Maggiore, nicht weit von Locarno, wohnen sie zufällig im selben Hotel und treffen sich Abend für Abend auf der Veranda zum Asti Spumante.

»Während ich tagsüber am Strand lag oder von einem Balkon zum anderen zog, damit in meinem Reich die Sonne nicht untergehn möge«, berichtet Kästner über diese Begegnung, »klapperte Tucholskys Schreibmaschine unermüdlich ... Der Mann, der im Dachstübchen schwitzte, tippte und Pfeife rauchte, schuftete ja für fünf – für Peter Panther, Theobald Tiger, Ignaz Wrobel, Kaspar Hauser und Kurt Tucholsky in einer Person! Er teilte an der kleinen Schreibmaschine Florettstiche aus, Säbelhiebe, Faustschläge. Die Männer des Dritten Reiches, Arm in Arm mit den Herren der Reichswehr und der Schwerindustrie ... Er zupfte sie an der Nase, er trat sie gegen das Schienbein, einzelne schlug er k.o. – ein kleiner dicker Berliner wollte mit der Schreibmaschine eine Katastrophe aufhalten.«[12]

Das will der kleine schlanke Dresdner auch. Deshalb trägt er in den letzten Jahren der Weimarer Republik seine Verse auf Solidaritätsveranstaltungen vor, engagiert sich mit Heinrich Mann und Erich Mühsam in der Liga für Menschenrechte und gehört dem Komitee des Schutzverbandes deutscher Schriftsteller an, das gegen die als Folge der »Notverordnungen« erlassenen Verbote von Zeitungen und Zeitschriften eintritt. Einziger Unterschied zu Tucholsky: Kästner unterschätzt die Nazis noch immer. Zwar sieht er voraus, dass sie an die Macht kommen werden, aber er hält sie – bei aller Gefährlichkeit – schlicht für dumm: »Der Nationalsozialismus war ihm Untergang und Dummheit in Personalunion.«[13] Tucholsky reduziert die Nazis nicht auf ihr Geschrei, entdeckt die heimlichen – und bald immer unheimlicher werdenden – Sympathisanten der Schreihälse auch in der Intelligenz.

Am 30. Januar 1933 ist es dann so weit: Die Nazis bekommen von denen, die sie wollen, und anderen, die sie ebenfalls unterschätzen, die Macht in die Hand gedrückt. Sie feiern den Tag mit einem großen Fackelzug durchs Brandenburger Tor hin zur Reichskanzlei, wo ihr Führer die Ovationen der Herde entgegennimmt, die sich willig von ihm in den Abgrund führen lässt.

In den folgenden Wochen und Monaten und noch Jahre später, nach dem Krieg, wird Kästner immer wieder gefragt werden, weshalb er denn nach dem 30. Januar 1933 Deutschland nicht verlassen habe. Schließlich wussten die Nazis, was für einen Feind sie in ihm hatten. Wie leicht hätte er, wie so viele andere Regimegegner, für Jahre ins KZ gebracht oder gleich ermordet werden können.

Die ihn das fragen, wissen nicht, dass Kästner noch

einen weiteren Grund zur Furcht gehabt hätte, er, der – nach Naziterminologie – »getarnte Halbjude«. Kästner beantwortet diese seiner Meinung nach »überflüssigen Fragen«, unter denen er besonders nach dem Krieg oft zu leiden hat, in einem Gedicht so:

> »Ich bin ein Deutscher aus Dresden in Sachsen.
> Mich läßt die Heimat nicht fort.
> Ich bin wie ein Baum, der, in Deutschland gewachsen,
> wenn's sein muß, in Deutschland verdorrt.«[14]

In Prosa: »Ein Schriftsteller will und muß erleben, wie das Volk, zu dem er gehört, in schlimmen Zeiten sein Schicksal erträgt. Gerade dann ins Ausland zu gehen rechtfertigt sich nur durch akute Lebensgefahr. Im übrigen ist es seine Berufspflicht, in jedes Risiko zu laufen, wenn er dadurch Augenzeuge bleiben und eines Tages Zeugnis ablegen kann.«[15]

Kästner unterstellt hier – noch nach dem Krieg! –, er sei nicht in »akuter Lebensgefahr« gewesen. Das kann er, der von den Nazis öffentlich angefeindete Autor, nach 1934 nicht mehr ernsthaft geglaubt haben. Deshalb ist es sicher nicht falsch anzunehmen, dass der Hauptgrund, in Deutschland zu bleiben, für Kästner ein anderer gewesen ist: die Mutter! Er kann die nunmehr Sechzigjährige nicht allein in Deutschland zurücklassen; er, nur er, ist ihr Leben. Und soll er die alten Eltern etwa in die Emigration mitnehmen und damit in eine völlig neue, unsichere Lebenssituation?

Als der Sohn Anfang 1933 im Ausland weilt, rät die Mutter ihm dringend, »draußen zu bleiben«. Er antwortet ihr von Südtirol aus: »Mein liebes, gutes, besorgtes Muttchen Du! Vielen Dank für Deinen Brief und die Karte. Also, mit dem Draußenbleiben, das kommt gar nicht in Frage. Ich hab ein gutes Gewissen, und ich würde mir später den Vorwurf der Feigheit machen. Das geht nicht. Außerdem bekommt mir das Fortsein immer nur paar Wochen. Milliardonen Gr. u. Küßchen von Deinem ollen Jungen.«[16]

Ein gutes Gewissen ist kein Schutz, wenn man unter die Verbrecher gerät. Kästner aber will die Mutter nicht nur trösten. Er unterschätzt die Nazis auch nach ihrer Machtübernahme noch. Und damit bringt er nicht nur sich selbst in Gefahr.

»Am selben Tag, an dem in Berlin das Reichstagsgebäude brannte, traf ich, aus Meran kommend, in Zürich ein, wohin mir ein deutscher Verleger entgegengereist war«, berichtet er über jene Tage der Entscheidung. »Er gab mir den Rat, in der Schweiz zu bleiben; und einige Kollegen, die bereits emigriert waren, Anna Seghers befand sich unter ihnen, teilten seine Meinung ... Daß ich trotzdem nach Berlin zurückkehren wollte, führte in dem kleinen Zürcher Café zu lebhaften Auseinandersetzungen ... Dutzende von Bekannten und Kollegen ... waren über Nacht geflohen. Der Reichstagsbrand war das Signal gewesen, das sie nicht übersehen hatten ... Ich aber fuhr nach Berlin zurück und bemühte mich in den folgenden Tagen und Wochen, weitere Gesinnungsgenossen von der

Flucht ins Ausland abzuhalten. Ich beschwor sie zu bleiben. Es sei unsere Pflicht und Schuldigkeit, sagte ich, auf unsere Weise dem Regime die Stirn zu bieten … Hätten sie auf mich gehört, dann wären sie heute wahrscheinlich alle tot. Dann stünden sie, auch sie, in den Listen der Opfer des Faschismus. Mir wird, sooft ich daran denke, heiß und kalt. Wenn es mir damals gelungen wäre, auch nur einen einzigen zu überreden, den man dann gequält und totgeschlagen hätte …«[17]

Zum Glück hört niemand auf Kästner, der sich die Gefahr, in der er schwebt, schon bald in ihrem ganzen Ausmaß eingestehen muss – und trotzdem in Deutschland bleibt, obwohl sich ihm in den folgenden Jahren noch weitere Möglichkeiten bieten werden zu emigrieren. Denn immer wieder wird es ihm gelingen, für kurze Zeit hinauszukommen aus diesem Deutschland der Stiefelschritte, Konzentrationslager und Blockwarte. Und wäre es ihm bei seinem Talent für die heiteren, beschwingten Stoffe der Literatur und des Films nicht leichter gefallen, im Ausland Fuß zu fassen, als den meisten seiner Kollegen?

Stefan Heym, damals noch ein junger, unbekannter Anfänger namens Helmut Flieg, erinnert sich, wenn er an den Kästner jener Tage denkt, an einen fast ständig arbeitenden Kollegen mit »spöttisch geschürztem Mund, zweifelndem Blick und etwas nasal klingender Stimme; Eigenheiten, die es ihm erschwerten, die Wärme auszustrahlen, derer er durchaus fähig war«[18].

Über die letzte Begegnung mit Kästner – sie findet kurz

nach Kästners Rückkehr aus Zürich und damit nur wenige Tage nach dem Berliner Reichstagsbrand statt – schreibt Heym: »Auch dies ein Bild, das geblieben ist: das verrauchte Kaffeehaus, der Kellner, der die Stühle bereits auf die Tische stellt, und draußen auf dem Kurfürstendamm der Morgen, der sich, bläulich getönt, von der Gedächtniskirche her ankündigt, und er und Kästner, wie sie da auf und ab gehen, einmal auf Kästners Wohnung zu, dann wieder in umgekehrter Richtung, zur U-Bahn hin, dazu die Kälte, die dem jungen Flieg durch den Mund dringt, oder sind es die Nerven, die ihn zittern lassen?

Dabei vermeiden beide, Kästner und er, den Punkt zu berühren, um den es dem Jüngeren geht und auf den das Gespräch sich immer wieder zutastet, ganz gleich, ob sie von Hitler reden oder von den Verhaftungen überall, von den Wahlen, die da kommen sollen, und den Bedingungen, unter denen sie, wenn überhaupt, stattfinden werden … Die Minuten vergehen, die viertel, die halbe Stunde. Auch Kästner, denkt der Jüngere, scheint an diesem Morgen das Alleinsein zu scheuen, sonst hätte er ihn wohl längst schon entlassen. Insgeheim ist er stolz, daß er dem anderen, dem großen, von den Rechten so angefeindeten Dichter für kurze Zeit wenigstens eine Stütze sein kann. Und so wagt er endlich die Frage: Wird Kästner weggehen, wird er das Land verlassen …?

Nein, er will bleiben, sagt Kästner. Der Jüngere hat eine andere Antwort erwartet. Er, der unter eigenem Namen nur ein einziges Gedicht veröffentlicht hat, das den Nazis missfiel … lebt in dieser großen Angst, während Kästner, von dem es kaum einen Vers gibt, der den gerade an die Macht gekommenen Deutschtümlern und Maulhelden nicht wie ein Widerhaken im Fleisch stäke, ruhig erklärt, er wolle bleiben. Macht Kästner sich etwas vor? Sieht er nicht, was da auf ihn zukommt? … Oder – und hier denkt der junge Flieg bereits ganz als Schriftsteller – sieht Kästner in dem, was sich hier anbahnt in Deutschland, das Thema seines Lebens, das sich nur schreiben lassen wird, wenn man es von Anfang bis Ende miterlebt?«[19]

Kästner wird in den ersten Jahren nach dem Ende der Naziherrschaft viel schreiben; der große Roman über die zwölf braunen Jahre, den alle von ihm erwarten und den er tatsächlich eines Tages vorlegen wollte, wird nicht darunter sein.

Dem Reichstagsbrand am 27. Februar 1933 folgen noch in der gleichen Nacht und tags darauf zahlreiche, nach lange zuvor erstellten Listen vorgenommene Verhaftungen. Kommunisten und Sozialdemokraten werden aus ihren Wohnungen geholt, gefoltert und geschlagen und in ersten, noch provisorischen Konzentrationslagern festgehalten. Die von den Nazis verbreitete Parole, die Kommunisten hätten den Reichstag angesteckt, wird im Ausland nicht geglaubt. Und in Deutschland vermuten viele Nazigegner, die Nazis hätten es selbst getan, um einen Vorwand zum Losschlagen zu haben. Tatsächlich war es *ein* Kommunist, der den Brand legte, und zwar der geistig verwirrte Niederländer Marinus van der Lubbe, der ein »Fanal« setzen wollte, von dem seine Partei nichts wusste. Sonst hätte man kaum so viele führende Mitglieder der KPD in ihren Betten verhaften können.

Eine weitere Folge des Reichstagsbrandes: die am 28. Februar 1933 erlassene *Verordnung zum Schutz von Volk und Staat*, die gleich mehrere Grundrechte der Weimarer Verfassung außer Kraft setzt und fortan als formalrechtliche Grundlage für die staatliche Verfolgung politischer Gegner genutzt wird.

Am 5. März 1933 findet dann die letzte Reichstagswahl statt. Mit 88 Prozent wird eine Rekordwahlbeteiligung erreicht. Doch der große Sieg der Nazis bleibt aus. Mit »nur« 43,9 Prozent der Stimmen erhalten sie nicht die erhoffte absolute Mehrheit. Trotzdem geht es Schlag auf Schlag weiter: Am 9. März 1933 werden die Reichstagsmandate der Kommunisten für ungültig erklärt und gegen alle kommunistischen Abgeordneten Haftbefehle erlassen. Kein Protest der anderen Parteien. Am 24. März wird im Reichstag das *Gesetz zur Behebung der Not von Volk und Reich* – das sogenannte *Ermächtigungsgesetz* – beschlossen, das es der Hitlerregierung gestattet, Gesetze zu erlassen, ohne dass zuvor im Reichstag darüber abgestimmt werden muss. Nur die durch Verhaftungen bereits dezimierte SPD stimmt gegen dieses Gesetz, und so ist die notwendige Zweidrittelmehrheit – durch Zustimmung der bürgerlichen Parteien – gesichert. Eine Art kollektiver Selbstmord der Konservativen hat da stattgefunden;

anders kann man dieses Abstimmungsverhalten kaum bezeichnen.

Am 2. Mai 1933, einen Tag nach dem *Tag der Arbeit*, wie die Nazis den ehemaligen Kampftag der Arbeiter umbenannt haben, wird die Gewerkschaftsführung verhaftet und das Gewerkschaftsvermögen beschlagnahmt; damit ist die deutsche Gewerkschaftsbewegung zerschlagen. Gleichzeitig werden die Berliner Redaktionseinrichtungen der sozialdemokratischen Zeitschrift *Vorwärts* zerstört. Weitere acht Tage später, am 10. Mai, brennen in ganz Deutschland die Bücher …

Es ist eine groß angelegte Aktion, die Reichspropagandaminister Goebbels da stattfinden lässt. Ob in München, Dresden, Breslau, Frankfurt am Main oder Berlin, überall werfen Studenten in braunen SA-Uniformen die Werke andersdenkender Schriftsteller, Publizisten und Philosophen ins Feuer. In Berlin findet dieses Autodafé auf dem Opernplatz statt, direkt gegenüber von Universität und Bibliothek – und damit unmittelbar vor den Standbildern der Gebrüder Humboldt. Zwanzigtausend Bücher werden zu diesem Zweck gesammelt, vierzigtausend Zuschauer sind gekommen. Von den vierundzwanzig deutschen Autoren, deren Werke (neben denen ihrer ausländischen Kollegen) verbrannt werden, haben dreiundzwanzig Nazideutschland bereits verlassen; einer ist geblieben und sieht sich diese Kulturschande an: Erich Kästner.

»Ich stand vor der Universität, eingekeilt zwischen Studenten in SA-Uniform, den Blüten der Nation, sah unsere Bücher in die zuckenden Flammen fliegen und hörte die schmalzigen Tiraden des kleinen abgefeimten Lügners (Goebbels, K. K.). Begräbniswetter hing über der Stadt. Der Kopf einer zerschlagenen Büste Magnus Hirschfelds stak auf einer langen Stange, die, hoch über der stummen Menschenmenge, hin und her schwankte. Es war widerlich.«[20]

Zuvor haben SA- und SS-Kapellen »vaterländische Weisen« gespielt; während die Bücher verbrannt werden, treten nacheinander neun Studenten vor. Sie rufen Sätze wie »Gegen Klassenkampf und Materialismus«, »Gegen seelenzerfressende Überschätzung des Trieblebens, für den Adel der menschlichen Seele«, »Gegen literarischen Verrat an Soldaten des Weltkrieges«, »Gegen dünkelhafte Verhunzung der deutschen Sprache« und immer so weiter. Diejenigen, deren Werke hier verbrannt werden, heißen Heinrich Mann, Karl Marx und Sigmund Freud, Kurt Tucholsky und Carl von Ossietzky, Bertolt Brecht und Alfred Döblin, Erich Maria Remarque und Henri Barbusse, Maxim Gorki und Jack London, Jaroslav Hasek und Ernest Hemingway. Dazu viele andere Namen aus dem internationalen Geistesleben. Kästners Name wird zusammen mit dem von Heinrich Mann und Ernst Glaeser aufgerufen. »Gegen Dekadenz und moralischen Verfall!«, schreit der Student, der da den *Fabian* und die vier Gedichtbände Kästners in die Flammen wirft. »Für Zucht und Sitte in Familie und Staat!«

145

Fünfundzwanzig Jahre später bekennt Kästner: »Ich habe mich, damals schon und seitdem manches Mal gefragt: ›Warum hast du, am 10. Mai 1933 auf dem Opernplatz in Berlin, nicht widersprochen? Hättest du, als der abgefeimte Kerl eure und auch deinen Namen in die Mikrophone brüllte, nicht zurückschreien sollen?‹ Daß ich dann heute nicht hier stünde, darum geht es jetzt nicht. Nicht einmal, daß es zwecklos gewesen wäre, steht zur Debatte. Helden und Märtyrer stellen solche Fragen nicht.«[21]

Der vierunddreißigjährige Kästner ist kein Held und ein Märtyrer will er schon gar nicht sein. Doch er ist ausgesprochen mutig. Sonst hätte er an jenem Abend, als man ihm und anderen »das EK I der Heimatlosen« (Alfred Kerr) verlieh, nicht dabeigestanden und zugeschaut; sonst hätte er auch die darauffolgenden zwölf braunen Jahre nicht überstanden, ohne sich irgendwann doch mit den Nazis einzulassen.

Auf dem Berliner Opernplatz droht er denen, die sich dermaßen an der Kultur vergehen, nicht mit der Faust, da ballt er sie nur in der Tasche, wie er bekennt. Wenig später sitzt er anlässlich der Amateurboxmeisterschaften im Berliner Sportpalast.

Bei jeder Siegerehrung springen die Besucher auf, heben den Arm zum Hitlergruß und singen deutschnationale Lieder. Kästner bleibt sitzen. »Nach jedem Boxkampf wurde das Interesse an mir größer. Trotzdem lief dieses Nebengefecht des Abends, zwischen dem Sportpalast und mir, glimpflich ab. Es endete unentschieden. Was ich getan, genauer, was ich nicht getan hatte, war beileibe keine Heldentat gewesen. Ich hatte mich nur geekelt. Ich war nur passiv geblieben. Auch damals und sogar damals, als unsere Bücher brannten.«[22]

Als ob passiv zu bleiben und sich nicht der Menge unterzuordnen dem Einzelnen nicht oft genug mehr als nur Tapferkeit abverlangen würde.

Hans Beyer, Polizeiwachtmeister im Berlin jener Tage, ist ebenfalls dabei, als am Abend des 10. Mai 1933 auf dem Berliner Opernplatz die Bücher brennen. Die Schutzpolizei soll diesen Gewaltakt wider den menschlichen Geist schützen.

»Ich hab Kästner gesehen«, erinnert er sich 1982. »Er hat zugeschaut, wie die Bücher verbrannt wurden. Ich hab ihn natürlich nicht verraten. Was gingen einen preußischen Polizeibeamten denn die Nazis an, die wir bis vor ein paar Monaten ja noch als Staatsfeinde unter Kontrolle zu halten hatten? Als Kästners Name fiel, habe ich wieder zu ihm hingeschaut. Er hat mit keiner Wimper gezuckt, war nur sehr bleich … Dann war da plötzlich eine Frauenstimme zu hören. ›Dort steht ja der Kästner‹, rief die Frau. Er hörte seinen Namen, drehte sich um und verschwand in der Menge.«[23]

Es ist eine junge Kabarettistin, die den Autor in der Menge stehen sieht und ihrer Verblüffung darüber dermaßen laut Ausdruck verleiht; es handelt sich nicht um eine Denunziation. Der »verbrannte Dichter« kommt unbehelligt davon.

Halb Bürgerschreck, halb erschrockener Bürger? Nach jenem Abend hätte Robert Neumann seinen Text ändern müssen. Der da als einziger deutscher Autor zusieht, wie seine Bücher verbrannt werden, darf von nun an auch als unerschrockener Bürger bezeichnet werden.

Überwintern
Detektive in der Prinz-Albrecht-Straße.
Zuckerbrot und Lachgesichter.
Der kleine Grenzverkehr.

»Wir sitzen alle im gleichen Zug
und reisen quer durch die Zeit.
Wir sehen hinaus. Wir sahen genug.
Wir fahren alle im gleichen Zug.
Und keiner weiß, wie weit.«[1]

So Kästner 1932. Der Zug mit der Nazilokomotive davor hätte vor 1933 aufgehalten werden müssen. Jetzt ist es zu spät, jetzt rollt er. Wie weit? Mitten hinein in den Weltkrieg Nummer zwei – und damit in eine bis dato unvorstellbare Menschheitskatastrophe.

Wer in diesem Zug nicht mitfahren will, muss abspringen. Der in Deutschland gebliebene Kästner fährt mit. Allerdings nur als stummer Passagier, denn der Autor, der aus seiner Gegnerschaft zu den Nazis nie ein Hehl machte, erhält vom Reichspropagandaministerium schon bald Schreibverbot. Trotzdem sitzt er mit im Zug, rast mit in den Abgrund.

Der Schriftsteller Erich Kästner will Zeuge sein, will sehen, was dieses Volk alles erträgt und mit sich geschehen lässt; also muss er diesen hohen Preis bezahlen. »Es ist ein merkwürdiges Gefühl, ein verbotener Schriftsteller zu sein und seine Bücher nie mehr in den Regalen und Schaufenstern der Buchläden zu sehen«, erinnert er sich später. »In keiner Stadt des Vaterlands. Nicht einmal in der Heimatstadt. Nicht einmal zu Weihnachten, wenn die Deutschen durch die verschneiten Straßen eilen, um Geschenke zu besorgen … Man ist ein lebender Leichnam.«[2]

Und damit die »lebenden Leichname« auch in den Bibliotheken nicht ausgegraben werden können, gibt es dort schon bald »schwarze Listen«, auf denen alle Titel festgehalten werden, die aus den Beständen zu entfernen sind. Hinter dem Namen *Kästner, Erich* ist dann eingetragen: »Alles außer *Emil*.« Mit dem beliebten Kinderbuch haben die Nazis Probleme. Man befürchtet Proteste und Unverständnis, deshalb belässt man es vorerst in den Beständen, leiht es aber kaum noch aus.[3]

Doch wie kann ein verbotener Autor in diesem Deutschland überleben? Das kleine Vertriebsbüro, das Elfriede Mechnig leitet, ist schon bald ohne jede Arbeit. Zeitschriften, die noch Kästner-Texte abdrucken, gibt es nicht mehr. Jedenfalls nicht in Deutschland.

Natürlich sei es Kästner erlaubt, *für sich* zu schreiben, hat das Reichspropagandaministerium angedeutet. Sollte er aber die Absicht haben, zu veröffentlichen, sähe die Sache anders aus.

Eine schöne Bestätigung dafür, wie sehr die braunen Machthaber das Wort fürchten. Doch kein Trost für einen Autor, dem der Umgang mit Literatur Lebensinhalt ist.

Nach dem *Fabian* hatte Kästner einen neuen, ernsthaften Roman begonnen: *Der Doppelgänger*. In den entstandenen ersten drei Kapiteln geht es fast nur um den geplanten Selbstmord seiner Hauptfigur. Nun bricht er die Arbeit daran ab. Der große Selbstmord ist ja längst Wirklichkeit geworden; ein Roman über die neue Zeit müsste anders aussehen als die Geschichte, die ihm vorschwebt. Außerdem wäre sein *Doppelgänger* zurzeit nicht zu veröffentlichen; nicht in Deutschland und – für einen in Deutschland lebenden Autor – auch nicht im Ausland. Die ersten, noch provisorisch eingerichteten Konzentrationslager existieren ja bereits; dort eingeliefert zu werden, hätte für den herzkranken Kästner das Ende bedeutet.

Also legt Kästner, der ja irgendwie Geld verdienen muss, den *Doppelgänger* beiseite und schreibt einen Unterhaltungsroman: *Drei Männer im Schnee*. Aus dem Stoff – eine Verwechslungsgeschichte, heiter, harmlos, witzig, nach eigenem Ferienerlebnis und mit einigen sozialkritischen Untertönen, am Ende aber unglaubwürdig – ist bereits im Jahr zuvor ein Filmdrehbuch für die amerikanische Filmfirma Metro-Goldwyn-Mayer entstanden. Jetzt verfertigt Kästner, während in Hollywood schon gedreht wird, aus dem Drehbuch einen Roman, den er der Deutschen Verlags-Anstalt anbietet: dem Verlag, der seit drei Jahren seine Texte für Erwachsene herausbringt. Die DVA nimmt diese harmlose, aber ein gutes Geschäft versprechende Geschichte an und startet einen Versuchsballon, indem sie das Werk im Herbst 1934 ganzseitig im

Börsenblatt des Deutschen Buchhandels anzeigt. Das Ergebnis ist niederschmetternd: Dem »unerwünschten und politisch unzuverlässigen Autor« ist bereits ein erneutes, nunmehr endgültiges Schreibverbot erteilt worden. Damit ist Kästners Existenz so gut wie vernichtet. Wäre es dabei geblieben, hätte er über kurz oder lang doch emigrieren oder sich einen anderen Beruf suchen müssen.

Doch es bleibt nicht dabei. Im »Promi«, wie das Reichspropagandaministerium im Volksmund genannt wird, beginnt man nachzudenken: Kästner ist ein Mann, dessen Bücher sich im Ausland ausgezeichnet verkaufen. Das bringt Devisen ins devisenarme Deutschland. Warum also soll man Kästners Popularität nicht ausnutzen? Kurzerhand wird das Schreibverbot gelockert, und Kästner erhält die Erlaubnis, seine Werke im Ausland zu verlegen, nicht aber in Deutschland. Sofort nimmt Kästner Kontakt zum Rascher Verlag in Zürich auf und noch im gleichen Jahr erscheint der Roman um seine *Drei Männer im Schnee* in der Schweiz. Nur ein paar Monate später liegt das Werk auch in englischer, dänischer, niederländischer, norwegischer, tschechischer und ungarischer Übersetzung vor. Damit ist Kästners finanzielles Überleben vorerst gesichert. Gleichzeitig fühlt er sich ein wenig geschützter. Solange seine Popularität im Ausland anhält, müssen die Nazis, die ja anfangs noch Wert auf ihren Ruf im Ausland legen, vorsichtig mit ihm umgehen. Andererseits ist ihm klar, dass seine in der Schweiz publizierten Titel im Reichspropagandaministerium aufmerksam gelesen werden. Also muss er sich jedes Wort, das er fortan schreibt, drei Mal ansehen, ob es auch nicht, richtig oder missverstanden, als Kritik an den deutschen Zuständen ausgelegt werden könnte, was sofort ein erneutes »totales Schreibverbot« oder noch Schlimmeres zur Folge gehabt hätte.

Eine Vorahnung davon, wie diese Folgen aussehen könnten, hat Kästner bereits Ende 1933 erhalten.[4] Es beginnt damit, dass die Geheime Staatspolizei den Deutschen Bankenverband ersucht, die Konten, Depots und Schrankfächer von vierundvierzig, größtenteils bereits emigrierten, Schriftstellern zu sperren. Auf der Liste stehen – neben Kästner – Autoren wie Brecht, Joseph Roth, Anna Seghers, Oskar Maria Graf, Hermann Kesten und Arnold Zweig. Als Kästner wenige Tage darauf Geld abheben will, erfährt er auf seiner Bank am Olivaer Platz nur, dass sein Konto gesperrt sei. »Warum? Das wisse man nicht. Dann möge man sich umgehend erkundigen! Er komme am übernächsten Tag wieder. Er kam wieder. Kaum hatte er den Kassenraum betreten, fühlte er eine Hand auf der Schulter, und eine Stimme dröhnte: ›Sie sind verhaftet!‹«[5]
In der Bankfiliale, in der Kästner seit Jahren bekannt ist, ducken sich die Angestellten über ihre Bücher und Geldbündel, damit niemand ihre verstörten und ratlosen Gesichter sehen kann. »Wer mein Freund blieb, war selber gefährdet. Wer sich abwandte, konnte ungestört Karriere machen«, beschreibt Kästner jene Situation[6], die längst auf ganz Deutschland zutrifft: Wer sich von all den Verbre-

chen, die da im Auftrag des Nazistaates auf offener Straße begangen werden, nicht abwendet, gefährdet sich selbst. Wer es schafft, nicht hinzusehen oder gar Beifall zu klatschen, kann »ungestört« Karriere machen.

Der Verhaftete darf noch rasch Elfriede Mechnig anrufen, damit sie seinen Rechtsanwalt verständigt, dann fährt der wie immer elegant gekleidete Kästner, den eingerollten Regenschirm über dem Arm (seit Jahren sein »Markenzeichen«), neben dem Gestapomann im Taxi zur Prinz-Albrecht-Straße, dem gefürchteten Gestapohauptquartier. Das Taxi hat Kästner selbst herangewinkt. Er muss es auch bezahlen. Der Gestapobeamte wollte den bekannten Autor mit der Straßenbahn in die Prinz-Albrecht-Straße schaffen.

Im Gestapogebäude wird Kästner von mehreren jungen Männern mit einem zynischen »Da kommen ja Emil und die Detektive« begrüßt. Kästner hat den Eindruck, in eine Bande »verkrachter NS-Studenten, Karl May-Leser wie ihr Führer, mit Intelligenzbrille und blutigem Fahrtenmesser« geraten zu sein.[7]

Im darauffolgenden, anderthalbstündigen Verhör ergibt sich, dass Kästner beschuldigt wird, seit längerer Zeit von Prag aus gegen die deutsche Regierung zu opponieren und nur nach Berlin gekommen zu sein, um Geld abzuheben. »Beweisstück« ist ein Gedicht, das in einer Prager Emigrantenzeitschrift erschien und tatsächlich aus Kästners Feder stammt – bis auf die letzten drei Strophen! Jemand muss ein altes *Montag-Morgen*-Gedicht von ihm ausgegraben und drei Verse hinzugedichtet haben. Und diese drei Verse strotzen nur so von aktuellen Angriffen auf das Dritte Reich.

Es geht um zwölf Zeilen – und um Kästners Kopf!

»Wie können Sie beweisen, dass die letzten drei Strophen nicht von Ihnen stammen?«, fragt der ältere Kriminalbeamte, der das Verhör leitet, den als Nazigegner bekannten Autor.

Kästner kann seine Nichtautorenschaft an diesen drei Strophen nicht beweisen. Aber glaubt die Gestapo etwa, er sei so dumm, solche Verse unter vollem Namen zu veröffentlichen? Noch dazu, da er ja gar nicht in Prag, sondern in Berlin lebe, was er nun allerdings tatsächlich beweisen könne; dafür gebe es jede Menge Zeugen im Haus Roscherstraße 16, in dem man ihn täglich kommen und gehen sehe. Und wäre es für die Beamten nicht ein Leichtes, in alten *Montag-Morgen*-Ausgaben nachzuschlagen? Dort könne man das Gedicht in seiner ursprünglichen Fassung finden – also ohne die drei letzten Verse. Außerdem würde bei genauerer Betrachtung schon die einfachste Stilanalyse ergeben, dass diese Verse nicht von ihm sein könnten.

Einer der Beamten geht hinaus. Bange Minuten vergehen. Dann kommt der Beamte zurück, gibt Kästner seinen Pass – und entlässt ihn. Kästner sagt: »Auf Wiedersehen«, die jungen Gestapomänner brüllen empört: »Heil Hitler!« Kästner erschrickt nur über den eigenen Gruß: Er möchte lieber kein Wiedersehen. Dennoch hätte es schon im Jahr darauf beinahe eines gegeben.

Seit dem 27. Dezember 1934 überwacht die Gestapo die Kabaretts *Katakombe* und *Tingel-Tangel*. Die *Katakombe* leitet der als Regimegegner bekannte Kabarettist Werner Finck, das *Tingel-Tangel* (ab 1935) die jüdische Schauspielerin Trude Kolman. Kein Wunder, dass auf beiden Bühnen allabendlich gegen die Nazis gestichelt wird – mehr ist zu dieser Zeit bereits nicht mehr möglich. Kästner hat Anfang 1935 die begabte junge Schauspielerin Herti Kirchner kennen- und lieben gelernt, die ebenfalls im *Tingel-Tangel* auftritt. Als beide Kabaretts am 10. Mai 1935 unter dem Jubel der Nazipresse verboten werden, denunziert der Geschäftsführer des *Tingel-Tangel*, ein Parteigenosse, auch Herti Kirchner und den »Kommunisten Dr. Kestner, der ihr Freund ist, und da ihm das Schreiben … verboten ist«, getarnt schreibe und diese Texte anderen Autoren zur Verfügung stelle.[8]

Trude Kolman emigriert rasch entschlossen ins Ausland. Werner Finck und zwei weitere Mitglieder der *Katakombe* sowie Walter Gross, Günter Lüders und Walter Lieck vom *Tingel-Tangel* werden verhaftet und für mehrere Wochen ins Konzentrationslager Esterwegen verbracht. Erich Kästner und Herti Kirchner bleiben verschont; möglicherweise dank der guten Beziehungen, die die Schauspieler Viktor de Kowa und Käthe Dorsch zu Goebbels' Rivalen im Berliner Theaterleben, dem späteren »Reichsmarschall« Hermann Göring, haben.[9]

Wie auch immer: das Überleben als »verbotener Autor« ist ein gefährliches Unterfangen. Jeder neuen Freundschaft oder Bekanntschaft ist vorerst zu misstrauen; jedes falsche Wort kann den Kopf kosten.

Das Dritte Reich offeriert Kästner aber nicht nur die Peitsche, man versucht es auch mit Zuckerbrot. Allerdings ist der Zucker ungenießbar.

Wer unter Hitler veröffentlichen will, *muss* Mitglied der Reichsschrifttumskammer sein. Kästner will in Deutschland bleiben, also möchte er irgendwann auch wieder in Deutschland veröffentlichen. Aus diesem Grund wird er eines Tages mit Dr. Pagel von der Deutschen Verlags-Anstalt in jener Kammer vorstellig, in der zu fünfundneunzig Prozent nur noch dritt- und viertklassige Autoren verblieben sind, und bespricht die aufs Ausland beschränkte Schreiberlaubnis. Wenige Tage später wird er wieder hinbestellt. Diesmal allein. Ein Dr. Wismann, stellvertretender Kammerpräsident, bietet Kästner die »Chance«, in der Schweiz eine als Emigrantenzeitschrift getarnte deutsche Publikation herauszugeben, die andere deutsche Emigrantenzeitschriften politisch bekämpft. Finanziert würde diese Zeitschrift mit geheimen deutschen Staatsgeldern.

»Als ich ein kleiner Junge war«, schreibt Kästner später über diese Unterredung, »glaubte ich allen Ernstes folgenden Unsinn: Jeder große Künstler müsse zugleich ein wertvoller Mensch sein. Ich konnte mir überhaupt nicht vorstellen, daß bedeutende Dichter, mitreißende Schauspieler, herrliche Musiker im Privatleben sehr wohl Hanswürste, Geizhälse, Lügner, eitle Affen und Feiglinge sein könnten.«[10]

Dr. Wismann, schlussfolgert Kästner, muss durch Erfahrungen in der Reichsschrifttumskammer geradezu überzeugt davon sein, Talent und Charakter schlössen einander aus. Vielleicht hat er Kästners politische Zurückhaltung der letzten Monate aber auch als Einlenken missverstanden. Kästner kann das egal sein, er muss nur irgendwie raus aus dieser undelikaten Situation, ohne sich noch mehr in Schwierigkeiten zu bringen. Also schluckt er seinen Ekel über diese Zumutung herunter und redet sich damit heraus, er habe zu viele Freunde unter den Emigranten. Außerdem würde man ihm im Ausland diesen Gesinnungswandel auch gar nicht glauben.

> »Was auch immer geschieht:
> Nie dürft ihr so tief sinken,
> von dem Kakao, durch den man euch zieht,
> auch noch zu trinken!«[11],

schrieb Kästner schon 1932. Seine Überlebensmaxime erst recht ab 1933. In der Prager Emigrantenzeitung *Westland* allerdings erscheint kurz nach diesem Gespräch folgende Nachricht: »Tja, auch der Autor des *Fabian* hat sich gleichgeschaltet, hat sich Nummer und Nadel geholt. Trägt das braune Hemd, hebt die Hand zum deutschen Gruß!«[12]

Offenbar ist man im Ausland über den Charakter der in Deutschland verbliebenen Autoren nicht viel anderer

Meinung als in der Reichsschrifttumskammer. Oder es erscheint unvorstellbar, dass einer nicht von dem braunen Kakao trinkt, durch den er gezogen wird. So ganz unberechtigt ist dieser Verdacht ja auch nicht. Andere international bekannte Autoren, die in Deutschland geblieben sind, wie etwa Gerhart Hauptmann, Gottfried Benn oder Hans Fallada, haben zwar nicht das braune Hemd angezogen, ganz ohne davon zu trinken aber sind sie nicht durch den Kakao gekommen.

Und Intellektuelle wie der Literaturwissenschaftler Heinz Kindermann, der vor 1933 Kästners Lyrik begeistert begrüßte, von seiner »überlegenen Ironie« und der Zugänglichkeit Kästners für »feinste, unsagbare Seelenregungen« schwärmte, trinken nicht nur von dem braunen Zeug, sie rührten es mit an und baden nun darin. Der »überehrliche« Kästner, dessen Texte »niemals ohne positive Zukunftsaussichten« sind, ist für Heinz Kindermann nach dem 30. Januar 1933 nur noch ein »mephistophelischer Spötter und Weltverneiner, der bisher in der völligen Vernichtung des Erdballs und seiner Menschheit das Heil gesehen hatte«[13].

Doch es ist nicht diese Art Gesinnungswechsel, der dem Daheimgebliebenen das Leben schwer macht. Viel schwerer wiegt der Weggang so vieler Kollegen und guter Freunde, die sich nun vom Ausland her zu Wort melden – oder in der für sie fremdsprachigen Welt um ihr Überleben kämpfen. Denn wer nicht gerade Thomas Mann oder Lion Feuchtwanger heißt, also in den Jahren zuvor viel übersetzt wurde und sich auf diese Weise ein internationales Lesepublikum schaffen konnte, dem fällt es schwer, im Ausland Fuß zu fassen.

Edith Jacobsohn, die Verlegerin von Kästners Kinderbüchern, hat Berlin bereits am 28. Februar 1933 verlassen. Und das fluchtartig. Als Jüdin und Verlegerin der von den Nazis gehassten – und schon in der Woche nach ihrer Flucht verbotenen – *Weltbühne* bestand für sie nach dem Reichstagsbrand in Deutschland Lebensgefahr. Kurt L. Maschler hat den Williams Verlag übernommen. Die Geschäftsleitung übergibt er Cecilie Dressler, einer langjährigen Mitarbeiterin Edith Jacobsohns, nach der später der Verlag benannt wird. Um auch weiterhin die Bücher des in Deutschland verbotenen Kästner vertreiben zu können, gründet Maschler in Basel den Atrium Verlag, der bis in Kästners letzte Lebensjahre sein Hausverlag bleiben wird. Sein Büro muss sich der Emigrant Maschler, der von den Schweizer Behörden keine Aufenthaltsgenehmigung erhält, allerdings in Wien einrichten. Verzwickte Bedingungen, unter denen in den Folgejahren Kästners Arbeiten erscheinen. Dem Erfolg seiner Bücher jedoch tut das keinen Abbruch. In über fünfunddreißig Sprachen werden seine Titel übersetzt, in zwölf Ländern lernen Kinder am *Emil* Deutsch.

1934 bringt Maschler *Das fliegende Klassenzimmer* neu heraus, nachdem die Deutsche Verlags-Anstalt ihm die Rechte daran übertragen hat. Im Jahr darauf erscheint *Emil und die drei Zwillinge*, die nicht so erfolgreiche Fort-

Ida Kästner, um 1906

Emil Richard Kästner, um 1892

Erich Kästner, um 1907

Beim Militär, 1917

Erich und Ida Kästner auf einer ihrer vielen Wanderungen

Erich Kästner vor dem »Carlton« in Berlin, 1927

Mit Erich Ohser (e.o. plauen), 1927

Elfriede Mechnig, Kästners erste Sekretärin in Berlin, um 1930

Erich Kästner mit mit Luiselotte Enderle (undatierte Aufnahme)

Erich Kästner mit seinen Eltern, 1946

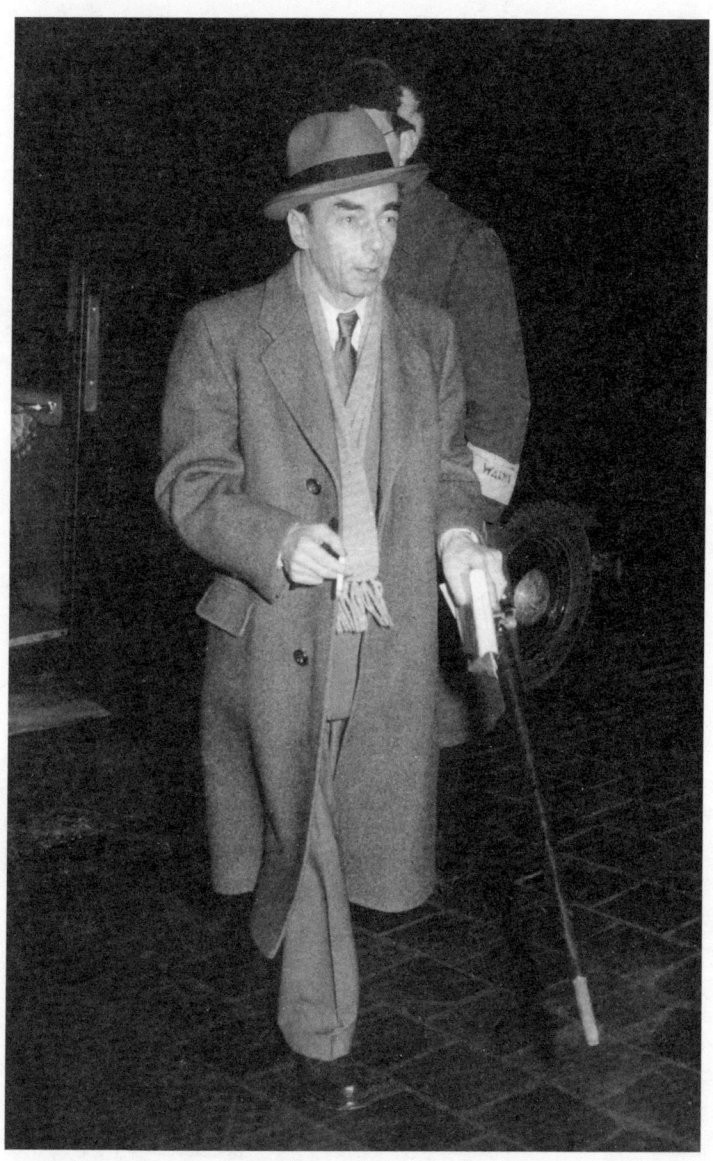

Erich Kästner, um 1950

Zusammen mit Luiselotte Enderle in der Feuilletonredaktion der »Neuen Zeitung« um 1946

Die drei Autoren des Kabaretts »Die keine Freiheit«. Per Schwenzen, Robert Gilbert und Erich Kästner in München, 1951

Erich Kästner und Johannes R. Becher auf der Gründungsversammlung der deutschen Abteilung des PEN-Clubs in Göttingen, 1949

Die Schriftsteller Erich Kästner und Carl Zuckmayer in München, um 1965

Kästner um 1974

Erich Kästner und sein 17-jähriger Sohn Thomas Kästner 1974 in Kästners
Wohnung in München.
Das Bild im aufgeklappten Buch zeigt Erich Kästner in jungen Jahren

setzung von *Emil und die Detektive*. 1935 liegt auch *Die verschwundene Miniatur* vor, ein »auf Erwachsenenebene transponierter Emil-Roman«[14], 1936 der Gedichtband *Doktor Erich Kästners Lyrische Hausapotheke*, eine unpolitische Auswahl aus den bisherigen Gedichtbänden. 1938 wird erneut ein heiterer Unterhaltungsroman erscheinen: *Georg und die Zwischenfälle*, der später unter dem Titel *Der kleine Grenzverkehr* sehr erfolgreich sein wird.

Ebenfalls 1938 erscheint Kästners Nacherzählung des berühmten Volksbuches *Till Eulenspiegel*. Leider wird sie nur wenig zur Kenntnis genommen, obwohl Kästner darin wie später in seinem Filmdrehbuch *Münchhausen* den Nazis durch die Blume einige Wahrheiten sagt. Die zwölf Eulenspiegeleien mussten vom zeitgenössischen Leser nur »auf die eigene Situation und die gegebenen Verhältnisse in Nazideutschland übersetzt werden«, damit »die doppelsinnigen Aussagen im Narrengewand ihre Aktualität« erhielten.[15]

Alle diese Arbeiten können dem Autor sein physisches Überleben im Dritten Reich nicht sichern – es ist ja niemand sicher, der sich den Naziführern nicht bedenkenlos verschreibt –, doch sie gefährden Kästner nicht mehr, als er es bereits durch seine Werke aus der Zeit vor 1933 ist. Und sie sind trotz der Beschränkung auf harmlos Heiteres, handwerklich Konventionelles kein Schund, denn Kästner wendet sich nicht allein der Not gehorchend der Unterhaltung zu. Der Humor kommt ihm in der deutschen Literatur zu kurz. »Sechs einsame Lustspiele«, rechnet er seinen Landsleuten nach dem Krieg vor, stünden in der deutschen Literatur »Tausenden von Tragödien, Schauspielen, Epen, Erziehungsromanen, Meisternovellen, Oden, Hymnen, Sonetten und Elegien« gegenüber. »Die deutsche Literatur ist einäugig. Das lachende Auge fehlt. Oder hält sie es nur krampfhaft zugekniffen?«[16]

Meisterwerke, wie Kästner sie anführt – darunter Kleists *Zerbrochener Krug* und Lessings *Minna von Barnhelm* –, sind seine unter dem Druck der Diktatur entstandenen heiteren Geschichten jedoch nicht. In seinen Unterhaltungsromanen »lacht Kästner nicht. Er schneidet Lachgesichter.«[17] Und im Ausland, besonders unter den Emigranten, werden Kästners »Schmunzelbücher« zur Zeit ihres Erscheinens mit Betroffenheit aufgenommen. »Kästner war doch mal einer«, schreibt Klaus Mann. »Er gehörte zur Literatur; man rechnete ihn sogar zu ihrem ›linken Flügel‹ … Jetzt kündigt die Deutsche Verlags-Anstalt einen neuen Roman von Erich Kästner an: *Drei Männer im Schnee*. Sie beginnt mit der beruhigenden Feststellung: ›Nach einer Sturm-und-Drang-Periode entwickelt sich Kästner immer mehr zum Humoristen großen Stils.‹ Dann ist ja alles in Ordnung, gerade so was braucht man im Dritten Reich.«[18]

Damit ist eingetreten, was Kästner befürchtet hat: »daß er sich durch sein Verstummen schuldig machen könnte gegenüber denen, die vom Ausland her das Hitlersystem bekämpften«[19]. Nein, er trinkt nicht von dem Kakao, durch den er gezogen wird, aber er flieht ihn auch nicht.

Warum, fragt man sich im Ausland, emigriert der Autor des *Fabian* nicht, wenn er in Deutschland nicht wirklich schreiben darf?

Diejenigen jedoch, die Kästner seine Angriffe aus der Zeit vor 1933 nicht vergessen haben und ihn nur wegen ihres chronischen Devisenmangels im Ausland veröffentlichen lassen, möchten das deutsche Publikum noch vor seinen Harmlosigkeiten bewahren. Eine Anekdote berichtet, wie Reichspropagandaminister Goebbels eines Tages beim Betrachten des Schaufensters einer Buchhandlung »höchstpersönlich« mit einem Exemplar der Schweizer Ausgabe von den *Drei Männern im Schnee* konfrontiert wird. Resultat dieser unerwünschten Begegnung mit einem unerwünschten Autor: Fortan werden vom Reichspropagandaministerium Listen versandt, in denen den Buchhändlern vorgeschrieben wird, welche Titel im Schaufenster präsentiert werden dürfen und welche nicht.

Trotz der Angriffe vom Ausland her, trotz aller Bespitzelungen und Anfeindungen der Nazis bleibt Kästner seiner einmal getroffenen Entscheidung, nicht zu emigrieren, treu. Und er gibt auch die Hoffnung, irgendwann wieder in Deutschland veröffentlichen zu dürfen, nicht auf. So startet er 1936 den Versuch, seine *Drei Männer im Schnee* unter dem Pseudonym Robert Neuner, das sein Freund Werner Buhre sich zugelegt hat, als Bühnenstück in den deutschen Theatern unterzubringen. Titel: *Das lebenslängliche Kind*.

Anfänglich geht alles gut. Viele Direktionen nehmen das Stück an, in etwa einem Dutzend Theatern wird es aufgeführt. Dann verrät ein österreichischer Journalist – stolz darauf, Kästner auf die Schliche gekommen zu sein – den wahren Autor, und ab sofort wird *Das lebenslängliche Kind* auf keiner deutschen Bühne mehr gespielt.

So hat Kästner in diesen Jahren des gebremsten Arbeitens viel Zeit. Zwar hat er 1936 noch einmal einen neuen, ernsthaften Roman begonnen – *Der Zauberlehrling*, eine Art moderne Faust-Saga –, doch lässt er ihn nach zehn Kapiteln unvollendet liegen. Es ist unmöglich, ohne jeden Bezug zur Realität etwas wirklich Literarisches zu schreiben. Der noch nicht einmal Vierzigjährige verlegt sich aufs Tennisspielen und besucht die Olympiade, die im Sommer 1936 in Berlin stattfindet. Polo, Fußball, Ringen, Schwimmen interessieren ihn. Alle sprechen davon, alle gehen hin – man muss es gesehen haben, wenn man nichts Besseres zu tun hat.

Im Januar 1937 wird am *Tag der Deutschen Polizei* der *Emil*-Film wieder gezeigt. Sogar der *Völkische Beobachter*, das Sprachrohr der Nazis schlechthin, kündigt diesen 1930 entstandenen Film als »Hauptspaß für die Kinder« an. Ein kleines, unerklärliches Wunder für Kästner.

Wenige Wochen später wird er zum zweiten Mal verhaftet. Er hat zuvor mit Freunden gezecht, nach nur zwei Stunden Schlaf klingelt es um fünf Uhr morgens an der Tür seiner Wohnung. Zwei Gestapobeamte durchsuchen die Zimmer. Dann muss Kästner ihnen folgen. Er bittet sie, sich erst noch rasieren zu dürfen, und der herzkranke, als Regimegegner bekannte Schriftsteller schafft es tatsächlich, ruhig zu bleiben und sich gründlich zu rasieren. An diesem frühen Morgen ist kein Taxi nötig. Ein schwarzer Mercedes bringt den missliebigen Autor zum »Alex«, wie das alte Polizeipräsidium am Berliner Alexanderplatz nur genannt wird. »Wieder wurden, wie in der Prinz-Albrecht-Straße, Gittertüren klirrend hinter ihm abgeschlossen: ›Wo leben Sie sonst? Wovon leben Sie? In welchen Verlagen erscheinen Ihre Bücher?‹ Die ausländischen Verlagsnamen und Buchtitel waren kompliziert. Kästner buchstabierte sie langsam. Der Protokollführer stotterte sie in die Maschine. Das Verhör dauerte drei Stunden. Dann entließ man ihn wieder. Mit Paß. Durch Gittertüren. Klirrend geöffnet. Klirrend geschlossen … Und am Alexanderplatz, auf dem er dann stand, schien die Sonne. Von nun an hörte Kästner jede Klingel im Magen, und sein Herzleiden machte sich wieder recht störend bemerkbar.«[20]

Elfriede Mechnig, Kästners »& Co.«, hat, als sie am Morgen die Wohnung betrat, auf dem Schreibtisch einen Zettel gefunden. Chef und Sekretärin haben verabredet, dass sie, sollte er mal nicht zurückkommen, seinen Rechtsanwalt Dr. Somborn verständigt. Nun sitzt die junge Frau ängstlich in Kästners Wohnung und wartet. Und vielleicht denkt sie daran, was er ihr einmal, auf sein »großes Glück« als erfolgreicher Autor angesprochen, geantwortet hat: »Glück ist auch ein Talent. Wer kein Glück hat, hat eben ein Talent zu wenig.«[21]

Ihr Chef hat wieder mal »Glück« gehabt. Sehr hilfreich ist ihm aber sicher auch sein stabiles Nervenkostüm gewesen.

Im selben Jahr hat Kästner dann noch einmal »Glück«: Im Mai 1937 von der Wehrmacht zur Musterung bestellt, braucht er nur zehn Kniebeugen zu machen. Danach schickt ihn der Militärarzt sofort als wehrdienstuntauglich wieder nach Hause. Er ist also innerhalb weniger Monate gleich zweimal »davongekommen«, darf sich – für die Verhältnisse im Deutschland jener Tage – sogar einigermaßen frei bewegen und nutzt diese Möglichkeit, sich im Sommer des gleichen Jahres mit Walter Trier zu treffen. Zu den Salzburger Festspielen. Trier, 1936 nach London emigriert, kommt von dort aus in die österreichische Stadt an der Salzach. Die beiden Freunde planen ein gemeinsames Buch, das zu den Salzburger Festspielen 1938 erscheinen soll: *Georg und die Zwischenfälle*, der spätere *Kleine Grenzverkehr*.

Diesen »kleinen Grenzverkehr« zwischen Salzburg und dem bayrischen Bad Reichenhall, um den herum Kästner seine Liebesgeschichte zwischen einem Berliner Privatgelehrten und einer das Stubenmädchen spielenden österreichischen Komtesse angesiedelt hat, gibt es wirklich. Ursprünglich nur für Ortsansässige gedacht, ist dieser vereinfachte Grenzübertritt auch anderen deutschen Festspielbesuchern nicht ausdrücklich verboten und bietet Kästner die Gelegenheit, ohne besondere Erlaubnis der deutschen Behörden täglich in halbstündiger Busfahrt, über zwei Pass- und Zollkontrollen hinweg, zum Freund ins Österreichische hinüberzureisen. Ein Visum für einen Auslandsbesuch hätte er so kurz nach seiner zweiten Verhaftung wohl auch nicht bekommen.

Es ist umständlich, wochenlang Morgen für Morgen nach Salzburg und abends wieder zurück ins Bad Reichenhaller Hotel zu reisen. Außerdem ist es Kästner unangenehm, dass er pro Monat nur zehn Mark ausführen darf und Trier ihre gemeinsame Spesenkasse verwalten muss. Anders jedoch hätten sich der emigrierte deutsche Zeichner und Maler und der nicht emigrierte Schriftsteller nicht treffen können. Hinzu kommt, dass sich während der Festspiele noch andere emigrierte Freunde und Kollegen in der Stadt befinden, die Kästner gern wiedersehen möchte. Walter Mehring zum Beispiel, der ehemalige *Weltbühnen*-Kollege, der extra Kästners wegen aus Paris angereist ist. Allerdings nicht ohne sich zuvor »anzumelden«, weil er Verständnis dafür gehabt hätte, wenn Kästner, der ja wieder nach Berlin heimkehren will, ein Treffen mit ihm aus politischer Rücksichtnahme verweigerte.

Kästner kennt, wenn es um Freundschaft geht, keine Angst vor braunen Spitzeln. Man trifft sich täglich. Auch Ödön von Horváth, der österreichische Autor, der ein Jahr später – nach Hitlers Einmarsch in Österreich – nach Paris fliehen und dort während eines Gewitters auf den Champs-Elysées von einem vom Blitz getroffenen Baum erschlagen werden wird, findet sich ein. Es ist beinahe wie vor 1933 in Berlin, wenn man davon absieht, dass die Themen, die Kästner, Mehring, Trier und Horváth in ihren Salzburger Gesprächen behandeln, von ganz anderer Art sind: Der Berliner Kästner kann seinem früh emigrierten Kollegen Mehring wertvolle Mitteilungen über das Leben in Hitlerdeutschland machen – und von Mehring einiges über das mühevolle Emigrantendasein erfahren.

Natürlich wird Kästner auch diesmal wieder von allen Seiten gewarnt, nach Deutschland heimzukehren. Zwei Mal hat man ihn verhaftet und wieder freigelassen, wer sagt ihm, dass er beim dritten Mal so glimpflich davonkommt? Und was wird mit ihm geschehen, wenn Hitler tatsächlich einen Krieg vom Zaun bricht, wie von vielen erwartet? Kästner jedoch kann nichts davon abbringen, nach Berlin zurückzukehren.

Ein halbes Jahr später gibt es den kleinen Grenzverkehr nicht mehr: Österreich ist dem Deutschen Reich »angeschlossen« worden; Salzburg gehört von nun an zur »deutschen Ostmark«. Kästners und Triers Buch erscheint trotzdem und wird – vielleicht auch, weil es beschreibt, was es nicht mehr gibt – ein großer Publikumserfolg.

Ende des Sommers 1938 erhält Kästner erneut Gelegenheit, Trier zu sehen. Diesmal in London. Ein alter Bekannter, Angestellter bei der Reichsfilmkammer, hat Kästner das notwendige Visum für diese Reise beschafft. Offizieller Reisegrund: Begutachtung der Farbtafeln, die Trier zur Illustration von Kästners *Till Eulenspiegel* angefertigt hat.

Für Kästner mal wieder ein Luftholen. Er besucht Cyrus Brooks, seinen englischen Übersetzer und Agenten, schmiedet mit Trier neue Pläne, spielt mit ihm im Regent Park Tennis und führt ein Gespräch mit Brendan Bracken, Churchills Sekretär. Mitten hinein in diesen Urlaub vom Nazireich platzt Hitlers Forderung an die Tschechoslowakische Republik, das von vielen Deutschen bewohnte Sudetenland an Deutschland abzutreten. Um diese Forderung durchzusetzen, droht er der ČSR unmissverständlich mit Krieg. Vorwand für diese völkerrechtliche Erpressung: die angebliche nationale Unterdrückung der Sudetendeutschen.

Kästner und viele andere glauben, nun ist es so weit; jetzt wird das militärisch wiedererstarkte Deutschland seine Expansionsgelüste mit Gewalt durchsetzen. Um sich im Kriegsfall nicht im Ausland zu befinden und eventuell nicht mehr ausreisen zu dürfen oder gar festgenommen zu werden, reist Kästner überstürzt ab. Als sein Schiff in Hoek van Holland einläuft, werden überall Extrablätter ausgeschrien: Die Kriegsgefahr ist noch einmal abgewendet worden; der britische Premier Chamberlain will Hitler in München »besänftigen«.

Diese »Besänftigungspolitik« führt zu dem am 30. September 1938 von Großbritannien, Frankreich, Italien und Deutschland unterzeichneten »Münchner Abkommen«, in dem festgelegt wird, dass die überwiegend von Deutschen bewohnten Grenzgebiete der ČSR an das Deutsche Reich abgetreten werden müssen. Als Entgegenkommen für diese – ohne Beteiligung der Tschechoslowakischen

Republik vereinbarte – »Heimführung deutscher Gebiete ins Deutsche Reich« sichern die Unterzeichnerstaaten der ČSR den Bestand ihres Restgebietes zu; eine Garantieerklärung, um die Hitler sich schon wenige Monate später einen Dreck kümmern wird.

Ihre »Erfolge« – erst Österreich »angeschlossen«, jetzt das Sudetenland, Böhmen und Südmähren »heimgeholt« – lassen die Stiefelschritte der Nazis auch in Deutschland immer lauter und bedrohlicher klingen. Auch hier soll nun rigoroser »für Ordnung« gesorgt werden.

Was das bedeutet, erfährt Kästner wenige Wochen nach seiner Heimkehr aus London. »Als ich am 10. November 1938, morgens gegen drei Uhr, in einem Taxi den Berliner Tauentzien hinauffuhr, hörte ich zu beiden Seiten der Straße Glas klirren. Es klang, als würden Dutzende von Waggons voller Glas umgekippt. Ich blickte aus dem Taxi und sah, links wie rechts, vor etwa jedem fünften Haus einen Mann stehen, der, mächtig ausholend, mit einer langen Eisenstange ein Schaufenster einschlug. War das besorgt, schritt er gemessen zum nächsten Laden und widmete sich, mit gelassener Kraft, dessen noch intakten Scheiben. Außer diesen Männern, die schwarze Breeches, Reitstiefel und Ziviljacketts trugen, war weit und breit kein Mensch zu entdecken. Das Taxi bog in den Kurfürstendamm ein. Auch hier standen in regelmäßigen Abständen Männer und schlugen mit langen Stangen ›jüdische‹ Schaufenster ein. Jeder schien etwa fünf bis zehn Häuser als Pensum zu haben. Glaskaskaden stürzten berstend aufs Pflaster. Es klang, als bestünde die ganze Stadt aus nichts wie krachendem Glas. Es war eine Fahrt wie quer durch den Traum eines Wahnsinnigen.«[22]

Diese Nacht wird später im deutschen Volksmund verharmlosend »Reichskristallnacht« genannt werden. In Wahrheit findet ein Pogrom statt. 7500 jüdische Geschäfte und Kaufhäuser werden auf Geheiß der Naziführung demoliert, 190 Synagogen werden in Brand gesteckt und 25 000 Juden verhaftet und misshandelt, viele von ihnen auch umgebracht. Vorwand für diese Aktion: In Paris hat der siebzehnjährige Jude Herschel Grynszpan den deutschen Legationssekretär Ernst vom Rath erschossen. Er glaubte, den deutschen Botschafter vor sich zu haben, und wollte sich für die Abschiebung von 17 000 in Deutschland lebenden polnischen Juden über die polnische Grenze rächen.

Die Öffentlichkeit in aller Welt protestiert gegen diese staatlich gelenkte Pogromnacht. In Deutschland protestiert niemand. Proteste sind lebensgefährlich. Wem aber jetzt die Augen noch nicht aufgegangen sind, der will nicht sehen, in was für einem Verbrecherstaat er lebt – oder genießt Vorteile in diesem von Jahr zu Jahr mehr pervertierenden Staatsgebilde und macht sich dadurch mit den Verbrechern gemein.

»Gut und Böse, unwandelbare Maßstäbe des menschlichen Herzens, wurden durch Gesetz und Verordnung ausgetauscht«, schreibt Kästner über die Jahre, die auf diese Nacht folgen. »Der Milchhändler, der einem unterernährten ›artfremden‹ Kind eine Flasche Milch zusteckte, wurde eingesperrt, und die Frau, die ihn angezeigt hatte, bekam das Verdienstkreuz. Wer unschuldige Menschen umbrachte, wurde befördert. Wer seine menschliche oder christliche Meinung sagte, wurde geköpft oder gehängt.«[23]

Es wird immer gefährlicher für Leute wie Kästner. Um trotzdem zu überleben, entwickelt er einen Spürsinn für drohendes Unheil. Kündigt sich eine neue Verhaftungswelle an, fährt er zu den Eltern nach Dresden und kehrt erst wieder nach Berlin zurück, wenn sich die Lage ein wenig beruhigt hat.

Eines Tages beschert ihm ein solcher, nicht ganz freiwilliger Besuch sein vielleicht schönstes Vater-Erlebnis: Der inzwischen fast siebzigjährige Emil Kästner hat in seinem Keller ein lebensgroßes Pferd gebastelt. Aus Leder und Stoff und mit Glasaugen, aber mit echter Mähne und Schweif und natürlich bestem Kästner'schem Sattel und Zaumzeug. »Auf diesem Pferde, vom Widerrist aus lenkbar, weil das edle Tier unter der Schabracke statt der Hufe gekoppelte Gummiräder hatte – auf diesem stolzen Renner wollte mein Vater am Faschingsumzug teilnehmen. Daraus wurde leider nichts. Denn der Motor des Pferdes, ein gleichfalls siebzigjähriger Bekannter, der, unter der Schabracke verborgen, Pferd und Reiter hätte schieben müssen, bekam die Grippe. So fiel der schöne Plan ins Wasser. Doch mein Vater trug auch diese Enttäuschung mit der ihm eignen Geduld.«[24]

Ida Kästner steht dabei und sieht ihrem Mann, der mit

kühn in die Stirn geschobener Schirmmütze auf seinem Pferd sitzt, nur staunend zu. Seit mehr als vierzig Jahren ist sie nun mit diesem Emil Kästner verheiratet, richtig kennengelernt hat sie ihn immer noch nicht.

Der verbotene Autor erlebt in jener Zeit aber auch zwei private Katastrophen: Die Schauspielerin Cara Gyl, ebenfalls aus Dresden, mit der Kästner in den Jahren 1933/34 liiert war, wirft, unter einer Gemütserkrankung leidend, alle Sachen aus dem Fenster ihres Hotels und wird, auf ihren eigenen Wunsch hin, in eine Nervenklinik eingeliefert. Die Schauspielerin Herti Kirchner, mit der Kästner seit 1935 zusammenlebt und die gerade dabei ist, ein beliebter Filmstar zu werden, kommt 1939 durch einen selbst verschuldeten, alkoholbedingten Autounfall ums Leben. Kästner muss die furchtbar entstellte Leiche identifizieren. Ein Anblick, den er lange nicht vergessen kann.

Die Zeit ist kaputt

Der einzige Freund.
Ein zersetzender Autor zersetzt.
Schlüssel ohne Wohnung. Henkerskosten.

Wie hat Kästner 1930 geschrieben?

> »Die Zeit liegt im Sterben. Bald wird sie begraben.
> Im Osten zimmern sie schon den Sarg.
> Ihr möchtet gern euren Spaß dran haben?
> Ein Friedhof ist kein Lunapark.«[1]

Sechs Jahre lang hat Europa vor Hitlers verbrecherischen Plänen gezittert, sechs Jahre lang hat man immer wieder versucht, Deutschland zu »besänftigen«, am 1. September 1939 steht fest, dass alle Hoffnungen trogen. Mit dem deutschen Überfall auf Polen beginnt ein Krieg, wie ihn die Welt noch nicht erlebt hat. Bald steht der ganze Kontinent in Flammen.

Kästner leidet nicht nur unter diesem Weltkrieg Nummer zwei, er leidet vor allem unter dem Volk, dem er angehört und das er liebt, und unter dem »schwachsinnigen Gehorsam«, zu dem es fähig ist. »Wir nehmen die Bibelzeile ›Seid untertan der Obrigkeit, die Gewalt über euch hat!‹ wörtlicher als andere Völker. Wir bleiben untertänige Untertanen, auch wenn uns größenwahnsinnige Massen-

174

mörder regieren. Und was uns an der Empörung hindert, sind nicht nur die Fesseln. Was uns lähmt, ist nicht nur die nackte Furcht. Wir sind bereit, zu Hunderttausenden zu sterben, sogar für eine schlechte Sache, doch immer auf höheren Befehl.«[2]

Und sie werden die Befehle befolgen – bis fünf Minuten nach zwölf – und sich später darauf berufen, nur Befehle befolgt zu haben und damit nicht schuld zu sein an all den Verbrechen, die im »deutschen Namen« begangen wurden; egal ob irgendwo in Europa im Kriegseinsatz oder in den heimischen Menschenvernichtungslagern.

Am Anfang ist vom »Blitzkrieg« die Rede – Polen, Frankreich, Norwegen, Dänemark und die Balkanstaaten werden in wenigen Monaten überrollt –, und selbst jene hohen Militärs der deutschen Wehrmacht, die den Erste-Weltkriegs-Gefreiten Hitler lange Zeit als »obersten Befehlshaber« innerlich ablehnten, reden nun vom »Feldherrnglück«. Für den Schriftsteller Kästner bedeuten diese Blitzsiege – neben allem Entsetzen über die ausgebrochene Barbarei der Neuzeit – auch eine berufliche Katastrophe: Wo die Nazis einmarschieren, werden schon bald darauf seine Bücher beschlagnahmt. Kästner darf im Ausland veröffentlichen? Ja, aber nun ist fast ganz Europa »Deutschland«, wie soll er künftig seine Existenz absichern?

Hinzu kommt, dass Kästner sich seit nunmehr sechs Jahren in der inneren Emigration befindet. Er registriert nur noch, was geschieht; politisches Agieren, die befreiende Reaktion darauf, ist ihm verwehrt. Die Produktion von

»Schmunzelbüchern« kann auf Dauer kein Ausgleich sein, deshalb gibt er sie nun auf.

Auch die Kontakte zu den Kollegen im Ausland, die ihm lange das Gefühl gaben, noch dazuzugehören, sind in den letzten Monaten weniger geworden; mit Kriegsbeginn brechen sie ganz ab. Die Nazis befinden sich auf dem Höhepunkt ihrer Macht, der in der Heimat verbliebene Autor Kästner ist auf seinem Tiefpunkt angelangt. Nicht einmal seine Nächte kann er noch verbringen, wie es ihm gefällt. Eine frühe Polizeistunde, verdunkelte Restaurants und Luftschutzübungen vermiesen ihm das Einzige, was ihm noch geblieben ist: sein Privatleben.

Im Vergleich zu den vielen Millionen Toten des Krieges oder jenen Millionen Menschen, die in den deutschen Konzentrationslagern gefangen gehalten, gefoltert und ermordet werden, alles keine weltbewegenden Probleme; nur die Privattragödie eines Schriftstellers, der seinen Beruf ernst nimmt und sich in der Heimat, die er nicht verlassen will, von Monat zu Monat einsamer fühlt, obwohl er von vielen Menschen umgeben ist, die sich für seine Freunde halten.

In dieser düsteren Lebensphase, die man als erste tief gehende Resignation Kästners bezeichnen könnte, schreibt sich der Einundvierzigjährige nachts in der verdunkelten Bar, tagsüber bei dünnem Kaffee manchmal Briefe. »Ich kenne Ihren Stolz, der Zutrauen für Vertraulichkeit hält«, wirft er sich da in einer Januarnacht des Jahres 1940, vier Monate nach Kriegsbeginn, selbst vor. »Ich weiß um Ihr empfindsames Gemüt, das Sie, in jahrzehntelangem Fleiß, mit einer Haut aus Härte und Kälte überzogen haben, und ich bin bereit, darauf Rücksicht zu nehmen … Wer Sie flüchtig kennt, wird nicht vermuten, daß Sie einsam sind; denn er wird Sie oft genug mit Frauen und Freunden sehen. Diese Freunde und Frauen freilich wissen es schon besser, da sie immer wieder empfinden, wie fremd Sie ihnen trotz allem bleiben … Sie trauern nicht über Ihren Erinnerungen, und Sie fürchten sich vor keiner Zukunft. Sie haben Freunde und Feinde in Fülle und sind, dessen ungeachtet, allein wie der erste Mensch …«[3]

Tags darauf antwortet er sich: »Vorhin klingelte der Postbote und brachte den Brief … Es tut wohl, von jemandem, dem man nahesteht, Briefe zu erhalten. Und, zum Donnerwetter, ich stehe mir doch nahe? Oder bin sogar ich mir selber fremd geworden? Mitunter habe ich dieses Gefühl … Ich werde mich wieder mit mir befreunden müssen.«[4]

Es ist nicht das erste Mal, dass Kästner resignative Gefühle überkommen. Wer die Lyrik aus den Jahren bis 1933 oder den *Fabian* zur Hand nimmt, wird feststellen, dass Kästners so oft erwähnte »Melancholie« ja nur die freundliche Umschreibung für eine tief sitzende Resignation ist, die der Autor nicht zulassen will. »Er mußte an eine Zeichnung von Daumier denken, die ›Der Fortschritt‹ hieß«, heißt es im *Fabian*. »Daumier hatte auf dem Blatt Schnecken dargestellt, die hintereinander herkrochen, das war das Tempo der menschlichen Entwicklung. Aber die

Schnecken krochen im Kreis! Und das war das Schlimmste!«[5]

Jetzt geht es nicht mal mehr im Kreis, jetzt geht es geradewegs auf den von Kästner im *Fabian* prognostizierten Abgrund zu. Wie soll ein Autor, der vergeblich vor diesem Massenselbstmord gewarnt hat, da nicht verzweifeln? So einfach, wie manche glauben, ist die selbst gewählte Beobachterrolle nicht.

Der an sich und der Welt leidende Autor weiß nicht, dass der »wahre Kästner« ja immer noch lebt. Heimlich abgeschrieben und von Hand zu Hand weitergereicht, werden manche Gedichte (*Kennst Du das Land, wo die Kanonen blühen?* und *Stimmen aus dem Massengrab*) unter Soldaten sogar gegen Zigaretten getauscht. Eine Luftwaffeneinheit wagt es, bestimmte Verse auf Mikrofilm aufzunehmen, um sie im Fliegerhorst auf die Leinwand projizieren zu können. In Berlin gibt es den Straßenhändler Zahn – wegen seines Standes an der Schützen-/ Ecke Friedrichstraße nur der »Eckzahn« genannt –, bei dem liegen neben Büchern von Hedwig Courths-Mahler und Gustav Freytag, unter Schlipsen, Hosenträgern und Socken versteckt, auch Kästners Gedichte – zum Schwarzmarktpreis von achtzig Mark pro Band. »Eckzahns« Stand liegt nur zehn Schritt von einem Keller entfernt, in dem beschlagnahmte Bücher und Zeitschriften gelagert werden. Dort bekommt er immer wieder Nachschub her. Wozu hat sein Stand schließlich Räder?[6]

Kästners Gedichte kursieren im Warschauer Getto (ein

mit der Hand abgeschriebenes Exemplar der *Lyrischen Hausapotheke* befindet sich inzwischen im Jüdischen Museum zu Warschau), werden, von einem New Yorker Verleger nachgedruckt, an deutsche Kriegsgefangene in den USA verkauft und erscheinen neben Texten von Heine, Tucholsky, Toller und Brecht in einem Verlag der französischen Widerstandsbewegung.[7] Kästner wollte immer »Gebrauchslyrik« schreiben – Lyrik, die man »gebrauchen« kann –, nun wird diese Lyrik im zweifachen Sinne des Wortes »gebraucht«, nämlich benutzt und benötigt. Der Philosoph und Journalist Wolfgang Harich, im Dritten Reich Gymnasiast und junger Soldat, schreibt, warum: »Denn was brauchten wir in dieser Zeit: Wiegende Rhythmen, marmorgemeißelte Metaphern, dunklen Tiefsinn oder einen klaren Kopf, der sich das Denken nicht verbieten ließ? Kästner weckte das Bewußtsein und das Gewissen, die abzustumpfen drohten. Kästner schärfte den Verstand. Und das war viel, sehr viel wert. *Wenn wir den Krieg gewonnen hätten …, Kennst Du das Land, wo die Kanonen blühn …* – wer das las und dann nicht Vernunft annahm und den Schwindel der Herrschenden durchschaute, dem war nicht zu helfen.«[8]

Kästners Texte werden gebraucht in jener dunkelsten Zeit seines Heimatlandes – und sie werden, wie er nach dem Krieg erfährt, missbraucht: Da wird 1942 im Konzentrationslager Theresienstadt mit Häftlingskindern sein Stück *Emil und die Detektive* einstudiert und anderen

Häftlingskindern vorgeführt. Damit sie was zu lachen haben? Um sie abzulenken von ihrem grausamen Schicksal? Nur drei der kleinen Schauspieler überleben das Todeslager. Von den anderen bleibt nichts weiter zurück als Schuhe und Kleidung.

Im *Fabian* schreibt Kästner, er – sein Alter Ego Fabian – sei zum Zuschauer bestimmt, nicht zum »Akteur im Welttheater«. Eine legitime Rolle für einen Schriftsteller, der sich als Moralist versteht. Wer handelt, macht sich oft die Finger schmutzig, selbst wenn die Sache, für die er kämpft, eine gute ist. Doch nun geht der Krieg ins zweite und dritte Jahr – das Zuschauen ohne irgendeine Möglichkeit, auf die täglichen Gräueltaten zu reagieren, wird immer unerträglicher. Hinzu kommt, dass er seit Kriegsbeginn aus dem Ausland so gut wie keine Honorarzahlungen mehr erhält; er braucht viel Kraft und Selbstvertrauen, um nicht an seiner seelischen und finanziellen Situation zu zerbrechen.

Privat lebt er inzwischen mit Luiselotte Enderle zusammen, die 1937 von ihrer Leipziger Zeitschrift nach Berlin versetzt wurde und seit einiger Zeit als Dramaturgin bei der Ufa arbeitet. Soll er etwa auf ihre Kosten leben? Was heute eine Möglichkeit zum Überleben wäre, ist zu jener Zeit kaum denkbar.

Am leichtesten erträgt sich eine solche Zeit im Kreis verlässlicher Freunde. Also trifft man sich öfter in Johnny Rappeports *Kleinem Künstlerrestaurant*, in der legendären *Jockey-Bar* oder im *Bardinet*. In dieser winzigen Bar sitzt Kästner nun am liebsten. Um sich herum Männer und Frauen, die sich nicht scheuen, mit dem als politisch unzuverlässig gebrandmarkten Autor gesehen zu werden: Schauspieler, Filmleute, Publizisten. Der Ufa-Herstellungsgruppenleiter Eberhard Schmidt zählt ebenfalls zu diesem Stammtisch, und manchmal werden die Abende so galgenhumorig lustig, dass man vor Gelächter den Bombenalarm überhört, die anschließende Entwarnung für den Alarm hält und mit den immer bereitstehenden Koffern auf die Straße stürzt, um in den nächsten Luftschutzkeller zu laufen. Noch wird Berlin nur sporadisch von Bombern angegriffen, noch kann sich niemand vorstellen, wie es zwei Jahre später in dieser Stadt aussehen wird.

Luiselotte Enderle berichtet in ihrer 1966 erschienenen Biografie über Erich Kästner, Eberhardt Schmidt sei es gewesen, der Erich Kästner an einem der Abende im *Bardinet* die überraschende Frage stellte, ob er nicht Lust habe, das Drehbuch für den Jubiläumsfilm zum fünfundzwanzigjährigen Bestehen der Ufa zu schreiben. Eine Sondergenehmigung läge bereits vor. Ob es wirklich so gewesen war, wird inzwischen bezweifelt. Fakt ist allein, dass Kästner 1941 die Möglichkeit eröffnet wurde, für die Ufa zu arbeiten. Und das trotz des offiziell existierenden Schreibverbots.

Die Vermutung liegt nahe, dass Ufa und Propagandaministerium für diesen Jubiläumsfilm, in dem von Hans Albers über Ilse Werner bis Brigitte Horney viele beliebte Filmschauspieler mitwirken sollen, einfach einen wirklich guten Drehbuchautor gesucht haben. Schließlich handelt es sich um ein Prestigeobjekt. Man will der Welt (und Hollywood) die Leistungsfähigkeit der deutschen Ufa vorführen. Soll dieses Vorhaben durch einen minderbegabten Autor von vornherein zum Scheitern verurteilt sein? Nein, da greift man lieber zu dem »noch aus der Systemzeit her bekannten führenden Kulturbolschewisten«, wie es in der Dienststelle des NS-Hauptideologen Alfred Rosenberg über Kästner heißt.[9] Zwar hat der »Autor der nationalen Schande« vor 1933 »zersetzende« Literatur verfasst, ist aber nun mal ein Meister der leichten Feder.

Als Stoff für den Film schlägt die Ufa Josef Wincklers Roman *Der tolle Bomberg* vor. Kästner, von dieser Vorlage nicht begeistert, bringt die 1787 von Gottfried August Bürger veröffentlichte Schnurrensammlung um den Lügenbaron Münchhausen ins Gespräch – und Ufa und Propagandaministerium sind sofort damit einverstanden. Hauptsache, es wird ein großer Film, der die ausländische Nachrede von deutscher Schwerfälligkeit und Humorlosigkeit Lügen straft.

Ende September 1941 liegt die erste Drehbuch-Fassung vor. Im November 1941 wird das von Kästner inzwischen überarbeitete Drehbuch in der Filmabteilung des Propagandaministeriums positiv bewertet. Auch Reichspropagandaminister Goebbels lässt sich das Drehbuch zur Prüfung vorlegen – und genehmigt es am 28. November 1941.

Davon wird selbst die Reichsschrifttumskammer überrascht. Sie war über dieses Projekt nicht informiert worden. Erst als der Film schon den dritten Monat in Produktion ist, am 16. Juni 1942, fragt man nach, wie es zur Auftragsvergabe an Kästner kommen konnte; er sei ja nicht Mitglied der Reichsschrifttumskammer, was ihm jede schriftstellerische Betätigung untersage.

In der Antwort wird den Fragestellern am 20. Juli 1942 mitgeteilt, dass Kästner »eine jederzeit widerrufliche Sondergenehmigung zur Berufsausübung« erteilt worden sei. Allerdings müsse er seine Arbeiten »unter dem bereits von ihm geführten Namen Berthold Bürger« herausbringen.

Diese »Sondergenehmigung« des Reichspropagandaministeriums gilt für ein Jahr. Nach Ablauf dieser Zeit wird von der Reichsschrifttumskammer ein Bericht über Kästner verlangt – über »die Art seiner Tätigkeit und seine politische und menschliche Haltung«. Dieser Bericht soll dem Reichspropagandaminister dann persönlich vorgelegt werden. Was nichts anderes bedeutet, als dass man Kästner trotz aller politischen Vorbehalte eine Chance geben will, doch noch im Dritten Reich tätig zu werden. So erhält Kästner dann in der Folge auch wirklich mehrere Angebote aus der Film- und Theaterbranche, von denen allerdings nur zwei umgesetzt werden – die Überarbeitung des Drehbuches zum Film *Ich vertraue dir meine Frau an* und ein eigenes Drehbuch zum Film *Der kleine Grenzverkehr* nach seinem Roman *Georg und die Zwischenfälle* –, denn noch bevor der *Münchhausen*-Film Anfang März 1943 und *Der kleine Grenzverkehr* Ende April 1943 in die Kinos kommen, wird die Sondergenehmigung widerrufen.

Doch erst mal zurück zum *Münchhausen*-Film. Ein solcher Großfilm – wie erhofft witzig, fantasievoll, farbenprächtig – wird der *Münchhausen* dann auch tatsächlich. Die für die damalige Zeit immensen Produktionskosten – 4,5 Millionen Mark sind geplant, knapp 7 Millionen werden es am Ende sein – interessieren nur am Rande. Dass Kerzen längst rationiert sind, verhindert nicht, dass im *Münchhausen* ein wahres Lichtermeer aus Wachskerzen erstrahlt. Dass Kostümfilme kaum noch zu verwirklichen sind, weil sie den Verbrauch von »vielen tausend Metern kostbarer und für die Bevölkerung lebensnotwendiger Spinnstoffe« bedeuten, gilt nicht für jene tausend Komparsen, die für den *Münchhausen* mit Rokokokostümen in Brokat und Spitze ausstaffiert werden. Da dürfen mitten im dritten Kriegsjahr, als Benzin, Papier und Strom längst Mangelware sind, die Trickfilmspezialisten der Ufa gänzlich unbehelligt von Einschränkungen frei disponieren; da werden für die 600 Baukomplexe, die der Film benötigt, nicht weniger als dreißig Modelle und 2500 Zeichnungen angefertigt; da wird, bis dato unvorstellbar lange, acht Monate an diesem Film gedreht.[10]

Und doch: Aller Aufwand hätte nicht gefruchtet, wenn es da nicht auch diesen großartigen Drehbuchautor »Bertold Bürger« gegeben hätte. Das Drehbuch sorgt nicht nur für eine ereignisreiche Handlung und geschliffene Dialoge, es beschert beinahe jedem mitwirkenden Schauspieler eine unvergessliche Paraderolle. Wäre der fünfzigjährige Hans Albers nicht bereits der Liebling der Kinogänger seiner

Zeit gewesen, nach diesem Film, in dem er den strahlenden, geistvollen, stets siegenden und manchmal nachdenklich-melancholischen Münchhausen geben darf, wäre er es geworden. Das größte Kunststück aber gelingt dem »zersetzenden« Autor Kästner, indem er es fertigbringt, direkt unter den Augen der Zensurbehörde tatsächlich »zersetzende Bemerkungen« in den Film einzubauen. So sagt der alte Casanova an einer Stelle des Films zur Prinzessin Isabella: »Die Staatsinquisition hat zehntausend Augen und Arme. Und sie hat die Macht, Recht und Unrecht zu tun.« Baron Münchhausen darf parlieren: »Sich wundern ist ungesund«, »Angebundensein vereinfacht die Anhänglichkeit«, »Es gibt Zeiten, in denen schaut man nur selten in den Spiegel«, und, am Schluss des Films, als Baron und treuer Diener mit einem Ballon auf dem Mond angelangt sind, sogar feststellen: »Die Zeit ist kaputt, Christian.«[11]

Deutlicher kann ein Autor unter der Diktatur von Verbrechern nicht sagen, was er von den Zeitumständen hält. Menschen aber, die unter Stiefeln leben müssen, haben das Heraushören auch der leisesten Untertöne gelernt.

Nach dem Krieg wird Kästner die Mitarbeit am *Münchhausen* manchmal vorgeworfen werden. Seine Spitzen gegen die braunen Machthaber hätten nicht treffen können, weil sie, um die Zensur zu passieren, notgedrungen stumpf bleiben mussten, heißt es, und dass er durch sein hervorragendes Drehbuch mitgeholfen hätte, internationales Ansehen für die Nazis zu erringen. Und das auch noch mitten in dem von Deutschland angezettelten, grausamen Krieg.

(Premiere des Films war am 5. März 1943, vier Wochen nach der Kapitulation der deutschen Wehrmacht bei Stalingrad.)

Diesen Vorwurf muss Kästner sich gefallen lassen. Doch wer so strenge Maßstäbe anlegt, muss weiter vorn beginnen: bei Kästners Verzicht auf Emigration. Wer in Deutschland blieb und seinen Beruf ausübte – was Kästner nur selten gelang –, konnte gar nicht anders, als die Nazis (und damit auch den Krieg) auf irgendeine Weise zu unterstützen; in welcher Größenordnung auch immer und egal, ob gewollt oder ungewollt. Einziges Alibi: Man war inhaftiert oder leistete aktiv Widerstand. Die meisten aber – und darunter auch Kästner – wollten nur überleben.

Bei der Premiere des *Münchhausen* im Berliner *Ufa-Palast am Zoo* ist die gesammelte Naziprominenz anwesend. Der Film wird gefeiert, der Drehbuchautor nicht. Den gibt es offiziell überhaupt nicht. Nicht mal der Name »Bertold Bürger« erscheint im Vorspann. Was passiert ist? Hitler wurde zugetragen, welcher Autor hinter dem Pseudonym Berthold Bürger steckt. Schäumend vor Wut, verhinderte er, dass das Pseudonym erwähnt wird – und besteht fortan darauf, dass Kästner ein neues, endgültiges und umfassendes Schreibverbot erhält, was dann auch bald geschehen wird.

Die Ufa-Direktion verschweigt Kästner diese Entscheidung vorerst. Man hofft, die Sondergenehmigung am Führer vorbei noch einmal verlängern zu können; gute Autoren benötigt die deutsche Filmwirtschaft nun mal bitter.

Es ist eine merkwürdige Zeit, die Kästner da zwischen 1941 und 1943 erlebt. Im Mai 1942 – die Dreharbeiten zum *Münchhausen* haben gerade erst begonnen – geistert plötzlich eine makabre Nachricht durch die ausländische Presse: Der deutsche Dichter Erich Kästner sei bei dem Versuch, in die Schweiz zu entkommen, von der SS erschossen worden. Er wird also für tot erklärt, in einer Zeit, in der er gerade wieder ein bisschen zu leben begonnen hat: Das *Münchhausen*-Drehbuch ist fertig, und wenn ein Drehbuch möglich ist, warum nicht ein zweites nach seiner Salzburg-Geschichte *Georg und die Zwischenfälle*?

Die Ufa ist sehr angetan von dem heiteren Stoff, besetzt den Film hoch mit Willy Fritsch und Hertha Feiler und beginnt unter dem Titel *Der kleine Grenzverkehr* auch bald mit den Dreharbeiten. Voller Hoffnung arbeitet Kästner weiter. Inzwischen haben auch Jenny Jugo, Emil Jannings und Heinz Rühmann Interesse an dem, wie sie glauben, halbwegs wieder erlaubten Kästner bekundet. Man spricht miteinander, will Verbindung halten, und mit Jenny Jugo und dem Kameramann Eugen Klagemann darf Kästner sogar nach Zürich fliegen, um sich im Vorführraum der Schweizer Filiale von Metro-Goldwyn-Mayer den Greta-Garbo-Film *Die Frau mit den zwei Gesichtern* anzusehen. Die Ufa und die Jugo wollen, dass er für sie ein ähnliches Drehbuch schreibt. Kästner hat kein Interesse an dieser Arbeit, will auch nicht als Plagiator dastehen.

Die Ufa vor den Kopf stoßen aber möchte er auch nicht, also schaut man sich den – seiner Meinung nach schlechten – Film an. Einzig interessant an dieser Reise ist für Kästner, dass sie überhaupt stattfindet: Will man ihm tatsächlich langfristig Arbeitsmöglichkeiten bieten?

Die Hoffnung währt nicht lange. Am 14. Januar 1943 – knapp zwei Monate vor der Premiere des *Münchhausen*-Films – teilt der Präsident der Reichsschrifttumskammer Kästner mit, dass »auf Grund einer neuerlichen Entscheidung der Reichskulturkammer« die ihm »unter dem 25. 7. 1942 erteilte Sondergenehmigung widerrufen« wird. »Sie sind somit nicht mehr berechtigt, im Zuständigkeitsbereich der Reichsschrifttumskammer als Schriftsteller tätig zu sein. Zuwiderhandlungen gegen diese Berufsuntersagung« werden bestraft.[12]

Kästner, der mitten im Filmtreatment zu einem Kinderfilm mit dem Titel *Das große Geheimnis* steckt (später als *Das doppelte Lottchen* weltbekannt), und auch Elfriede Mechnig haben schon so etwas geahnt: Das Telefon klingelte in der letzten Zeit kaum noch – ein untrügliches Zeichen dafür, dass etwas nicht stimmt. »Und nun wurde es still um uns«, berichtet Elfriede Mechnig. »Die Freunde, oder die man dafür gehalten hatte, mieden künftig Kästners Stammtisch und gingen rechtzeitig auf die andere Straßenseite, um nicht grüßen zu müssen.«[13] Der »Chef« aber schreibt weiter; irgendwas schreiben muss er, um nicht völlig zu verzweifeln. Also beendet er das Filmtreatment um die Zwillingsmädchen Luise und Lotte und beginnt gleich darauf mit der Komödie *Zu treuen Händen*. Autorenpseudonym: Melchior Kurtz. Ein Stück, das erst drei Jahre nach Kriegsende in Gustaf Gründgens Düsseldorfer Schauspielhaus herauskommen, aber nur wenige Nachaufführungen in anderen Häusern erleben wird. Und das zu Recht: Das Stück ist biederes Handwerk. Etwas anderes hätte unter den gegebenen Umständen auch kaum entstehen können.

Dennoch: Kästner muss sich für dieses Stück nicht schämen; mit keiner einzigen Zeile kommt er den Nazis entgegen. Und er beweist auch im Privatleben weiterhin Mut: Eines Abends sitzt er mit Freunden im *Kleinen Künstlerrestaurant* zusammen, als der Schriftsteller Horst Lange, inzwischen in Wehrmachtsuniform, nach einem besonders schweren Luftangriff einem Unbekannten gegenüber politisch abfällige Bemerkungen macht. Sein Gegenüber entpuppt sich als Kriegsgerichtsrat und will Lange auf der Stelle verhaften lassen. Als er zum Telefon geht, läuft Kästner in den Flur, schraubt die Sicherungen heraus, sodass es im Lokal von einer Sekunde zur anderen dunkel wird, zerrt Lange zur Hintertür hinaus und bugsiert ihn auf eine gerade abfahrende Straßenbahn.

Diese Geistesgegenwart rettet Horst Lange das Leben, wie dessen Frau, die Lyrikerin Oda Schaefer, in ihren Erinnerungen berichtet.[14] »Defätistische (miesmacherische, K. K.) Äußerungen« bedeuten zu dieser Zeit längst den Tod. Andere Freunde aus Kästners Bekanntenkreis kommen nicht so glimpflich davon, wie das Schicksal der beiden Erichs, die einst mit Kästner nach Berlin kamen, beweisen wird.

Die bis dahin schlimmsten Bombenangriffe dieses Krieges erlebt Berlin im November 1943. Besonders die westliche Innenstadt, in der Kästner zu Hause ist, ist davon betroffen: Die Kaiser-Wilhelm-Gedächtniskirche, das weltberühmte *Romanische Café*, der *Ufa-Palast am Zoo*, in dem noch ein halbes Jahr zuvor der *Münchhausen*-Film uraufgeführt wurde, viele andere kulturhistorisch wertvolle Gebäude und unzählige Wohnhäuser fallen den Bomben zum Opfer. Manche Straßenzüge sind noch Stunden nach den Bombardements ein einziges Flammenmeer; die Toten gehen in die Tausende.

»Wir lauschten auf den Rundfunk und warteten gemeinsam auf die neuen Angriffe, die über Planquadrat soundso gemeldet wurden«, berichtet Elfriede Mechnig über diese Zeit. »Dann saßen wir meist allein im Luftschutzkeller – die anderen Hausbewohner waren auf der Arbeitsstelle oder hatten Berlin schon verlassen. In diesen Tagen sollten alle Angestellten und Sekretärinnen in die Rüstung. Um mich davor zu schützen und mich behalten zu können, meldete mich Kästner als seine Putzfrau an. Da an Büroarbeit kaum noch etwas zu tun war, putzte ich also die Wohnung, ging einkaufen und kochte. Zwei Aktentaschen mit seinen wichtigsten Verträgen und Papieren standen immer parat auf der Diele.«[15]

Am 14. Februar 1944 beschwört Elfriede Mechnig ihren »Chef«, seiner Mutter, die ihr Kommen für den 16. Februar angekündigt hat, abzutelegrafieren. Es sei einfach zu unsicher in Berlin. »Aber er schüttelte den Kopf, sah mich groß an und sagte: ›Sie kennen ja meine Mutter, die hat doch jetzt schon den Hut auf dem Kopf.‹«[16]

Die Mutter wird kommen, obwohl der Sohn, um die Mutter zu schützen, diese Besuche nicht mehr will. Die Reichshauptstadt ist ja längst Hauptzielgebiet der anglo-amerikanischen Bomber; keine andere Stadt wird so oft bombardiert wie Berlin. Und als hätte Elfriede Mechnig es geahnt, trifft es das Haus Roscherstraße 16 genau in der Nacht vom 15. auf den 16. Februar. Kästners Wohnung im vierten Stock, seine viertausend Bücher – darunter unersetzbare Erstausgaben und von befreundeten Kollegen signierte Exemplare –, zwei seiner Manuskripte, sämtliche Möbel, zwei Schreibmaschinen, Kleider, Koffer, Wertgegenstände, alles fällt britischen Phosphorbomben zum Opfer. »Hinterher ist einem seltsam leicht zumute«, notiert der Ausgebombte zwei Tage später. »Als habe sich das spezifische Gewicht verändert … Empfindungen wie: ›jetzt geh ich heim, leg mich auf die Couch, guck in den Kronleuchter, denk an fast gar nichts, lauf nicht ans Telefon und nicht an die Tür, wenn's läutet, bin so allein, daß die Tapete Gänsehaut kriegt …‹ Damit ist's aus. Für Jahrzehnte.«[17]

Die Schlüssel zur Wohnung hat er noch. Das findet er albern – Schlüssel ohne Wohnung! Dennoch bringt er es nicht fertig, sie wegzuwerfen. Der übrige gerettete Besitz: die beiden Taschen mit den wichtigsten Papieren, seine

Reiseschreibmaschine und der unvermeidliche Regenschirm. Mitten hinein in diese Situation platzt der Besuch
der Mutter, den er nicht mehr absagen kann. Also muss
der Sohn im Morgengrauen nach jener Nacht, in der er
Wohnung und Habe verlor, durch die noch immer brennende Stadt zum Anhalter Bahnhof, um die Mutter abzu-
holen und sie möglichst gleich wieder nach Dresden zu-
rückzuschicken.

Zuerst versucht er, vom S-Bahnhof Charlottenburg aus
dorthin zu gelangen: »Natürlich gesperrt. Zum Bahnhof
Zoo. Gesperrt. Zu Fuß ... zum Bahnhof Tiergarten. Die
Stadtbahn fuhr ... Anhalter Bahnhof. Gesperrt. Wo kommen die Züge aus Dresden an? Am Görlitzer Bahnhof ...
Als ich im Görlitzer Bahnhof einpassierte, war ich genau
drei Stunden unterwegs. Der Schnellzug aus Dresden?
Vielleicht gegen zehn Uhr. Vielleicht auch gegen elf. Ich
stellte mich an die Sperre und wich nicht von der Stelle,
bis, nach endlosem Warten, der Zug einlief.«[18]

Die Reisenden sind blass und nervös. Der Zug hatte
vor Berlin auf freier Strecke halten müssen. Sie haben den
Qualm über der Stadt gesehen. Existiert ihre Wohnung
noch? Haben die Angehörigen überlebt? Endlich entdeckt
Kästner die Mutter. Mit dem Wäschekarton in der Hand,
verstört lächelnd, kommt sie auf ihn zu. Noch in der dröh-
nenden Bahnhofshalle berichtet er ihr, was geschehen ist,
und drängt sie, mit dem Nachmittagszug gleich wieder zu-
rückzufahren. Doch die Mutter will die Wohnung sehen,
kann einfach nicht glauben, dass alles weg ist.

»Sie lief auf die Straße. War nicht zu halten. Wir fuhren. Stiegen aus. Stiegen um. U-Bahn. Stadtbahn. Ab Tiergarten pendelte ein Omnibus ... Zwei Stunden dauerte es diesmal bis Charlottenburg. Vom Bahnhof aus steuerte sie den von früher her gewohnten Weg, kaum daß ich Schritt halten konnte ... Über Stock und Stein, über Stuck und Stein. Auch hier ging's plötzlich nicht weiter. Trümmer, Qualm, Feuerwehr, Einsturzgefahr, es hatte keinen Zweck. Noch ein paar Schritte. Aus. Die Räume unterm Haustor waren heruntergesackt. Der Schutt versperrte den Blick in den Hof. Der Sargdeckel war zugeklappt. Die Mama blickte ratlos um sich. Dann packte sie meinen Arm und sagte: ›Bring mich zurück.‹«[19]

Erneut geht es zwei Stunden quer durch die Stadt. Als die Mutter endlich wieder im Zug sitzt, atmet der Sohn auf. Kurze Zeit später gibt es den nächsten Alarm.

Noch am selben Tag zieht Kästner zu Luiselotte Enderle in die Sybelstraße. Einen Anzug hat ihm der Schauspieler und Kabarettist Walter Gross geliehen, der ungefähr Kästners Größe hat. Damit der Freund nicht nur mit einem einzigen Anzug dasteht. Wenige Tage später braucht Gross seinen Anzug zurück: Nun ist er ausgebombt!

Schreiben? In diesen Tagen? Ja! Keine satirischen Verse, kein großer Roman, beides würde den Autor gefährden. Nach Unterhaltungsromanen und Kinderbüchern aber steht ihm nicht der Sinn. Der Stilist Kästner findet immer mehr Spaß an der knappsten aller poetischen Formen, dem

Epigramm, will – nach Lessing – »Erwartungen wecken und pointiert Aufschluß geben«. Viele der Zwei-, Drei- und Vierzeiler, die in dieser Zeit entstehen, wird er 1950 in dem Bändchen *Kurz und bündig* zusammenfassen; etliche davon werden später als geflügelte Worte in den deutschen Wortschatz eingehen oder dem Volksmund zugeschrieben werden, weil sie so einfach und dennoch voller Wahrheit sind.

Im Jahr darauf, Februar 1945, drei Monate vor Kriegsende, wird Kästner zum zweiten Mal gemustert. Das Dritte Reich wehrt sich gegen seinen Untergang: »Männer« zwischen sechzehn und sechzig Jahren – bald zwischen fünfzehn und siebzig Jahren – werden zum Volkssturm einberufen, um die Hitlerclique im Bunker unter der Reichskanzlei »bis zur letzten Patrone, bis zum letzten Atemzug« zu verteidigen. Auch der inzwischen sechsundvierzigjährige, herzkranke verbotene Autor Kästner soll sich nicht »drücken« – und hat wieder einmal Glück. »Daß ich diesmal davongekommen bin, verdanke ich dem Stabsarzt, der mich untersuchte. Er fragte mich, während ich nackt und stramm vor ihm stand, nach Namen und Beruf und sagte: ›Soso, *der* Kästner sind Sie!‹ Die Bemerkung verhieß nichts Gutes. Als ich dann aber von dem uralten Musterungsmajor, den ein Monokel zierte, erfuhr, daß ich für militärdienstuntauglich befunden und ausgemustert worden sei, wußte ich, daß mir der Arzt sehr gewogen sein mußte. Andernfalls hätte er mich mindestens für Schreibstubendienste oder fürs Kartoffelschälen im Ehrenkleid requirieren können. Wie man Freunde hat, die einen nicht mehr kennen wollen, hat man, zum Ausgleich, andere, die man selber nicht kennt.«[20]

Erich Ohser und Erich Knauf haben nicht so viel Glück. Ohser, der vor 1933 in vielen seiner Zeichnungen Hohn und Spott über das dumpfe Geschrei der Nazis ausgoss und sich über deren Symbole lustig machte, bekam sofort nach deren Machtübernahme Berufsverbot. Er verließ Berlin, um zur Familie seiner Frau nach Marburg zu ziehen, hielt die Untätigkeit aber nicht lange aus und kehrte zurück. Noch am Tag seiner Heimkehr erhielt er einen Anruf von Kurt Kusenberg, damals Redakteur der größten deutschen Wochenzeitung *Berliner Illustrirte*. Kusenberg wollte von Ohser eine wöchentliche Bildserie um immer die gleichen Hauptpersonen. Ohser schickte ihm drei Entwürfe. Das Abenteuer, das ein schnurrbärtiger, glatzköpfiger, dicker Vater mit seinem kleinen, struwwelhaarigen Sohn erlebt, gefiel Kusenberg am besten. Er sorgte dafür, dass das Berufsverbot aufgehoben wurde und Ohser ihm die völlig unpolitische Serie zeichnen durfte. Allerdings unter Pseudonym: e. o. plauen, Erich Ohser aus Plauen.

Es war Ohsers Sohn Krischan, der den Vater zu diesen nach Kästner »schönsten deutschen Bildgeschichten seit Wilhelm Busch« inspirierte, die ein wahrer Welterfolg wurden. Bald erschienen die ersten fünfzig Geschichten als Buch und schon innerhalb des ersten Jahres wurden mehr als 70 000 Exemplare verkauft. Auch die Nebenverwertung der beiden populären Figuren war sehr erfolgreich. Überall konnte man *Vater und Sohn* antreffen: auf Servietten, Aschenbechern, Buchstützen, Abziehbildern und Kartenspielen, als Puppen und als Porzellanfiguren. Nach drei Jahren hatte Ohser genug von diesen Geschichten, er ließ Vater und Sohn in den Mond hineinspazieren und lebte fortan davon, dass er Witze zeichnete; eine Beigabe, ohne die zu jener Zeit keine Zeitung auskommen konnte. Zufrieden stellte Ohser diese künstlerisch anspruchslose Arbeit jedoch nicht – und als eines Tages das Angebot kam, für die Nazizeitschrift *Das Reich* politische Karikaturen zu zeichnen, trank Ohser »von dem Kakao, durch den er gezogen wurde«, und nahm das Angebot an.

Er wurde nicht glücklich damit, litt darunter, Karikaturen von ausländischen Politikern zeichnen und die wahren Karikaturen verschonen zu müssen. Im Krieg verspürt er dann Mitschuld und macht immer öfter seinem Zorn Luft – auch in politischen Witzen, die sein Freund Knauf und er sich im Luftschutzkeller erzählen. Und leider oft zu laut erzählen, da Ohser ein wenig schwerhörig ist. Ein Hauptmann der Reserve, der ebenfalls in diesem Luftschutzkeller sitzt, schreibt täglich mit, was die beiden Freunde da reden – und zeigt sie im März 1944 wegen »defätistischer Äußerungen« bei der Gestapo an. Vorgeblich, um seine Offiziersehre zu verteidigen; in Wahrheit, weil er auf die dadurch im Haus frei werdenden Zimmer spekuliert.

Den Sozialdemokraten Erich Knauf hatten die Nazis bald nach ihrer Machtübernahme ins Konzentrationslager gesteckt. Wieder entlassen, tauchte er als Pressemann bei einer Filmfirma unter und schrieb, unter Pseudonym, sehr erfolgreiche Heimatlieder. Beide, Ohser und Knauf, »wollten, mit einem Minimum an Konzessionen, das braune Reich überdauern«, wird Kästner später über seine beiden Freunde schreiben. »Sie hofften, es werde gutgehen. Es konnte nicht gutgehen, und es ging nicht gut. Sie verbargen ihre eigentlichen Talente, damit sie nicht mißbraucht würden. Ihre eigentliche Meinung konnten sie auf die Dauer nicht verbergen.«[21]

Die Verhandlung gegen Ohser und Knauf soll am 6. April 1944 stattfinden. Doch nur Knauf wird vorgeführt. Ohser, in dessen Wohnung man »belastendes Material« fand, hat sich in der Nacht zuvor in seiner Zelle erhängt.

Knauf wird vom obersten Nazirichter Freisler zum Tode verurteilt und am 3. Mai 1944 hingerichtet. Die Henkers- und Verfahrenskosten in Höhe von insgesamt 585,74 Mark lässt sich der Nazistaat von der Witwe Erich Knaufs binnen einer Woche nach Vollstreckung des Urteils erstatten.

Kästner hatte zum Schluss nicht mehr viel Kontakt zu Ohser und Knauf. Im politischen Klima der Hitlerdiktatur gingen viele Freundschaften zugrunde. Trotzdem trifft ihn der Tod der beiden Freunde tief. Wie nah ist er jeden Tag daran, ein ähnliches Schicksal zu erleiden, ganz egal, ob er tatsächlich »defätistische Äußerungen« verbreitet hat oder ihm solche nur zugeschrieben werden. Je länger der Krieg dauert und je geringer die Aussicht, dass die Naziherrlichkeit das Ende des Krieges überdauern wird, desto mehr Verhaftungen werden vorgenommen. Die Nazis wollen mit ihren Feinden abrechnen, solange sie noch dazu in der Lage sind.

Da bedeutet es für Kästner und Luiselotte Enderle eine glückliche Fügung, dass sie auf Einladung eines Bekannten während dessen häufiger Abwesenheit in seinem Haus in der Ufa-Stadt Potsdam-Babelsberg wohnen dürfen. Sie erwähnen diesen Umzug auf Zeit in der Öffentlichkeit nicht und sind so lange Zeit nur für die vertrautesten Freunde erreichbar.

Einmal in jener Babelsberger Zeit fahren Kästner und Enderle auch nach Dresden, Kästners Eltern besuchen. Es ist Sommer 1944 und die Stadt ist noch wenig zerstört. Ob es aber so bleiben wird? Kästner geht durch die alten Straßen und zeichnet die Dresdner Frauenkirche; fast so, als ahnte er, was ein halbes Jahr später mit seiner Heimatstadt geschehen wird. Als er am Nachmittag des 20. Juli 1944 zu den Eltern zurückkehrt, erfährt er von einem Bombenattentat auf den Führer: Eine Gruppe Militärs um den Oberst Claus Graf Schenk von Stauffenberg hat versucht, den Führer zu beseitigen, die Macht an sich zu reißen und den Krieg zu beenden, bevor es für einen ehrenvollen Waffenstillstand zu spät ist. Hitler allerdings ist nur leicht verwundet, der Umsturz misslingt. Stauffenberg und einige andere Mitglieder der Widerstandsgruppe werden verhaftet und sofort erschossen, andere nehmen sich selbst das Leben. Ihre Leichen werden erst verscharrt, dann wieder ausgegraben, verbrannt und die Asche auf den Berliner Rieselfeldern verstreut.

Kästner und Luiselotte Enderle fahren noch am Abend des 20. Juli nach Babelsberg zurück. Dort empfängt sie der Besitzer des Hauses, in dem sie Unterschlupf gefunden haben, bereits an der Tür und erklärt ihnen zu ihrer Überraschung, dass er sie nicht länger bei sich aufnehmen könne: »Ihr müßt sofort nach Berlin zurück! Heute noch!«

Verstört fahren Kästner und Enderle nach Berlin. Erst nach dem Krieg werden sie den Grund für diesen rüden Rausschmiss erfahren: Ihr Bekannter war informiert worden, dass noch am selben Abend auch in Potsdam und Umgebung eine Großfahndung nach den Verschwörern des 20. Juli stattfinden sollte. Hätte man den halb und halb bei ihm untergetauchten Kästner gefunden, wer weiß, welche Vermutungen die Nazis angestellt und welche Folgen das für sie alle gehabt hätte.

Das verlorene Gesicht

Motten und Nachtfalter.
Aus der Perspektive einer denkenden Ameise.
Rumpelstilzchen in Tirol.

In den Abendstunden des 13. Februar 1945, in denen die Stadt Dresden von englischen Bombern in eine einzige Brandfackel verwandelt wird, sitzen auch Erich Kästner und Luiselotte Enderle im Luftschutzkeller. In Berlin hat es ebenfalls zum dritten oder vierten Mal an diesem Tag Alarm gegeben. Auf Kästners Knien liegt die abgegriffene Blaupause einer Planquadratkarte von Deutschland, gleichzeitig hört er Radio und entnimmt den durchgegebenen Planziffern der angegriffenen Zielgebiete, dass in diesen Stunden seine Heimatstadt zerstört wird.

Am Morgen darauf hetzt er zum Bahnhof. Doch es herrscht Reisesperre. Er darf die Reichshauptstadt nicht mehr verlassen. Er soll sich an seine Berufsorganisation wenden. »Ich sei aber in keiner Organisation, sagte ich. In keiner Fachschaft, in keiner Kammer, nirgends. Warum denn nicht? Weil ich ein verbotener Schriftsteller sei! Ja, dann freilich, dann bekäme ich auch nirgendwo eine Reiseerlaubnis und am Schalter keine Fahrkarte nach Dresden. Und meine Eltern? fragte ich, – vielleicht seien sie tot, vielleicht verwundet, sicher obdachlos, zwei alte einsame Leute! Man zuckte die Achseln. Der Nächste, bitte!«[1]

Die Angriffe gehen weiter und die Telefonverbindung bleibt unterbrochen. »Heute mittag der vierte Angriff auf Sachsens Mitte, besonders auf Dresden«, notiert Kästner voller Verzweiflung am 15. Februar im Berliner Luftschutzkeller. »Die Vorstellung, daß die beiden alten Leute, seit vorgestern nacht, womöglich ohne Wohnung, irgendwo zwischen Trümmern hocken und daß die Mama meine zwei Manuskriptmappen, trotz Furcht und Tod und Teufeln, eisern umklammert hält, macht mich krank.«[2]

Endlich, am Morgen des 23. Februar, an seinem sechsundvierzigsten Geburtstag, kommen zwei Briefe und zwei Postkarten von den Eltern. Alles auf einmal, alles schmutzig und zerknittert. Was für ein Geburtstagsgeschenk! Die Eltern leben! Und auch ihre Wohnung steht noch. Zwar sind die Fenster gesprungen, und die Räume sind voller Ruß, sodass die beiden alten Leute im Korridor schlafen müssen, aber sie leben!

»Mein liebes, gutes Muttchen, Du!«, antwortet Kästner sofort. »Das war eine Erlösung, als Lottchen heute früh ins Zimmer kam und rief: ›Post aus Dresden!‹ … Ich hatte so gehofft, daß Dresden verschont bliebe, und nun hat man es in 2 Tagen so sehr zugerichtet.«[3]

»Zugerichtet« ist ein zu harmloses Wort, wie Kästner bald erfahren wird. Über fünfzigtausend Tote hat es in der Nacht vom 13. auf den 14. Februar 1945 in Dresden gegeben; darunter viele Tausend Flüchtlinge aus den deutschen Ostgebieten, die sich während des Bombardements gerade in der Stadt befanden. »Der Feuersog des brennenden

Neuen Rathauses habe aus der Waisenhausstraße fliehende Menschen quer durch die Luft in die Flammen gerissen, als wären es Motten und Nachtfalter«, wird Kästner aus seiner Heimatstadt berichtet. »Andere seien, um sich zu retten, in die Löschteiche gesprungen, doch das Wasser habe gekocht und sie wie Krebse gesotten …«[4]

Wut kommt auf in der deutschen Zivilbevölkerung: Der Krieg ist doch längst verloren, die Rote Armee der Sowjetunion rückt ja schon auf Berlin vor; wozu noch diese Opfer? Ein Hitler wird durch solch barbarische Vergeltungsaktionen nicht zum Einlenken gebracht, die Angst der Bevölkerung vor so grausamen Siegern aber wächst und spornt zu letzten, verzweifelten Verteidigungsanstrengungen an, die nur noch mehr Tote fordern. Die eigene Schuld, die eigenen Verbrechen, die diesen Rachefeldzug der Sieger ja erst heraufbeschworen haben, sind den meisten Deutschen zu jener Zeit kaum bewusst.

In Berlin sind es vor allem die Nachrichten von der Ostfront, die der Bevölkerung Furcht einjagen. Die Sowjetunion hat unter dem von Deutschland angezettelten Krieg am meisten gelitten, dort haben die deutschen Soldaten am schlimmsten gemordet, geraubt und geplündert. Nun wird zurückgemordet, zurückgeraubt, zurückgeplündert. Und es werden – wie in allen Kriegen – Frauen vergewaltigt, als wäre man erst dann ein richtiger »Sieger«, wenn man auch die Frau des Feindes »besiegt«, geschändet und gedemütigt hat.

Barrikaden werden gebaut. Kampf bis fünf nach zwölf, so wie es der Führer befohlen hat. Wer sich diesen Wahnsinnsbefehlen widersetzt, wird an Ort und Stelle hingerichtet. Die Naziführung hofft auf ein Wunder: Frieden im Westen, um dann gemeinsam mit den Amerikanern und Engländern gegen die Sowjetunion vorrücken zu können.

Kästner lebt in diesen Tagen mal wieder in einer zwiespältigen Situation. In Berlin beobachtet er, wie direkt vor seiner Haustür aus ausrangierten Lieferwagen, alten Pkws und sonstigem Schrott »Panzersperren« errichtet werden; bei einem Babelsberger Bekannten aus der Textilbranche darf er eine Art Tanz kurz vor dem Untergang miterleben.

»Textilkaufleuten verwehrt das Schicksal, Not zu leiden. Da hilft kein Sträuben. Man trägt ihnen nach Einbruch der Dunkelheit das Notwendige samt dem Überflüssigen korbweise ins Haus … Butter, Kaffee und Kognak, weiße Semmeln und Würste, Sekt und Wein und Schweinebraten … Karl honoriert soviel Mannesmut und Hilfsbereitschaft mit Kostüm- und Anzugstoffen, und dann ruft er … Freunde und Bekannte an: Kommt doch am Sonntag für eine halbe Woche aufs Land!«[5]

Kästner und Enderle nutzen jede Gelegenheit, um aus der ständig Großangriffen ausgesetzten Stadt herauszukommen. »Noch gestern saßen wir, in Charlottenburg und Wilmersdorf, im Keller, während zwölfhundert Flugzeuge ihre Bomben ausklinkten.« Jetzt raucht man »Importen und pokert, und ringsum ziehen die Trecks, auf der Flucht aus dem Osten, ins Ungewisse. Man verkleidet und maskiert sich und improvisiert Kabarettszenen, und nicht weit von hier, in Brandenburg und Oranienburg, beginnen die Häftlinge zu hoffen und die Lagerkommandanten zu zittern … Man tafelt, lacht, tanzt, pokert, schäkert, verkleidet und enthüllt sich und weiß, daß das Schiff sinkt.«[6]

Kästner fühlt sich nicht wohl bei diesem Tanz auf dem Oberdeck des sinkenden Schiffs. Zwar ist er immer noch der Meinung, Aufgabe eines Schriftstellers sei es, alle möglichen Studien zu betreiben, »aber ich hospitiere in dem mir fremden Milieu nicht auf eigene Kosten«, notiert er. »Ich studiere nicht nur, wie eine Branche, die mir fernliegt, eine Diktatur nach besten Kräften zum Narren hält, sondern ich esse mich dabei satt. Ich bin ein Mitesser!«[7]

Vollends ungemütlich wird die Situation, als er Anfang März gewarnt wird: Die SS plane, bevor die Russen in Berlin einzögen, eine blutige Abschiedsfeier. Und auch sein Name stehe auf der Liste derer, mit denen die Nazis kurz vor ihrem Abtreten noch eine Rechnung zu begleichen hätten.

Vielleicht nur ein Gerücht, vielleicht der sichere Tod. Kästner müsste umgehend raus aus der Stadt, die bald von der Roten Armee eingeschlossen sein wird. Aber wie soll er herauskommen ohne offizielle Bestätigung, dass seine Reise »kriegswichtig« ist? Schließlich will er nicht in Gefahr geraten, von der SS aufgegriffen, verschleppt oder gleich umgebracht zu werden.

Eine ausweglose Situation – jedoch nicht für Eberhardt

Schmidt. Der Ufa-Herstellungsgruppenleiter, der seinem Freund Kästner drei Jahre zuvor das *Münchhausen*-Angebot übermittelte, plant gerade eine »Filmexpedition ins Zillertal« in Tirol und bietet Kästner, als er über Luiselotte Enderle von dessen Lage erfahren hat, sofort an, ihn mitzunehmen.

Es ist nicht unnormal in jenen Tagen, dass noch immer Filme in Produktion gehen. Zahlreiche Regisseure, Kameraleute, Produzenten und Schauspieler retten sich über die letzten Kriegsmonate, indem sie weit abseits der hochgefährdeten Hauptstadt irgendwelche den »Durchhaltewillen der Bevölkerung stärkenden« Filme drehen. Interessanterweise zumeist Lustspiele. Mit Lastzügen, Apparaturen, Schauspielern, Regisseuren, Assistenten, Kameraleuten, Architekten, Aufnahmeleitern, Handwerkern jeder Art, Maskenbildnern, Beleuchtern und Requisiteuren begibt man sich in die längst nicht so gefährdeten Prager Barrandov-Ateliers oder dreht in irgendeinem abgelegenen Ort munter drauflos. Und natürlich lassen viele schon bald ihre Frauen und Kinder nachkommen. Schwierigkeiten, einen solchen Drehauftrag zu bekommen, haben die Filmkünstler nicht. Da der deutsche Endsieg feststeht, wie von der Naziführung immer wieder behauptet, müssen deutsche Filme hergestellt werden. Einen besseren Beweis für die unerschütterliche Siegeszuversicht der obersten Führung gibt es nicht. – Die Lügner werden also beim Wort genommen und müssen wohl oder übel einwilligen.

Der Film, den Regisseur Harald Braun im Zillertal drehen will, soll *Das verlorene Gesicht* heißen. So der Drehauftrag. Tatsächlich plant niemand in der Filmgruppe, noch in den letzten Wochen der Hitlerdiktatur wertvolles Filmmaterial zu vergeuden; man will nur raus aus der Hauptgefahrenzone. Schmidts Angebot, Kästner in die Filmgruppe einzuschleusen, könnte dessen Rettung sein. Wer aber soll ihm die für diese Flucht unerlässlichen Papiere ausstellen?

Eberhard Schmidt stellt sie aus. »Es waren von Staatsrat Hans Hinkel blanko unterzeichnete Formulare. Eberhard schrieb, ich sei der Autor des Drehbuchs, das in Mayrhofen verfilmt werde, und vervollständigte die Gültigkeit der Ausweise durch seine eigne Unterschrift. Am übernächsten Abend zehn Uhr führen wir los, sagte er dann. In einem noch ganz brauchbaren Zweisitzer, einem DKW. Und Lotte? Sie würde, in ihrer Eigenschaft als Dramaturgin der Ufa, von Liebeneiner, dem Produktionschef, nach Innsbruck geschickt werden, um mit einem dort wohnhaften Schriftsteller einen Filmstoff zu erörtern. Dazu bedürfe es keiner Camouflage (Tarnung, K. K.). Und von Innsbruck nach Mayrhofen sei es ein Katzensprung.«[8]

Kästner und Enderle sind sich bewusst: Was Schmidt da für sie getan hat, kann ihn den Kopf kosten. Der Freund aber lächelt nur über ihre Bedenken. Er ist überzeugt, dass alles glattgehen wird. Und hat Kästner denn eine andere Chance?

Die darauffolgenden Tage verbringt der verbotene

Autor auf Ämtern und Behörden: Polizei, Lebensmittelkartenstelle, Büro des Volkssturms. Überall erhält er aufgrund der vorgezeigten Ausweise weitere, unbedingt notwendige Papiere. Danach muss er zur Bank, Geld abheben, und begibt sich in die Filiale am Olivaer Platz, in deren Schalterraum man ihn Ende 1933 das erste Mal verhaftete. Vorsichtigerweise verlangt er nur Reiseschecks; eine größere Summe Bargeld würde den Schalterbeamten vielleicht stutzig werden lassen. Der Bankbeamte geht weg, kommt wieder – und sagt, er könne Kästner keine Schecks ausstellen. Kästner hält den Atem an: Ist alles aus? Wenig später die Erleichterung: Man kann ihm nur deshalb keine Reiseschecks ausstellen, weil keine vorrätig sind. Also *muss* er Bargeld nehmen – und bekommt auf diese Weise sein letztes Geld vom Konto.

In Schmidts DKW geht es dann nach Süden. Kästner hat einen Handkoffer dabei, Rucksack, Manuskriptmappe, Reiseschreibmaschine und Regenschirm; sein »Fünferlei«, das ihm geblieben ist.

»Das Land glich einem zerstörten Ameisenhaufen«, schildert er später diese Flucht aus der Stadt, in der er siebzehneinhalb Jahre lang zu Hause war. »Ich war eine Ameise unter Millionen anderen, die im Zickzack durcheinanderliefen. Ich war eine Ameise, die Tagebuch führte. Ich notierte, was ich im Laufen sah und hörte. Ich notierte, was ich hoffte und befürchtete, während ich mich totstellte. Ich notierte nicht alles, was ich damals erlebte. Das versteht sich. Doch alles, was ich damals notierte, habe ich erlebt. Es sind Beobachtungen aus der Perspektive einer denkenden Ameise.«[9]

Bereits hinter Potsdam stoßen die beiden Freunde das erste Mal auf Feldgendarmen. »Eberhard zeigte unsere Papiere. Sie wurden geprüft. Wir durften passieren. Manchmal zuckten Scheinwerfer auf und prüften den Nachthimmel. Manchmal bemerkten wir neben der Autobahn von Tieffliegern zerschossene Fahrzeuge. Manchmal zirkelten Taschenlampen, ein paar hundert Meter voraus, glühende Kreise, und das hieß immer wieder: ›Halt, wer da? Hier Feldgendarmerie!‹ Man prüfte die Papiere. Die Posten gaben den Weg frei. Und weiter ging's.«[10]

Beim »Erklettern« des Fränkischen Jura fängt der überhitzte Wagen zweimal Feuer. Einmal löschen die beiden Männer mit Schnee, einmal finden sie Bauern, von denen sie Wasser bekommen. Nach zwölfstündiger Fahrt treffen sie endlich bei Schmidts Freunden in Pasing bei München ein. Es wird ausgiebig gefrühstückt, geschlafen und in der übernächsten Nacht geht es per Zug ins Zillertal weiter.

In dem herrlich gelegenen Urlaubsort Mayrhofen treffen täglich Lastautos und Omnibusse mit Flüchtlingen ein. »Alle wollen bleiben. Alle werden weitergeschickt. Mayrhofen ist überfüllt. Die Gemeinde erteilt keine Aufenthaltsgenehmigung mehr.«[11] – Es sei denn, man gehört zu der Filmgruppe. Die ist zwar ebenfalls nicht wohlgelitten, darf aber bleiben, da sie alle erforderlichen Papiere vorweisen und niemand sie nach Berlin zurückschicken kann.

Kästner findet Unterkunft in der unbeheizten Dachkammer der freundlichen Familie Steiner. Frau Steiner ist die Hebamme des Ortes, ihr Mann hält Vieh. Die Tochter hilft im Haus, ein Sohn ist bereits gefallen, ein anderer noch an der Front. Der Bräutigam der Tochter liegt schwer verwundet im Lazarett, in der Wohnstube hängt ein Hitlerbild. Als Luiselotte Enderle nach schlimmen Reisestrapazen endlich ebenfalls in Mayrhofen eingetroffen ist, zieht sie zu Kästner in die Steiner'sche Dachkammer. Der Wind weht den Schnee durch die Ritzen der Holzwand, das Waschwasser gefriert im Krug. Dafür ist man weit fort von der im Bombenhagel sterbenden Hauptstadt und den Listen der Nazimörder. Man darf hoffen, die letzten Kriegstage einigermaßen sicher zu überstehen.

Doch wie »sicher« ist Kästner tatsächlich? Die Einheimischen lehnen die Filmleute nach wie vor ab und wären froh, fänden sie eine Handhabe, sie wieder loszuwerden. Denn: »Was tun wir mitten im Untergang, auch dem ihrigen, was tun wir, statt sie an der Neiße und am Scharmützelsee und in Schlachtensee zu verteidigen? Wir kommen, eine Kabinettsorder vorzeigend, in ihre Bergwelt und drehen einen Film! Eine solche Unverfrorenheit verschlägt ihnen den Atem. Der Großteil der Hiesigen ... haßt uns! Und es ist ein ohnmächtiger Haß. Denn unsre Frivolität ist unangreifbar. Die Obrigkeit hat sie uns aufgetragen. Sie hat sie verbrieft und gesiegelt.«[12]

Unangreifbar aber ist die Filmgruppe nur, solange niemand mitbekommt, was das für ein Kästner ist, der in den

Tiroler Bergen untergetaucht ist. Vor allem die Seminardirektorin einer österreichischen Lehrerinnenbildungsanstalt, deren Schülerinnen für das Schlussexamen nach Mayrhofen umgesiedelt wurden, würde keine Sekunde zögern, den verbotenen und mit gefälschten Papieren aus Berlin geflüchteten Autor der nächsten Dienststelle zu melden. Die Frau, eine »alte Kämpferin«, gehört zum engsten Freundeskreis des Tiroler Gauleiters Hofer und unterlässt nichts, um die Einquartierung der Berliner Filmleute wieder rückgängig zu machen. Platzt Kästners Flucht, sind alle gefährdet, die von Schmidts Aktion wissen. Und das sind neben drei Männern aus dem Ort alle, die zum Filmteam gehören, denn alle wissen Bescheid darüber, dass Kästner nur als »Unterseeboot von der Spree an die Ziller« mitgefahren ist. »Sie lassen es mich nicht fühlen.« Doch: »Dadurch wird das Vergnügen, die Achillesferse von sechzig Berlinern zu sein, nicht größer.«[13]

Und so weit der Krieg nun fort ist, ganz vergessen lässt er sich auch in der beschaulichen Tiroler Bergwelt nicht. »Heute mittag hatten wir, bei strahlendem Sonnenschein, Alarm. Da das Elektrizitätswerk gerade Strom sparte, rannte ein Mann mit einer jaulenden Handsirene ... durch die Straßen ... Wenige Minuten später tauchten, im Süden, kleinere Bomberverbände über den Schneebergen auf und flogen, blitzend und in Paradeformation, am blauen Himmel über unsere Köpfe hinweg ... Aus weiter Ferne hörten wir Detonationen.«[14]

Ansonsten sitzt das Filmteam viel in der Sonne, spielt

Skat, lässt sich vom Maskenbildner die Haare schneiden oder schaltet sich in den örtlichen Schwarzhandel ein. *Das verlorene Gesicht* kann warten.

In diese Zeit, die trotz aller äußeren Beschaulichkeit von Alltagssorgen und Überlebensängsten bestimmt ist, platzt eines Tages die Einberufung zum Volkssturm. Alle Männer der Filmgruppe sollen sich unverzüglich in Gossensaß melden, um dort an einem vierwöchigen Standschützenkurs teilzunehmen. Als niemand der Aufforderung nachkommt, will der Ortsgruppenleiter alle verhaften lassen. Es wird mit Gau- und Kreisleitung und mit Berlin telefoniert. Rücksprachen finden statt, schließlich ist die Kreisleitung damit einverstanden, dass die Filmkünstler an Regentagen – wenn sie nicht filmen können – auf den Feldern helfen und ansonsten in den umliegenden Lazaretten Unterhaltungsabende organisieren.

Eine Komödie mitten im Chaos, allerdings eine, die für Kästner und die Filmgruppe hätte tragisch enden können. »Oh, wie gut, daß niemand weiß, daß ich Rumpelstilzchen heiß!«, kommentiert der untergetauchte Autor diese Mayrhofer Zitterstunden. Wie leicht hätte in einer der vielen eingeschalteten Behörden beim Studium der Namensliste der Filmgruppe jemand bei dem Namen Kästner stutzig werden können!

Das Filmteam vermutet hinter der Einberufung die »patriotische Seminardirektorin« und den Ortsgruppenleiter und wird noch vorsichtiger. Tag für Tag zieht man nun mit den geschminkten Schauspielern an der Spitze durch den Ort. »Die Kamera surrte, die Silberblenden glänzten, der Regisseur befahl, die Schauspieler agierten, der Aufnahmeleiter tummelte sich, der Friseur überpuderte die Schminkgesichter, und die Dorfjugend staunte. Wie erstaunt wäre sie erst gewesen, wenn sie gewußt hätte, daß die Filmkassette der Kamera leer war! Rohfilm ist kostbar. Bluff genügt. Der Titel des Meisterwerks, ›Das verlorene Gesicht‹, ist noch hintergründiger, als ich dachte«[15], kommentiert Kästner diese vorgetäuschten Dreharbeiten.

Ansonsten hört er in jeder freien Minute Radio. Zuvor hatte er keine allzu gute Meinung von dieser »neumodischen Erfindung«, jetzt geht es ihm wie all den anderen Dorfbewohnern, Flüchtlingen und Filmleuten: Er will wissen, wie lange man noch durchzustehen hat. Und natürlich hört er vor allem Feindsender, die in Tirol gut zu empfangen sind, und erst in zweiter Linie die Wehrmachtsberichte des »Großdeutschen Rundfunksenders Gruppe Süden«.

Mitten hinein in diese »Radiozeit« erhält die Familie Steiner eines Abends eine furchtbare Nachricht: Nun ist auch der zweite Sohn gefallen. Kästner und Enderle sitzen mit in der Wohnstube, als Bürgermeister und Ortsgruppenleiter die schlimme Botschaft überbringen. Mutter und Tochter beginnen, wie »Tiere zu heulen«, der Vater erleidet einen Herzanfall. Später reißt die verzweifelte Mutter das Hitlerbild von der Wand, will es zertreten und in den Garten hinauswerfen. Am nächsten Morgen hängt es wieder an seinem Platz. Noch darf niemand wissen, dass man aufgewacht ist.

Am 21. April erfährt Kästner aus dem Radio von der Befreiung des Konzentrationslagers Buchenwald – und welch grausiger Anblick sich den Amerikanern dort bot: halb verhungerte, zum Teil todkranke Gefangene; Berge von übereinandergestapelten, skelettartigen Leichen; Verbrennungsöfen.

Am 26. April wird gemeldet, dass die Ortschaften Nauen und Babelsberg bei Berlin von den Russen besetzt sind. In Babelsberg, in Eberhard Schmidts Wohnung, hat Luiselotte Enderle ihre wertvollen Möbel untergestellt, nicht weit davon, bei dem Textilkaufmann Karl, hat Kästner Kisten mit neu angeschafften Büchern stehen. Werden sie je etwas davon wiedersehen?

Am 1. Mai wird in Mayrhofen gemunkelt, Hitler liege im Sterben – tatsächlich hat sich der Führer der Nazis bereits am 30. April das Leben genommen. Nur drei Tage später, vom 4. Mai 1945 an, heißt die »Ostmark« wieder Österreich, der Ortsgruppenleiter ist spurlos verschwunden, das Verdunkelungsverbot wird aufgehoben. So sind bereits am Abend dieses warmen Frühlingstages die Fenster erleuchtet und die Straßenlaternen brennen wieder.

»Wir gingen spazieren und freuten uns wie die Kinder«, erinnert sich Kästner. »Uns war, mitten im Mai, weihnachtlich zumute. Das jahrelang entbehrte Licht in den Häusern erschien uns schöner als Millionen Christbäume.«[16]

Es ist noch kein Frieden, nur Waffenstillstand. Aber man hat den Krieg überlebt. Das Wichtigste für die Filmgruppe aus Berlin. Andere wollen den Krieg nicht überleben. So auch die Seminardirektorin nicht, die es dem Filmteam derart schwer machte, in Mayrhofen zu bleiben. Am 4. Mai, an dem die provisorische Regierung Österreichs die ersten Erlasse bekannt gibt, wird sie tot aufgefunden, auf dem Hügel neben der Kapelle. Neben ihr die Leichen ihrer Mutter, ihrer Freundin, eines Kindes und eines Lehrerkollegen.

»Ein blutiger, letzter Akt, mit Selbstmord und Mord im Einverständnis. Ein schlimmes Ende schlimmer Erzieher«[17], konstatiert Kästner. Irgendwer aber hat auch diese Erzieher mal schlimm erzogen.

Der tägliche Kram

Sieger und Verlierer. Leere Schubladen.

Auf der Anklagebank.

Sechsundvierzig Heiligabende.

Die ersten Amerikaner treffen in Mayrhofen ein. In der Gaststube des Ortes führen sie Kapitulationsverhandlungen mit Parlamentären der Hitler-treuen Wlassow-Armee, die, bestehend aus zwei Divisionen russischer Kriegsgefangener, an der Seite der Deutschen gegen ihre eigenen Landsleute gekämpft hat. Von den verschneiten Bergpässen kommen fußkranke und schneeblinde deutsche Soldaten herunter. Viele ihrer Kameraden sind in den Bergen erfroren, andere im Po ertrunken. Auf Äste und Zweige gestützt, ohne alle Waffen, Orden und Rangabzeichen, die die Kinder des Ortes später in den Bergen aufsammeln, humpeln sie auf die amerikanischen Soldaten zu, die rauchend neben ihren Fahrzeugen stehen. Doch die Amerikaner zeigen nur gelangweilt talabwärts. Dort unten sollen sich Hitlers Verlierer, von denen keinerlei Gefahr mehr ausgeht, gefangen nehmen lassen. Und so ziehen die »lebenden Leichen« weiter, vorbei an der staunenden Dorfjugend und den betroffen blickenden Filmleuten.

»Wir erhalten Kennkarten«, notiert Kästner unter dem 5. Juni 1945. »In einem Klassenzimmer der Dorfschule. Der ›Lehrer‹ ist ein Sergeant, der als Kind bestimmt in einem deutschen Klassenzimmer gesessen hat. Seine Bemühung, die Muttersprache zu radebrechen, ist unverkennbar … Er hat kein Talent zum Dorfkommissar. Die … Blondine, die ihm den Finger hingehalten hat, um den sie ihn spätestens morgen wickeln wird, ist gefärbt. Sie ist von Haus aus brünett. Und ihr Mann, der in Gefangenschaft geraten sein dürfte, war zwölf Jahre lang braun. Der Sergeant ist farbenblind.«[1]

Es wechseln noch mehr die Farben. »›Ich habe mich zwar von meiner jüdischen Frau scheiden lassen‹«, bekommt Kästner auf einem seiner Waldspaziergänge von einem Landsmann zu hören. »›Aber die Trennung wäre auch in normalen Zeiten unvermeidlich gewesen … Außerdem habe ich ihr, solange es möglich war, Geld geschickt …‹ Der Mann steht zwischen hohen Bäumen, als seien sie der Hohe Gerichtshof. Er verteidigt sich ungefragt. Er übt. Er trainiert sein Alibi. Er sucht Zuhörer, um die Schlagkraft seiner Argumente zu kontrollieren. Die Bäume und der Spaziergänger, den er trifft, müssen ihm zuhören. Er beantragt Freispruch. Dann geht er weiter. Die Angst und das schlechte Gewissen laufen hinter ihm her … Der Nächste, dem man begegnet, versichert, daß er, obwohl er kürzlich noch das Parteiabzeichen getragen habe, nicht in der Partei gewesen sei. ›Ich war nur Anwärter‹, sagt er. ›Mitglied bin ich nie geworden, obwohl sich dann vieles für mich einfacher gestaltet hätte.‹ Der Dritte, und auch ihn kennt man nur flüchtig, wird noch zutraulicher. Er öffnet nicht nur sein Herz, sondern, bildlich gesprochen, auch die Hose. Er hat, trotz der Nürnberger Gesetze, zuweilen mit einem jüdischen Mädchen geschlafen, und nun hört er sich um, ob dieser Hinweis auf seine damals strafbaren Vergnügungen den nötigen politischen Eindruck erweckt. Schließlich hat er ja, als es verboten war, mit einer Jüdin gemeinsame Sache gemacht!«[2]

1930 hat Kästner ein Gedicht über den verlorenen Weltkrieg »römisch eins« veröffentlicht: *Die andre Möglichkeit.*

> »Wenn wir den Krieg gewonnen hätten,
> mit Wogenprall und Sturmgebraus,
> dann wäre Deutschland nicht zu retten
> und gliche einem Irrenhaus«,

beginnt es. Und endet:

> »Dann läge die Vernunft in Ketten,
> und stünde stündlich vor Gericht.
> Und Kriege gäb's wie Operetten.
> Wenn wir den Krieg gewonnen hätten –
> zum Glück gewannen wir ihn nicht!«[3]

Dieses sehr mutige Gedicht des jungen Kästner, dessen letzte Zeile ihm so viel Feindschaft eintrug, gilt jetzt erst recht. Welch wilde Blüten der deutsche Militarismus getrieben hätte, wäre *dieser* Krieg von Deutschland gewonnen worden, ist kaum auszudenken. Zum Glück jedoch gewannen sie ihn nicht, die Tiroler Waldspaziergänger und auch all die anderen nicht, die sich nun schnellstens ihre Führerbärtchen abrasieren. Kästner widert diese Art »Landsleute« an. Doch nicht nur sie beobachtet er mit Misstrauen. Die Siegermächte, die offenbar glauben, sie hätten alle Moral auf ihrer Seite, machen es sich seiner Meinung nach ebenfalls zu leicht.

»Der Rundfunk überträgt die Siegesfeiern und den Jubel, der draußen herrscht«, notiert er unter dem 8. Mai 1945. »Alle sind stolz darauf, was sie in fünf Kriegsjahren geleistet haben. Und sie haben Grund, sich zu rühmen. Aber sie werfen uns vor, daß es ihrer Anstrengungen bedurfte. Was sie getan hätten, sei unsere Aufgabe gewesen. Wir, die deutsche Minorität, hätten versagt. Das ist ein zweideutiger Vorwurf. Er enthält nur die halbe Wahrheit ... Sie ignorieren ihre Mitschuld ... Die Sieger, die uns auf die Anklagebank verweisen, müssen sich neben uns setzen ... Wer hat denn, als längst der Henker bei uns öffentlich umging, mit Hitler paktiert? ... Wer hat denn Konkordate abgeschlossen? Handelsverträge unterzeichnet? Diplomaten zur Gratulationscour und Athleten zur Olympiade nach Berlin geschickt? Wer hat denn den Verbrechern die Hand gedrückt statt den Opfern? Wir nicht, meine Herren Pharisäer!«[4]

Der Autor, der zwölf Jahre lang leise sein musste, darf wieder die Stimme erheben. Und er will das auch, will daran mitarbeiten, dass aus dem Waffenstillstand mehr wird als das bloße Schweigen der Waffen. Mitarbeiten aber heißt nicht duckmäusern; es ist zu einfach, die Welt in schwarz und weiß, böse und gut aufzuteilen; die Selbstgerechtigkeit der Sieger nützt nur denen, die immer schon wussten, dass es keine wirkliche Gerechtigkeit gibt.

Vorerst aber steckt er in Mayrhofen fest, führt ein »Käferdasein zwischen Baum und Borke« und wird von Tag zu Tag ungeduldiger: »Mein Versteckspiel hat seinen Zweck, das Dritte Reich zu überleben, überlebt.«[5]

Hinzu kommt die Sorge um die Eltern in Dresden. Der letzte Brief der Mutter datiert vom 7. April. Wie haben die beiden alten Leute die letzten Kriegstage und den Einmarsch der Roten Armee überstanden? Haben sie noch ihre Wohnung? Haben sie zu essen? Finden sie sich in der neuen Situation zurecht?

Inzwischen hat es weitere Filmprominenz nach Mayrhofen verschlagen: Marika Rökk samt Baby und Ehemann, dem Filmregisseur Georg Jacoby, sogar die Filmemacherin Leni Riefenstahl, die in ihren von den Nazis finanzierten Propagandastreifen Hitlers Massenveranstaltungen zu pompösen Monumentalschauen aufgeblasen hatte. Den Mayrhofenern passt der ständige Zuzug nicht. Man will sie immer noch loswerden, diese Filmleute aus Berlin. Die aber können nicht weg, so gern sie auch wollten. Sechs Kilometer beträgt der Radius ihrer freien Entscheidung, ab Anfang Juni zehn Kilometer, ab Mitte Juni steht ihnen das gesamte Zillertal für ihre Spaziergänge zur Verfügung. Jeder Schritt aus dem Tal hinaus würde als »Flucht« ausgelegt werden und unweigerlich in einem amerikanischen

Gefangenenlager enden. Also muss man in Mayrhofen bleiben und abwarten, wie es weitergeht, ob das den inzwischen selber hungernden Mayrhofenern gefällt oder nicht.

Die Filmgruppe um Eberhard Schmidt versucht, mit der Bavaria-Filmgesellschaft in München Kontakt aufzunehmen; die Ufa zahlt schon lange keine Löhne mehr. Doch die Bavaria ist selber pleite. Außerdem kommen eines Tages Amerikaner und beschlagnahmen sämtliche Apparaturen. Damit hat sich jede Hoffnung auf Weiterbeschäftigung zerschlagen. Andere Amerikaner kommen und trösten: Es sollen schon bald wieder deutsche Filme gedreht werden. Die Ungewissheit und Unruhe im Filmteam mindert das nicht. Während Schmidt Kontakte zu Amerikanern knüpft, die die Münchner Filmstadt Geiselgasteig wieder aufbauen wollen, verschwinden die ersten Filmleute aus Mayrhofen, wollen zu Fuß nach Berlin zurück.

Schmidts Kontakte zu den Amerikanern führen schließlich zu einer bemerkenswerten Begegnung. Kästner, Schmidt und der Schauspieler Ulrich Haupt sind – ausgestattet mit Passierscheinen durch befreundete Amerikaner – bei Schmidts Bekannten in Pasing abgestiegen. Als Schmidt und Haupt von ihren Verhandlungen mit den Amerikanern aus München zurückkehren, folgt ihnen ein Jeep mit drei Männern des CIC (Counter Intelligence Corps, ehemaliger militärischer Abwehr- und geheimer Nachrichtendienst der USA). Kästner wird gerufen und auf der Gartenterrasse des idyllisch gelegenen Hauses der Pasinger Familie findet ein Verhör statt.

Kästner war einverstanden damit, dass Schmidt und Haupt ihn bei den Amerikanern ins Gespräch brachten. Schließlich ist er politisch unbescholten, kann Filmstoffe und Drehbücher liefern. Die Amerikaner aber hat der Name Kästner misstrauisch gemacht. Ein als Hitlergegner bekannter Autor, der nicht emigriert ist? Da gibt es Fragen zu stellen.

Kästner merkt bald: Zwei seiner Vernehmer stammen aus Deutschland. Darunter der wortführende Leutnant, der ein wenig über seine Werke Bescheid weiß und immer wieder versucht, ihm Fallen zu stellen. »Er bohrte an mir herum wie ein Dentist an einem gesunden Zahn. Er suchte eine kariöse Stelle und ärgerte sich, daß er keine fand. Was ich zwölf Jahre lang getan und wovon ich gelebt hätte.«[6]

Kästners Auskünfte befriedigen den Emigranten nicht. Vor allem kann er nicht verstehen, weshalb Kästner seine Auslandsreisen nicht zur Flucht genutzt hat. Ob er keine Angst gehabt hätte, nach Deutschland zurückzukehren?

Selbstverständlich hatte ich Angst, antwortete Kästner.

Und warum dann zurück?

Um Augenzeuge zu sein.

Auch mitten im Krieg?

Auch mitten im Krieg.

Dachten Sie denn, Hitler werde ihn gewinnen?

»Nein. Wenn ich das geglaubt hätte, wäre ich womöglich doch in der Schweiz geblieben.«[7]

Das Gespräch ist nicht besonders erhellend für den Leutnant. »Einen ›Helden‹ hätte er vielleicht verstanden. Die Wahrheit verwirrte ihn.«[8] So hat man sich in Amerika das Überleben in Deutschland nicht vorgestellt. Kästner jedoch erhält eine erste Vorahnung davon, wie schwer es künftig sein wird, seinen Verzicht auf Emigration gerade jenen gegenüber zu begründen, denen er sich politisch nahe fühlt.

Zwei Tage später fährt Kästner mit Schmidt nach München und trifft dort viele Autorenkollegen, Regisseure und Schauspieler, die alle voller Pläne stecken. Und auch Eberhard Schmidt hat mal wieder einen neuen Plan: Er will mit anderen zusammen ein Kabarett gründen. *Die Schaubude* soll es heißen. Zuerst aber müssen Kästner, Haupt und Schmidt nach Mayrhofen zurück. Ohne Aufenthaltsbewilligung gibt es in München keine Unterkunft und keine Lebensmittelkarten. In Mayrhofen kommt es zu einem Zusammentreffen mit dem Schriftsteller Peter de Mendelssohn. Der, Dresdner wie Kästner, ist inzwischen englischer Presseoffizier. Ob Kästner nicht an einer Zeitung mitarbeiten wolle, die man für München plane? Kästner erbittet genauere Informationen, aber Mendelssohn – kurz darauf als englischer Korrespondent zur Potsdamer Konferenz befohlen – meldet sich nicht wieder. Dafür wird bekannt, dass die Amerikaner Mayrhofen verlassen werden. Französische Truppen sollen kommen. Das bedeutet, dass sich die Zonengrenzen verschieben. Der Rest der Filmgruppe will aber – aus vielerlei Gründen – bei den Amerikanern bleiben. Also besorgt man sich von den Amerikanern eine Order und rattert, alle auf einen Lastwagen gepfercht, die wenigen Habseligkeiten zwischen sich, im Morgengrauen über Kufstein ins Bayrische hinein. Das Ziel ist München.

Als der Wagen in Schliersee hält, steigen Enderle und Kästner aus, um bei Luiselotte Enderles Schwester Lore zu bleiben. Ohne Aufenthaltsbewilligung und Wohnung wollen sie sich auf das Abenteuer München noch nicht einlassen. Sie kommen in einem Bauernhaus unter, in dem schon mehrere von den Kriegswirren hierher Verschlagene Unterschlupf gefunden haben.

Und nun heißt es wieder warten. Ohne jede Verbindung zur Außenwelt, ohne Geld. Einziger Glückstreffer: ein amerikanischer Sanitätsfeldwebel namens Andy. Andy »bemuttert und beonkelt« Kästner und Enderle, indem er Kaffee, Zigaretten, Schokolade, Zahnpasta, Zeitschriften und Heftromane anschleppt. Sonntags macht man, mit Lunchpaketen versorgt, Ausflüge in die Berge.

Zwei Ereignisse in der Schlierseer Zeit beeindrucken Kästner am nachhaltigsten: Eines Tages hängt ein Anschlag am Rathaus. Der Bürgermeister gibt im Auftrag der amerikanischen Militärregierung bekannt, dass, als Folge der überhandgenommenen »haltlosen Denunziationen«, »ungerechtfertigte Denunziationen« hinfort mit empfindlichen Strafen geahndet werden. Wenn es aber »haltlose und ungerechtfertigte Denunziationen« gibt, stellt Kästner ironisch fest, dann sind, im Sinne dieses Anschlags, auch berechtigte Anklagen »Denunziationen« und wohl nur deshalb nicht strafbar, weil sie nicht »haltlos« sind.[9] Auf gut Deutsch: Am liebsten möchte man von diesen Deutschen gar nichts hören.

Das zweite Ereignis: Am 2. August 1945 schickt Andy einen ehemaligen KZ-Häftling ins Bauernhaus hinüber, der vom Leben und Sterben in den Lagern erzählt, in denen er inhaftiert war. Darunter Auschwitz. Kästner hat inzwischen schon einiges über die unvorstellbar grausamen Verbrechen der Nazis in den Menschenvernichtungslagern gehört und wird in den folgenden Monaten noch viel mehr darüber zu hören bekommen. Die erste persönliche Begegnung mit einem, der Auschwitz überlebt hat, erschüttert ihn zutiefst. »Die Mörder waren Tiere, die sich für Menschen hielten«, notiert er. »Die Opfer waren Menschen, die man für Tiere hielt ... Die Lager glichen Irrenanstalten, aber in der Umkehrung, denn wahnsinnig waren nicht die Insassen, sondern das Personal.«[10]

In diese Zeit fallen auch die ersten beiden Atombombenabwürfe der Amerikaner. Die Japaner sollen zur Beendigung des Krieges gezwungen werden. Zweihunderttausend Tote und hunderttausend Schwerverwundete werden allein in Hiroshima gezählt – bei etwa dreihundertfünfzigtausend Einwohnern. Einziges nicht zerstörtes Gebäude: das Rathaus. Wäre diese Bombe ein paar Monate früher einsatzbereit gewesen – oder hätte das Nazireich seinen Untergang noch ein paar Monate länger hinauszögern können –, wäre mit an Sicherheit grenzender Wahrscheinlichkeit Berlin Zielgebiet gewesen. Die Pläne für einen Abwurf über der deutschen Hauptstadt lagen bereits vor. Und in Berlin lebten auch zum Kriegsende noch zweieinhalb Millionen Menschen …

Der Aufenthalt in Schliersee, diese seltsame Mischung aus Himbeerpflücken und KZ-Geschichten, deutsch-amerikanischer Freundschaft und amerikanischen Atombombenabwürfen, geht für Kästner und Enderle erst zu Ende, als eines sonnigen Augusttages ein wackliges altes Auto vor dem Bauernhof hält: Junge Künstler wollen – wieder einmal! – ein Kabarett eröffnen und suchen noch Mitstreiter.

Kästner und Enderle packen ihre Siebensachen und fahren mit, obwohl sie berechtigte Zweifel hegen, dass aus diesem Projekt etwas wird. »Wenn sich alle Pläne dieser Wochen verwirklichten, gäbe es bald mehr Kabaretts und Theater als unzerstörte Häuser«, notiert Kästner wenig hoffnungsfroh.[11]

Es ist nicht leicht, im schwer kriegszerstörten München eine Unterkunft zu finden, doch Kästner und Enderle haben Glück: In der Pension Dollmann in der Thierschstraße ist noch ein Zimmer frei. Die Fenster haben keine Scheiben mehr, Pappe muss aushelfen, aber welche Fenster haben die zahllosen Bombenangriffe des Krieges schon heil überstanden? Wer ein Dach über dem Kopf hat, muss dankbar sein.

Außerdem: Wann sitzt man schon im dunklen Zimmer?

Es herrscht Aufbruchstimmung. Die Stadt ist voll von Malern, Komponisten, Schriftstellern, Sängern, Schauspielern, Regisseuren, die irgendetwas gründen wollen oder eine neue Chance suchen. Tag für Tag trifft man sich im Hof der Kammerspiele, begrüßt Neuankömmlinge, erfährt Todesnachrichten, erörtert die Zukunft, will eigentlich nach Berlin, kann's aber nicht und wägt ab, ob es richtiger sei, hier oder in Hamburg neu anzufangen.

Eberhard Schmidts *Schaubude* wird schnell Wirklichkeit. Am 15. August ist bereits Premiere. Kästner steuert ein Gedicht bei: die berühmte *Elegie mit Ei* aus seinem Band *Herz auf Taille*. Aktuelle Texte gibt es noch nicht, also muss man sich mit dem behelfen, was vorhanden ist. Und sind die Verse von Tucholsky, Ringelnatz, Kästner etwa nicht mehr aktuell?

»Wir werden später jung als unsre Väter.
Und das, was früher war, fällt *uns* zur Last.
Wir sind die kleinen Erben großer Übeltäter.
Sie luden uns bei ihrer Schuld zu Gast«[12],

heißt es in Kästners Beitrag zu diesem Abend. Auf den Ersten Weltkrieg gemünzt, ist dieser Text jetzt von noch eindringlicherer Wirkung.

Wird nicht geprobt, hetzen die Mitglieder des Ensembles durch die Stadt, um alles Nötige zusammenzubringen, damit die Münchner Kammerspiele – von den Amerikanern zwischenzeitlich zum Soldatenkino umfunktioniert und der *Schaubude* nur »geliehen« – wieder zur Bühne ausgebaut werden können. Der Premierenabend wird ein großer Erfolg, die wahre Geburt der *Schaubude* aber erfolgt erst ein Jahr später: in eigenen Räumen und mit neuen, auf die Nachkriegssituation und die jüngste Vergangenheit bezogenen Texten.

Etwa zur gleichen Zeit erscheint Kästners erste Theaterkritik nach dem Krieg – und erregt sofort das Missfallen vieler seiner Landsleute. Hintergrund des kleinen Skandals: Man hat das Münchner Theaterleben ausgerechnet mit dem Stück wiedereröffnet, das unter den Nazis zuletzt auf dem Spielplan stand, *Die Hammel-Komödie* von Hans Wolfgang Hiller. Kästner hat das in aller Deutlichkeit als Missgriff bezeichnet; jedoch von einem, der gar nicht richtig dazugehört hat in diesen zwölf braunen Jahren, will man sich nichts sagen lassen.

Kästner allerdings hat noch viel mehr zu sagen – deshalb nimmt er das Angebot, die Feuilletonredaktion der geplanten Münchner *Neuen Zeitung* zu leiten, ohne lange Bedenken an. Captain Hans Habe, emigrierter, ehemals liberaler deutsch-ungarischer Schriftsteller, nun Zeitungsexperte der amerikanischen Militärregierung, später rechtskonservativer Journalist, hat dieses Angebot an Kästner herangetragen. Schließlich hat der über all die Jahre nicht nur eine saubere Weste behalten, sondern ist zudem noch ein versierter Zeitungsmann.

Kästner sagt ohne zu zögern Ja, aber dieses Ja kommt aus schwerem Herzen. Hat er sich damals in Leipzig nicht hoch und heilig geschworen, nie wieder auf einem Redaktionsstuhl Platz zu nehmen? »Zum Abnutzer von Büromöbeln muß man geboren sein, oder man leidet wie ein Hund«, ist seine feste Überzeugung. Und noch etwas erschwert ihm die Entscheidung: »Zwölf Jahre lang hatte ich auf den Tag gewartet, an dem man zu mir sagen würde: ›So, nun dürfen Sie wieder schreiben!‹ Stoff für zwei Romane und drei Theaterstücke lag in den Schubfächern meines Gehirns bereit. Zugeschnitten und mit allen Zutaten … Jetzt konnte ich, wenn ich nur wollte, mit Verlegervorschüssen wattiert durch die Wälder schreiten, sinnend an Grashalmen kauen, die blauen Fernen bewundern, nachts dichten, bis der Bleistift glühte, und morgens so lange schlafen, wie ich wollte. Was tat ich stattdessen? … Ich Hornochse sagte kurzentschlossen: Ja.« Warum? »Weil es nötig ist, daß jemand den täglichen Kram erledigt, und weil es viel zu wenig Leute gibt, die es wollen und können … Wer jetzt beiseite steht, statt anzupacken, hat offensichtlich stärkere Nerven als ich.«[13]

Und der Mann, der zwölf Jahre lang beiseitestehen musste, packt an, mit all seiner aufgestauten Energie und Schreiblust. Als dann am 18. Oktober 1945 die erste Nummer der amerikanisch lizenzierten *Neuen Zeitung* vorliegt, können die Leser feststellen, dass der Feuilletonredakteur Kästner gewillt ist, an die Tradition der alten Berliner *Weltbühne* anzuknüpfen: Der demokratische Neuaufbau und die Aufarbeitung der Vergangenheit sind seine Hauptanliegen. Seine ersten Mitarbeiter heißen Alfred Kerr (einst Berlins berühmtester Theaterkritiker, 1933 nach London emigriert), Bernhard Kellermann, Heinrich Mann, Bertolt Brecht, F. C. Weiskopf, Werner Finck, Ernst Wiechert, Max Herrmann-Neiße und Alfred Polgar. Dazu viele andere der einst verbotenen und verbrannten Autoren, ganz egal, wo sie jetzt leben und von wo aus sie ihre Beiträge schicken. Auch die bildenden Künstler, die unter den Nazis als »entartet« galten, erhalten von Kästner ihren Platz zurück: Chagall, Beckmann, Barlach, Klee, Käthe Kollwitz, um nur einige zu nennen.

Von Oktober 1945 bis Herbst 1946 leitet Kästner das Feuilleton der *Neuen Zeitung*. Mitarbeiterin und Nachfolgerin ist Luiselotte Enderle, die Kästner noch bis 1947 mit Beiträgen beliefern wird. Es ist ein hartes Arbeitsjahr, in dem er Besucher empfängt, »redigiert, konferiert, kritisiert, telefoniert, depeschiert, diktiert, rezensiert und schimpfiert«. Er beklagt, dass er, abgesehen von den Texten für die Zeitung und die *Schaubude*, keine einzige Zeile schreiben kann, sein Privatleben eingemottet hat, nur noch schlückchenweise schläft und an manchen Tagen aussieht, als sei er »ein naher Verwandter des Todes von Basel«[14].

Es gilt, Schutt wegzuräumen – vor allem aus den Köpfen. Deshalb rackern Kästner und Enderle sich ab, deshalb geht es nach und vor der Arbeit noch im Auto übers Land. Alles wird benötigt: Mitarbeiter, die geeignet sind, an einer demokratischen Zeitung mitzuwirken, Bücher, ein Archiv.

Der Schriftsteller Erich Kästner, der die zwölf Jahre Barbarei als verbotener Autor überlebt hat, zweimal verhaftet und wieder freigelassen wurde, ist nicht mehr der junge Mann aus der Zeit vor 1933. Die zwölf Jahre Schweigenmüssen und Totgeschwiegenwerden haben ihn verändert. Zwar ist er noch immer der hervorragende Stilist, der auch schwierigste Wahrheiten in einfache Worte zu kleiden weiß; der äußere Glanz aber ist einem heiligen Zorn und einer nachdenklichen Tiefe gewichen.

Dennoch empfindet der reife Kästner die Zeit nach 1945 wie jene nach 1920: Wieder geht es um den Aufbau von etwas Neuem. Das erste Mal ist es misslungen; er will mithelfen, dass der zweite Versuch, die Demokratie in Deutschland durchzusetzen, erfolgreicher ist.

Und der große Roman über die zwölf braunen Jahre, den er mal schreiben wollte und von dem manche vermuten, dass er bereits in seiner Schublade liegt? Als Stefan Heym, nun Leutnant der US-Army, Kästner 1945 in München besucht und ihn darauf anspricht, schüttelt der nur den Kopf. »Nein, einen Roman über das, was in Deutschland geschah in diesen Jahren, hat er nicht geschrieben, in all der Zeit nicht. Warum nicht? Schwer zu sagen; Sie würden's wohl auch kaum verstehen, Heym.«[15]

Ja, dieser Erich Kästner ist schwer zu verstehen für jene, die Deutschland verlassen mussten oder verlassen wollten. Sie können nicht begreifen, weshalb er, einer ihrer wichtigsten Mitstreiter in den Jahren vor 1933, nicht emigriert ist – und noch weniger, weshalb er, wenn er schon blieb, jetzt nicht die große Abrechnung schreibt, da er das Nazireich doch zwölf Jahre lang »studieren« konnte.

Doch wie sollte einer, »der auf Schritt und Tritt überwacht, dessen Telefon abgehört, der denunziert und mit Hausdurchsuchungen und Verhaftungen geplagt wurde«[16], wie sollte einer, der sich ständig in Lebensgefahr befand, eine solche Abrechnung mit seinen Verfolgern schreiben? In welcher Schublade hätte er sie verstecken sollen? Etwa bei Freunden, um auch diese in Gefahr zu bringen? Und was wäre passiert, hätte man in dem Notizbuch, das der verbotene Autor immer bei sich trug, auch nur einen einzigen »falschen Satz« gefunden? Es hätte ihn den Kopf gekostet.

Und doch stand im Regal von Kästners Berliner Bibliothek – und wurde auch über die Bombenangriffe hinweggerettet – ein blau eingebundenes Buch voll unbedruckter Seiten; ein Blindband, wie ihn die Verlage herstellen lassen, um Umfang und Aussehen des zukünftigen Werkes zu testen. Dieser »unverfängliche« Blindband diente Kästner als Notizbuch für »verfängliche« Dinge. In Stichworten, verfasst in winziger Stenografie, hielt der Autor darin fest, was er nicht vergessen wollte. »Warum ich die Arbeit nach kurzer Zeit wieder abbrach, weiß ich heute nicht mehr«, berichtet er später über diese waghalsige Aktion. »Außer allerlei nicht mehr auffindbaren Gründen dürfte mitgespielt haben, daß der Alltag auch im Krieg und unterm Terror, trotz schwarzer Sensationen, eine langweilige Affäre ist. Es ist schon mühsam genug, ihn hinzunehmen und zu überdauern. Auch noch sein pünktlicher Buchhalter zu sein, überstieg meine Geduld.«[17]

Nun, da der Krieg vorüber ist, hindert ihn der tägliche Kram am großen Roman. Als er sich davon freigemacht hat, kommt er zu der Überzeugung: »Das Tausendjährige Reich hat nicht das Zeug zum großen Roman. Es taugt nicht zur großen Form, weder für eine ›Comédie humaine‹ noch für eine ›Comédie inhumaine‹. Man kann eine zwölf Jahre lang anschwellende Millionenliste von Opfern und Henkern architektonisch nicht gliedern. Man kann Statistik nicht komponieren. Wer es unternähme, brächte keinen großen Roman zustande, sondern ein unter künstlerischen Gesichtspunkten angeordnetes, also deformiertes blutiges Adreßbuch, voll erfundener Adressen und falscher Namen.« Epische oder dramatische Segmente allerdings »sind möglich, und es gibt sie. Doch auch hier steht Kunst, die sich breitmacht, dem Ziel im Weg.«[18]

Kästners Kunst hat sich noch nie breitgemacht, nicht mal im *Fabian*, seinem gewichtigsten Roman. Jetzt verlangt sie noch weniger Raum. Was getan werden muss, muss schnell geschehen; Ziel ist, Wege zu bahnen, nicht Chausseen zu pflastern. Also übernimmt Kästner zusätzlich zu seiner strapaziösen Redakteurstätigkeit auch noch die Herausgeberschaft einer Jugendzeitschrift.

»Pinguin ist mein Name«, stellt sie sich auf dem Titelblatt selbst vor, als sie am 1. Januar 1946 zum ersten Mal erscheint. »Ich rede, wie mir der Schnabel gewachsen ist.

Ich lache, wie es mir gefällt. Ich will mich anfreunden mit all denen, die jung sind und sich jung fühlen. Ich liebe das Leben und alles, was lebendig ist ... Ich will euch begeistern für all das, was wir tun können, um uns selbst ein besseres Leben zu schaffen.«[19]

Der *Pinguin* verniedlicht nichts und will seinen Lesern nichts vormachen, er nennt die Dinge beim Namen und will – im Kästner'schen Sinne – erziehen. So scheut sich der Herausgeber denn auch nicht, in dieser Zeitschrift Gedichte zu veröffentlichen, die in den Zuchthäusern und Konzentrationslagern der Nazis entstanden sind, wie die *Moabiter Sonette* des von der NS-Justiz ermordeten Berliner Universitätsprofessors Albrecht Haushofer oder die Texte des ehemaligen Buchenwald-Häftlings Karl Schnog; eine Tat, die Kästner nicht nur Freunde schafft im Nachkriegsdeutschland.

Ebenfalls »nebenbei« wird zum ersten Mal seit dem Schreibverbot in Deutschland wieder ein Kästner-Titel aufgelegt: *Bei Durchsicht meiner Bücher* – eine Auswahl alter, aber aktueller Gedichte. Zuvor gibt Kästner eine Tucholsky-Ausgabe heraus: *Gruß nach vorn*, ein Buch, das mehrere Auflagen erlebt und eine Brücke schlagen soll zwischen »der neuen Jugend und den alten Freunden«, wie Kästner in seiner Widmung bekennt.

Inzwischen hat die *Schaubude* ihr neues Domizil im Theatersaal des katholischen Gesellenvereinshauses in der Reitmoorstraße bezogen. Ein neues Programm wird erarbeitet, im April 1946 ist Premiere. Kästners *Marsch-*

lied 1945 – vorgetragen von der »Flüchtlingsfrau« Ursula Herking, dem Star der *Schaubude* – werden all jene, die an diesem Abend im Publikum sitzen, niemals vergessen. Der Autor spricht ihnen mit diesem Lied (Musik: Edmund Nick) nicht nur aus der gequälten Seele, zeigt ihnen nicht nur, wozu sie benutzt wurden und sich benutzen ließen; er macht ihnen, die ja überlebt und »den Kopf noch fest auf dem Hals haben«, auch Mut:

>»Ich trag Schuhe ohne Sohlen.
>Durch die Hose pfeift der Wind.
>Doch mich soll der Teufel holen,
>wenn ich nicht nach Hause find.«[20]

Das ist der »alte« Kästner, der trotz aller Vorwürfe für seine »kleinen Leute« auch Verständnis hat und sie trösten will. Und es ist ein »neuer« Kästner, der als Chansontexter so gut ist wie niemals zuvor. »Keine Strophe zuviel, die Pointen nicht überladen, die Sprache beweglich, erzählend und kommunikativ wie selten im Chanson.«[21]

Nichts zu trösten gibt es, und keinerlei Verständnis kann Kästner aufbringen, als er am 22. November 1945 zur Eröffnung des Nürnberger Kriegsverbrecherprozesses fährt. Dort sitzen sie alle miteinander auf der Anklagebank, die Hauptverantwortlichen für die deutschen Verbrechen der letzten zwölf Jahre, die sich dem internationalen Gerichtshof nicht durch Flucht oder Selbstmord entziehen konnten: der ehemalige Reichsmarschall neben dem ehemaligen

Hitler-Stellvertreter, der ehemalige Außenminister neben dem ehemaligen Generalgouverneur von Polen, der ehemalige Reichsjugendführer neben zwei ehemaligen Großadmirälen, dazu der ehemalige oberste Rundfunkprediger des Dritten Reiches und viele andere Ehemalige. Kästner sieht aber auch Krieg, Pogrom, Menschenraub, Mord und Folter auf der Anklagebank sitzen. Er fragt sich, ob es gelingen wird, die Verantwortlichen zur Verantwortung zu ziehen, und verlangt sofort: »Es darf nicht nur diesmal gelingen, sondern in jedem künftigen Fall! Dann könnte der Krieg aussterben. Wie die Pest und die Cholera. Und die Verehrer und Freunde des Krieges könnten aussterben. Wie die Bazillen.«[22]

Der Krieg wird nicht aussterben, sosehr das die Menschen in den ersten Nachkriegsjahren auch wünschen, als sie lieber ewig trocken Brot essen wollen, als je wieder einen Krieg miterleben zu müssen. Schon bald wird man wieder von Aufrüstung reden und das überall auf der Welt. Und man wird, weil man sich gegen immer grausamere Waffen verteidigen muss, ständig noch grausamere Waffen erfinden. »Kalter Krieg« und »Wettrüsten« sind die entsprechenden neuen Begriffe. Und es wird nicht lange dauern, dann werden auch wieder »heiße Kriege« geführt, im Nahen Osten wie in Asien oder Mittelamerika und, beinahe ein halbes Jahrhundert später, auch wieder in Europa. Aus dem Fernseher heraus werden die Kriege die Menschheit angrinsen. Und die Menschheit wird beleidigt zurückgucken. Mehr nicht. Das Entsetzen über die erlittenen Grausamkeiten des Krieges hält nie lange vor; die Menschheit ist vergesslich.

Im Dezember 1945 wird in Deutschland die erste »Friedensweihnacht« gefeiert. Zwar herrscht größte Not – Millionen Menschen sind obdachlos, es wird gehungert, die meisten Kinder sind ohne Vater, die Frauen ohne Männer –, doch es fallen keine Bomben mehr, und es wird nicht mehr geschossen. Man darf wieder hoffen.

Für Kästner ist es das erste Weihnachtsfest ohne die Eltern. Fünfundvierzig Jahre lang hat er mit ihnen gemeinsam am Heiligen Abend vor dem Tannenbaum gesessen; ob als Schuljunge, Soldat, Student, als Journalist, erfolgreicher und verbotener Schriftsteller, in zwei Kriegen und im Frieden; sein sechsundvierzigstes Weihnachtsfest muss er ohne die Eltern verbringen. Die neuen Zonengrenzen erlauben keinen Weihnachtsbesuch in Dresden.

Lebenszeichen von den Eltern hat er inzwischen erhalten; Briefe, die nicht per Post kamen, weil die noch längst nicht wieder funktioniert, sondern auf Schmuggelpfaden München erreichten und jedes Mal zwanzig bis fünfzig Mark »Porto« kosteten. Die Eltern sind gesund, soweit es die schlechte Ernährungslage zulässt, und wohnen noch immer in der Königsbrücker Straße. Dass sie nicht nur hungern, sondern auch nichts zu heizen haben, ist normal in diesem ersten Nachkriegswinter, dem noch zwei weitaus schlimmere folgen werden.

Natürlich macht Kästner sich Sorgen um die Mutter. Wie verwindet sie die lange Trennung? Und wird die alte

Frau damit fertigwerden, ohne den geliebten Sohn Weihnachten feiern zu müssen? In einer Weihnachtsgeschichte für die Kinderbeilage der *Neuen Zeitung* beschreibt er, wie er die Eltern am Heiligen Abend vor sich sehen wird: den achtzigjährigen Vater, klein und gebückt, der leise hüstelnd früh zu Bette geht; die Mutter, wie sie noch lange am Fenster steht und auf die Pfiffe der Züge vom Neustädter Bahnhof lauscht, wissend, dass ihr Erich in keinem sitzen wird. »Wenn ich daran denke, ist mir es, als müßte ich, hier in München, auf der Stelle vom Stuhl aufspringen, die Treppen hinunterstürzen und ohne anzuhalten bis nach Dresden jagen. Durch die Straßen und Wälder und Dörfer. Über die Brücken und Berge und verschneiten Äcker und Wiesen. Bis ich endlich außer Atem vor dem Haus stünde, in dem sie sitzt und sich nach mir sehnt, wie ich mich nach ihr.«[23]

Es wird noch fast ein ganzes Jahr dauern und viel Mühe und Umwege kosten, bis Kästner seine Mutter wiedersieht. Vorerst gilt es, weiter Briefe und Postkarten zu schreiben – und Päckchen mit Brot zu schicken, damit die alten Leute nicht verhungern.

Land ohne Zündhölzer

Es schneit. Ankunft im Garnichts.
Kausalitäten.

»Es ist Nacht. – Ich soll über den Film *Die Todesmühlen*
schreiben, der aus Aufnahmen zusammengestellt worden
ist, welche die Amerikaner machten, als sie dreihundert
deutsche Konzentrationslager besetzten ... Als ihnen ein
paar hundert hohlwangige, irre lächelnde, überlebende
Skelette entgegenwankten. Als gekrümmte, verkohlte Ka-
daver noch in den elektrisch geladenen Drahtzäunen hingen. Als noch Hallen, Lastautos und Güterzüge mit ge-
schichteten Leichen aus Haut und Knochen vollgestopft
waren ... Man sieht in dem Film, wie Frauen und Mädchen in Uniform aus einer Baracke zur Verhandlung geführt werden. Angeklagte deutsche Frauen und Mädchen.
Eine wirft hochmütig den Kopf in den Nacken. Das blonde Haar fliegt stolz nach hinten ... Frauen und Mädchen,
die doch einmal Kinder waren. Die Schwestern waren,
Liebende, Umarmende, Bräute. Und dann? Dann auf einmal peitschten sie halbverhungerte Menschen? Dann hetz-
ten sie Wolfshunde auf sie? Dann trieben sie kleine Kinder
in Gaskammern? Und jetzt werfen sie den Kopf stolz in
den Nacken.«[1]
Es fällt Kästner schwer, einen zusammenhängenden Artikel über diesen »unausdenkbaren, infernalischen Wahn-

sinn« zu schreiben. Doch er muss es tun. Kein wirklich neuer Anfang ohne den Blick zurück.

Wie aber reagieren die Menschen in diesem Jahr 1946, als die Geschehnisse noch in frischer Erinnerung sind, wenn sie aus den Kinos, in die sie mehr oder weniger hineingezwungen wurden, wieder herauskommen?

»Die meisten schweigen ... Andere treten blaß heraus, blicken zum Himmel und sagen: ›Schau, es schneit!‹ Wieder andere murmeln: ›Propaganda! Amerikanische Propaganda! Vorher Propaganda, jetzt Propaganda!‹ Was meinen sie damit? Daß es sich um Propaganda*lügen* handelt, werden sie damit doch kaum ausdrücken wollen. Was sie gesehen haben, ist immerhin fotografiert worden ... Also meinen sie: Propaganda auf Wahrheit beruhender Tatsachen? Wenn sie aber das meinen, warum klingt ihre Stimme so vorwurfsvoll, wenn sie ›Propaganda‹ sagen? Hätte man ihnen die Wahrheit *nicht* zeigen sollen? Wollten sie die Wahrheit *nicht* wissen?«[2]

Die meisten wollen sie nicht wissen. Sie bedauern ihr eigenes Schicksal und leugnen jede Mitschuld. Von dumpfer Zukunftsangst gepackt, weisen sie immer nur auf die alltäglichen Dinge, die ihnen nun fehlen; ihr eigenes, klein gewordenes Leben beschäftigt sie mehr als ihr Versagen in der Vergangenheit.

»Es war einmal ein Land, in dem gab es keine Zündhölzer«, schreibt Kästner 1948. »Und keine Sicherheitsnadeln. Und keine Stecknadeln. Und keine Nähnadeln. Und kein Garn zum Stopfen. Und keine Seide und keinen

239

Zwirn zum Nähen. Und kein Seifenpulver. Und kein End-
chen Gummiband weit und breit ... Und keine Kerzen.
Und keine Glühbirnen. Und keine Töpfe. Und kein Glas
und keinen Kitt ... Da wurden die Einwohner des Landes
ziemlich traurig. Denn erstens fehlten ihnen alle diese kleinen Dinge, die das Leben bekanntlich versüßen und ver-
golden. Zweitens wußten sie, daß sie selber daran schuld
waren. Und drittens kamen immer Leute aus anderen
Ländern und erzählten ihnen, daß sie daran schuld wären.
Und sie dürften es nie vergessen. Die Menschen in dem
Land hätten nun furchtbar gern geweint. Aber Taschentücher hatten sie auch nicht. Da faßten sie sich ein Herz
und sagten: ›Wir wollen lieber arbeiten statt zu weinen.
Zur Arbeit braucht man keine Taschentücher.‹ Und nun
gingen sie also hin und wollten arbeiten.«[3]

Und es entstand ein Wirtschaftswunder, möchte man
aus heutiger Sicht hinzufügen. Das jedoch ist 1948 noch
nicht abzusehen. Nur der Wunsch nach Verdrängung wird
bereits deutlich. In den ersten Jahren durch Arbeit, später
durch Konsum. Natürlich: Das Land muss wieder auf-
gebaut werden, und zwar mit ebenjenen Landsleuten, die
mithalfen, es zu zerstören. Unbescholtene Deutsche gibt
es nur wenige. Also müssen nicht nur Gebäude und Ver-
kehrsanlagen, sondern auch die beschädigten Menschen
wieder »instand gesetzt« werden. »Bei dem Versuch, unser
Vaterland wieder aufzubauen«, schreibt Kästner bereits im
Januar 1946, »kommt es nicht nur auf Ziegelsteine, Gips,
Baumwolleinfuhr, Saatkartoffeln, Sperrholz, Nägel, Früh-

gemüse und Lohnsteuerzuschläge an, sondern auf unseren Charakter. Wir müssen unsere Tugenden revidieren.«[4]

Die alte Kästner-Hoffnung: Erziehung zur Vernunft durch Einsicht. Doch die meisten Menschen im Nachkriegsdeutschland haben nichts »zu revidieren«, weil sie sich selbst für Opfer halten. Die zwölf Jahre Drittes Reich und nun der Zusammenbruch, das Absinken in Hunger, Not und Elend, sind ihnen nur geschehen. Oder sollen sie etwa verantworten, was die paar Nazis angestellt haben? Sie hätten mitgemacht? Ja, aber doch nur, um sich nicht in Gefahr zu bringen oder berufliche Nachteile in Kauf nehmen zu müssen.

Kästner leidet unter dieser Unfähigkeit zu Trauer und Einsicht. Mit dem Trümmerschutt in den Straßen lässt es sich leichter fertigwerden als mit dem in den Köpfen.

Zu alledem kommt die Sorge um die Eltern. Im Herbst 1946 hat er sie seit beinahe zwei Jahren nicht mehr gesehen. Luiselotte Enderle und er schicken weiter Päckchen nach Dresden; in der sowjetisch besetzten Zone gibt es ja noch weniger Lebensmittel als im amerikanischen München. Mehl wird geschickt, Schmalz und Butter und auch mal eine Büchse Ölsardinen; alles, was sie entbehren können. Nur der Sohn selbst kann nicht kommen.

»Es ist, um vor Wut die Wände hochzulaufen«, schreibt Kästner am 27. Januar 1946 an seine Mutter.[5] Er möchte der alten, kranken, hungernden und frierenden Frau gern dauerhaft helfen. Und er möchte sie endlich wiedersehen. Aber wie? Zwischen der amerikanisch und der sowjetisch besetzten Zone verläuft eine Grenze wie zwischen zwei selbstständigen Staaten; hinüber und herüber darf nur, wer eine gültige Reisegenehmigung vorweisen kann. Die aber ist schwer zu bekommen. Und Versuche, illegal über die Grenze zu gelangen, sind nichts für einen herzkranken Mann. »Ja, es ist ärgerlich und traurig«, entschuldigt sich Kästner im Februar 1946 bei der Mutter für sein Ausbleiben. »Wie gern wäre ich nur zum Geburtstag gekommen. Es funktioniert nicht. Ich kriege auch von vielen Lesern Briefe, die wissen wollen, wie sie nach Sachsen heimkehren können. Aber da müssen sie nach Hof ... ins Durchgangslager. Dort liegen sie oft wochenlang herum, bis sie Wanzen und Läuse haben. Und viele kehren schließlich wieder um.«[6]

Kästner selbst will nicht »heimkehren« ins sowjetisch besetzte Dresden, er will die Eltern nur besuchen. Für den linksliberalen Demokraten war die Ankündigung, dass die Rote Armee Thüringen, Sachsen, die Provinz Sachsen und Mecklenburg besetzt hat, »eine schlimme, niederdrückende Nachricht«, wie er unter dem 18. Juni 1945 notierte. »Man verschenkt, mit Mitteldeutschland, Europa«, warf er den Amerikanern in einer ersten Reaktion darauf vor.[7] Eine freie, ehrliche Aufarbeitung der deutschen Geschichte und die Gründung eines wahrhaft demokratischen Staates erscheint ihm unter der sowjetischen Besatzungsmacht nicht möglich. Nicht zuletzt aber bedrückt ihn der Gedanke, dass seine Eltern aus dem Machtbereich der einen Diktatur in den einer anderen geraten sind.

Und die nun manchmal bereits geistig verwirrte Mutter macht dem Sohn die Trennung noch schwerer. Immer öfter drängt sie ihn, doch endlich mal zu kommen. »Ich weiß, Du hast viel Arbeit«, schreibt sie Anfang September 1946. »Aber uns vergessen dürfen wir auch nicht.«[8]

Kästner seine Mutter vergessen? Das ist unmöglich. Immer wieder hat er Versuche unternommen, nach Berlin zu kommen, weil er für Berlin journalistische Reisegründe angeben kann. Auf dem Umweg über Berlin könnte er die Eltern in Dresden besuchen. Der erste Versuch scheiterte bereits auf dem Münchner Hauptbahnhof, da der Zugang zu den amerikanischen Wagen nur Uniformträgern erlaubt ist; das zweite Mal kommt er – trotz zusätzlicher Papiere der Amerikaner – nur bis Frankfurt am Main. Einen »normalen« und demzufolge überfüllten Zug aber kann der herzkranke Mann nicht nehmen. Zwei Nächte und einen Tag »in Eisenbahnkorridoren auf einem Bein stehen« oder »akrobatisch auf Waggondächern hocken«[9] – Reisestrapazen, wie sie in den ersten Nachkriegsjahren üblich sind – ist ihm nicht möglich.

Erst beim dritten Anlauf, im September 1946, gelingt die Reise. Mit einem Militärzug trifft Kästner auf dem Bahnhof Berlin-Wannsee ein. Freunde sind gekommen, um ihn zu begrüßen, darunter die Schauspielerin Käthe Dorsch, der Schriftsteller und Journalist Curt Riess und Kästners Berliner »& Co.«, seine Sekretärin Elfriede Mechnig, die über Kästners »elendes Aussehen« zutiefst erschrocken ist.[10]

Aber auch Kästner ist erschrocken. Er findet sein Berlin nicht wieder. Und das, obwohl er zehn Tage lang durch die Ruinenstraßen streift. Als er die Stadt verließ, war sie bereits zu großen Teilen den Bombardements der Amerikaner und Engländer zum Opfer gefallen; den Rest hat die Naziführung besorgt, als sie sich »bis zur letzten Patrone« gegen die anstürmende Rote Armee verteidigen ließ. Der ehemalige Berliner trifft viele Freunde und ist von ihrem Überlebensmut beeindruckt. Ob es ihnen aber gelingen wird, die Stadt wieder »hochzureißen«? Es hänge nicht von den Berlinern allein ab, konstatiert er, aber: »Wenn es den Berlinern nicht gelingen sollte, dann ist es überhaupt unmöglich.«[11] – Auch die zerstörte Stadt ist noch immer die »Geliebte«.

Gemeinsam mit Elfriede Mechnig, die auch in den Folgejahren Kästners Berliner »Filiale« leiten wird, fährt Kästner im Pkw nach Dresden weiter. Zum ersten Mal sieht er seine zerbombte Heimatstadt. Er steht »in der prächtigsten Straße mit den schönsten Schaufenstern der Welt, der herrlichsten Straße der Weihnachtszeit« – und befindet sich in einer »kilometerlangen, kilometerbreiten Leere. In einer Ziegelsteppe. Im Garnichts.«[12] – »Die Schule? Ausgebrannt ... Das Seminar mit den grauen Internatsjahren? Eine leere Fassade ... Die Dreikönigskirche, in der ich getauft und konfirmiert wurde? Der Turm steht wie ein Riesenbleistift im Leeren ... Das Japanische Palais, in dessen Bibliotheksräumen ich als Doktorand büffelte? Zerstört ... Die Frauenkirche, der alte Wunderbau, wo ich manchmal Motetten mitsang? Ein paar kläglíche Mauerreste … Die Oper? Der Europäische Hof? Das Alberttheater? Kreutzkamm mit den duftenden Weihnachtsstollen? Das Hotel Bellevue? Der Zwinger? Das Heimatmuseum? Und die anderen Erinnerungsstätten, die nur mir etwas bedeutet hätten? Vorbei.«[13]

Ein Jahrzehnt später wird er schreiben: »Noch heute streiten sich die Regierungen der Großmächte, wer Dresden ermordet hat. Noch heute streitet man sich, ob unter dem Garnichts fünfzigtausend, hunderttausend oder zweihunderttausend Tote liegen. Und niemand will es gewesen sein. Jeder sagt, die anderen seien dran schuld. Ach, was soll der Streit? Damit macht ihr Dresden nicht wieder lebendig! Nicht die Schönheit und nicht die Toten! Bestraft künftig die Regierungen, und nicht die Völker! Und bestraft sie nicht erst hinterher, sondern sofort! Das klingt einfacher, als es ist? Nein. Das ist einfacher, als es klingt.«[14]

Bei den Eltern hat Kästner sich vorher angekündigt. Er komme Sonnabend, schrieb er, wisse aber nicht genau, wann. Deshalb sollten sie lieber zu Hause auf ihn warten. Doch als er am Abend mit Elfriede Mechnig in der wenig zerstörten Königsbrücker Straße bei den Eltern klingelt, öffnet eine den Eltern inzwischen zugewiesene Untermieterin. Seine Mutter habe unbedingt zum Bahnhof gewollt, bekommt der Sohn zu hören. Dort würden die Eltern nun schon seit dem frühen Morgen auf ihn warten.

Sofort machen sich Kästner und Mechnig auf den Weg.

Im Neustädter Bahnhof ist der letzte Zug aus Berlin inzwischen eingetroffen und die Eltern haben sich bereits wieder auf den Heimweg gemacht. Der Sohn erkennt sie schon von Weitem. »Sie kamen die Straße, die den Bahndamm entlangführt, so müde daher, so enttäuscht, so klein und gebückt ... Da begann ich zu rufen. Zu winken. Zu rennen. Und plötzlich, nach einer Sekunde fast tödlichen Erstarrens, beginnen auch meine kleinen, müden, gebückten Eltern zu rufen, zu winken und zu rennen.«[15]

Die Mutter ist sehr alt geworden in den beinahe zwei Jahren, in denen Kästner sie nicht gesehen hat, wirkt verstört, begreift vieles nicht mehr. Der achtzigjährige Emil Kästner macht auf den Sohn einen rüstigen Eindruck und ist auch geistig noch wach.

Die Mutter braucht den Sohn. Es wäre ihr ein Trost, wenn er bliebe. Kästner weiß das. Aber er sieht auch, dass sich in der sowjetisch besetzten Zone neue Unfreiheit breitmacht. In Dresden würde er nicht so arbeiten können, wie er möchte. Und die alten Eltern nach München zu verpflanzen, ist unmöglich. So trennt man sich schweren Herzens wieder, und Kästner, dem ein Überleben in der rauen Viersektorenstadt Berlin zu anstrengend erscheint, beschließt, in München zu bleiben, in jener Stadt, die Lebensgenuss und Lebensfreude noch nicht verloren hat, wie er findet.

In der Schwabinger Fuchsstraße haben Luiselotte Enderle und er Anfang des Jahres eine möblierte Wohnung gefunden. Das ist ihm gerade recht; seit seine Berliner

Wohnung den Brandbomben zum Opfer gefallen ist, will er kein neues Eigentum mehr.

Im Sommer 1947 reist Kästner zum ersten Mal wieder ins Ausland. Ernst Wiechert, Johannes R. Becher und er sind eingeladen, am Internationalen Kongress des PEN-Clubs in Zürich teilzunehmen. Die Neugründung eines deutschen PEN steht auf der Tagesordnung. Dabei kommt es zu heißen Auseinandersetzungen. Was aus Deutschland werden soll, ist ein internationaler Streitpunkt; die Schriftsteller unterscheiden sich in dieser Hinsicht nur wenig von den Politikern.

Kästner wird gleich auf dem Bahnhof abgefangen. Er soll an der bereits stattfindenden Sitzung des Exekutivrates teilnehmen. Also deponiert er seine Koffer in der Gepäckaufbewahrung und lässt sich vom Empfangskomitee durch die Zürcher Bahnhofstrasse treiben, vorbei an prall gefüllten Schaufenstern mit all den Herrlichkeiten, von denen man in Deutschland zu jener Zeit kaum zu träumen wagt. Er muss aber auch an jenen Februar 1933 zurückdenken, als ihm die Emigranten aus Hitlerdeutschland hier entgegenkamen und er unbedingt nach Berlin heimkehren wollte.

Während des Kongresses wendet sich Kästner strikt gegen das Wort von der Kollektivschuld der Deutschen, mit dem die Gegner der Neugründung einer deutschen PEN-Organisation argumentieren. Eine Kollektivschuld, so führt er aus, würde auch all jene treffen, die zwölf Jahre lang Freiheit und Leben im Kampf gegen Hitler einsetzten. In der Folgezeit wird Kästner – nicht zuletzt aufgrund dieser Rede – zu einem der Sprecher der deutschsprachigen Autoren sowie 1949 zu einem der beiden Sekretäre des neu gegründeten, noch gesamtdeutschen PEN-Zentrums gewählt. 1951, nach dessen Spaltung, wird er Präsident des PEN-Zentrums (West); in dieser Funktion wird er elf Jahre lang immer wieder bestätigt werden.

1948 erscheinen unter dem Titel *Kurz und bündig* die Epigramme, an denen Kästner seit Jahren gearbeitet hat. Das Honorar für dieses Buch bekommt er erstmals wieder in »richtigem« Geld ausgezahlt, da im Juni des gleichen Jahres in den drei Westzonen Deutschlands die Währungsreform stattfindet: jeder Erwachsene darf vierzig »alte« Reichsmark gegen vierzig »neue« Deutsche Mark eintauschen; im August dann noch einmal zwanzig Mark, ganz egal, wie viel Bargeld man tatsächlich besitzt. Doch die Währungsreform bewirkt nicht die große Gleichmacherei, wie später viele behaupten; nur das alte Geld verliert seinen Wert – Fabriken, Maschinen, Häuser, Geschäfte, Grundstücke und Waren erfahren durch das neue, »wertvolle« Geld eine Wertsteigerung. Der Besitzer von Sachwerten ist dem Bargeldbesitzer oder Sparbuchinhaber gegenüber eindeutig im Vorteil.

Dennoch ist die Währungsreform für die westdeutsche Wirtschaft unerlässlich. Nur so kann eine Normalisierung der Lebensverhältnisse in Gang und dem Schwarzmarktunwesen ein Ende gesetzt werden. Für die Münchner

Schaubude und den so hoffnungsvoll gestarteten *Pinguin* allerdings bedeuten die »normalen Verhältnisse« das Aus: Die Leute sind erst mal arm; Lebensmittel, Kleider, notwendige Einrichtungsgegenstände haben Vorrang.

Ein weiterer Negativeffekt: Die durch die Währungsreform entstandenen Ungerechtigkeiten und Pleiten lassen die meisten Zeitgenossen übersehen, dass mit dieser Reform der erste Schritt zur Teilung Deutschlands getan wurde.

Bereits kurz nach dem Ende des Krieges erwies sich, dass die drei Westmächte und die Sowjetunion eine unterschiedliche Europapolitik verfolgen. Der UdSSR geht es nach der Ausweitung ihres Machtbereiches auf Osteuropa um dessen Absicherung; die Westmächte wollen den kommunistischen Einfluss begrenzen. Ein »Eiserner Vorhang« verläuft da auf einmal mitten durch den alten Kontinent – und damit auch mitten durch Deutschland. Die einseitige Währungsreform in den drei Westzonen und den Westsektoren Berlins führt zu weiteren Konflikten. Höhepunkt der Auseinandersetzungen: die zehn Monate dauernde Blockade Westberlins durch die Sowjetunion, die dem Ziel dient, die Westmächte mit der »Geiselnahme« dieses Teils der Stadt zu erpressen.

Ein untauglicher Versuch, denn den Amerikanern und Engländern gelingt das Unglaubliche: Sie versorgen Westberlin – und damit knapp zwei Millionen Einwohner! – über die sogenannte Luftbrücke die gesamten zehn Blockademonate lang mit allen notwendigen Lebensmitteln und sogar mit Heizmaterial. Damit hat die Sowjetunion die erste große Machtprobe des Kalten Krieges verloren; doch weitere werden folgen und oft wird das besiegte Deutschland im Blickpunkt der Weltöffentlichkeit stehen.

Kästner stellt als Folge dieser Nachkriegsquerelen früh »eine innerdeutsche Entfremdung« und ein gewisses »Zonendeutschtum« fest.

»Man ist zunächst einmal anglophil, russophil, frankophil, je nach der ortsansässigen Besatzung«, schreibt er seinen Landsleuten hinter die Ohren. Und fährt fort: »Es ist immer das alte Lied: Entweder wollen wir die Welt erobern oder zwischen Garmisch und Partenkirchen Grenzpfähle errichten. Uns auf normale Weise als Volk zu empfinden, liegt uns nicht besonders. Es wäre zu natürlich. Der gesunde Menschenverstand war noch nie unsere Stärke.«[16]

Als *Adresse an die Großmächte* schreibt er 1948:

»Man kann ganz ruhig drüber sprechen:
Auch wenn ihr die Kausalitäten verehrt
und wenn ihr der krassen Gerechtigkeit huldigt, –
neue Dummheiten werden durch alte Verbrechen
höchstens erklärt,
bestimmt nicht entschuldigt.«[17]

Die kleine Freiheit

Vernunft durch Erpressung.

Da samma wieda.

Ein Autor wird vereinnahmt.

Anfang 1949 erscheint nach elfjähriger Pause wieder ein Kinderbuch von Kästner: *Die Konferenz der Tiere.* Ein aktuelles Buch – damals wie heute: Da sich die Menschheit nicht friedlich einigen kann, treffen sich die Tiere aus Sorge um die Zukunft der Kinder ebenfalls zu einer Konferenz. Ihre Forderung an die Menschheit: die Aufhebung aller Grenzen, verbunden mit der Abschaffung jeglichen Militärs und aller Waffen. Als die Staatsoberhäupter der Menschen sich dieser Forderung widersetzen, werden sie von den Tieren »entmündigt«, indem die ihnen ihre Kinder stehlen, so wie man »Eltern, die nichts taugen«, ihre Kinder fortnimmt, um sie »geeigneteren Eltern« zu übergeben. Solchermaßen erpresst, werden die Menschen endlich »vernünftig«.

In diesem pazifistischen Märchen, das nach einer Idee von Jella Lepmann, der Gründerin der Internationalen Jugendbibliothek in München, entstand, setzt der Schulmeister Kästner erneut alle Hoffnung in die Kinder. Nur sie sind es wert, dass die Tiere sich dermaßen engagieren. Die Menschheit muss zur Vernunft gezwungen werden; mit »Einsicht« ist nicht mehr zu rechnen. Nach Meinung vieler Kritiker ist dies das beste aller Kinderbücher aus Kästners Feder.

Illustriert wird die *Konferenz der Tiere* wieder von Walter Trier, der nun in Toronto lebt. Zwischen Kästners und Triers Arbeitstisch liegt der Atlantische Ozean. Manuskript, Kästner'sche Skizzen für die von ihm vorgeschlagene Illustrationsweise und Triers Zeichnungen fliegen hin und her – und es entsteht ein wunderschönes Bilderbuch, das Kästner eines Tages Walt Disney, als der in München weilt, zur Verfilmung anbietet. Schließlich könnte aus dem satirischen Märchen ja auch ein erfolgreicher Trickfilm werden. Der Vater von Bambi, Mickymaus und Donald Duck aber nimmt kaum den Zahnstocher aus dem Mund: »No politics!«

Zwanzig Jahre später wird unter der Regie von Curt Linda doch noch ein Zeichentrickfilm aus der Geschichte; keine Disney-Qualität, dafür aber auch ohne Disney'sche Sentimentalität und Süße.

In dem Jahr, in dem die *Konferenz der Tiere* in Deutschland erscheint, werden im Heimatland des Autors allerdings keine Grenzpfähle abgerissen. Im Gegenteil: Es entstehen neue Grenzen, die noch zu Kästners Lebzeiten mit Mauer, Stacheldraht und Selbstschussanlagen bestückt werden. Der Eiserne Vorhang, der die Welt teilt, schneidet sich von Jahr zu Jahr tiefer ins deutsche Fleisch. Und die Deutschen arbeiten emsig daran mit: Am 23. Mai 1949 tritt das Grundgesetz der Bundesrepublik Deutschland in Kraft, am 14. August finden die ersten Wahlen zum Deutschen Bundestag statt, am 7. September kommt es zur ersten Sitzung des neuen (west)deutschen Parlaments, am 15. September wird Konrad Adenauer mit einer Stimme Mehrheit – seiner eigenen! – zum ersten Bundeskanzler der neuen westdeutschen Republik gewählt. Die Antwort aus dem Osten erfolgt prompt: Gründungstag der Deutschen Demokratischen Republik ist der 7. Oktober desselben Jahres.

Feindliche Brüder und Schwestern werden sich da vierzig Jahre lang gegenüberstehen. Und als 1989 die Mauern zwischen Ost und West endlich abgerissen werden, ist die Entfremdung der Menschen in den beiden Deutschlands deutlich zu spüren. Das gilt auch für die Autoren und Autorinnen in den beiden deutschen Staaten: Im September 1949, als die deutsche Spaltung längst nicht mehr aufzuhalten ist, sitzt man in Göttingen noch beisammen, um – in der Hoffnung, dass die deutsche Teilung nicht von Dauer ist – ein gesamtdeutsches PEN-Zentrum zu gründen. Ab 1951 ist eine überstaatliche Schriftstellervereinigung nicht mehr möglich. In Deutschland-Ost und Deutschland-West werden eigene PEN-Zentren gegründet, die anfangs noch lose, später gar nicht mehr zusammenarbeiten. Neun Jahre nach dem Fall der Mauer existieren beide Zentren immer noch. Genauso wie das dritte deutsche PEN-Zentrum, das der deutschsprachigen Exilautoren in London, eine in den Jahren der Nazidiktatur notwendig gewordene Gründung. Offensichtlich ist es leichter, das Trennende auszuleben, als das Gemeinsame zu finden. Erst 1998 werden sich das ost- und das westdeutsche PEN-Zentrum wieder zusammenschließen.

Und der »private« Kästner jener Tage? James Krüss beschreibt ihn so: »Im Jahre 1949 wartete ich auf dem Odeonsplatz in München auf das Grünlicht für Fußgänger. Mir gegenüber auf der anderen Straßenseite tat ein Herr dasselbe. Ich hatte Muße, ihn zu betrachten. Dabei versuchte ich … seinen Beruf zu erraten. Der Herr trug einen Homburg, einen leichten grauen Mantel zu einem Flanellanzug, leichte italienische Schuhe und über dem Arm einen eingerollten Regenschirm. Die starken schwarzen Brauen hatten schon Spuren von Grau, der Mund schien darin geübt, sich das Lachen zu verbeißen … möglicherweise Galeriedirektor, wahrscheinlich Bankdirektor, der altchinesische Keramik oder Fayencen sammelt …« Tags darauf steht Krüss vor Kästners Tür und erkennt in ihm jenen »Bankdirektor« vom Odeonsplatz wieder: »Der Mann, der die sogenannte Moderne mit formulieren half, lebt in Empiremöbeln in Weiß und Gold; der Mann, der so leicht und mühelos zu formulieren scheint, macht sich's unendlich schwer beim Schreiben – sogar äußerlich: Er schreibt entweder an einem unbequemen Tisch unter Geräuschen eines gut besuchten Kaffeehauses (nun das Café *Benz* in der Leopoldstraße, K. K.) oder auf der Marmorplatte vor seinem Fenster. Dabei sitzt er auf einem gräßlich unbequemen hölzernen Empiresessel und muß mit den Knien, die er unter den Marmor zwängt, einige Bände Dostojewski in ein Regal drücken.«[1]

Krüss beschreibt einen älteren, saturierten Herrn, der es sich ab und zu etwas unbequem macht. Doch der Anschein trügt: Je mehr das Nachkriegsleben geregelte Formen annimmt, desto unerbittlicher kritisiert Kästner erneut seine Zeit. Längst hat er erkannt, dass in der Bundesrepublik Deutschland kein wahrhafter Neubeginn, sondern nur die Restauration der alten, gescheiterten Weimarer Republik stattfindet. Also geht er wieder gegen Blindheit, Dummheit und Vergesslichkeit an. Es soll sich nicht wiederholen, was 1914 begann und 1939 seine Fortsetzung fand. Doch so weit er blickt: kein Aufbegehren gegen diese Politik, keine Gegenwehr der Intellektuellen.

In dem Artikel *Das Zeitalter der Empfindlichkeit* zitiert Kästner seinen Meister Tucholsky:

»Sag mal, verehrtes Publikum:
bist du wirklich so dumm?
Ja, dann …
Es lastet auf dieser Zeit
der Fluch der Mittelmäßigkeit.
Hast du so einen schwachen Magen?
Kannst du keine Wahrheit vertragen?
Bist also nur ein Grießbreifresser?
Ja, dann …
Ja, dann verdienst du's nicht besser!«

Und er fährt fort: »Was schriebe er erst, wenn er noch lebte? Über das Publikum? Und gar über unsere Repräsentanten? Ganz besonders über unsere Rrrrrepräsentanten und -onkels, die, faßt man sie am Knopf, Hilfe schreien, weil sie ihre Knöpfe mit den heiligsten Gütern der Nation verwechseln? Und was schließlich schriebe er über seine lieben Kollegen? Ehrlichkeit, Verstand, Mut, Talent und kaltes Feuer, noch dazu in Personalunion, wie selten sind sie geworden ... Kritik, Kontroverse, Pamphlet und Polemik sind mehr denn je Fremdwörter. Die Leser müssen wieder lesen, und wir Publizisten müssen wieder schreiben lernen.«[2]

Noch deutlicher wird Kästner, wenn er für das Kabarett textet. Die *Schaubude* gibt es nicht mehr, dafür wird am 25. Januar 1951 in München *Die kleine Freiheit* eröffnet. Leiterin dieses inzwischen legendären Nachkriegskabaretts ist die aus der Emigration zurückgekehrte Trude Kolman. Das Eingangsgedicht, nach dem *Die kleine Freiheit* benannt wird, stammt aus Kästners Feder – eine erste, zornige Bestandsaufnahme der Entwicklung in der jungen Bundesrepublik:

»Die große Freiheit ist es nicht geworden.
Es hat beim besten Willen nicht gereicht.
Aus Traum und Sehnsucht ist Verzicht geworden.
Die Angst ist erste Bürgerpflicht geworden.
Die große Freiheit ist es nicht geworden,
die kleine Freiheit – vielleicht.«[3]

Kürzer ist die Enttäuschung über die Flucht ins Wirtschaftswunder nicht zusammenzufassen. Als Kästner noch für die *Schaubude* textete, war ein leiser, optimistischer Unterton nicht zu überhören, jetzt schwingt wieder die alte Melancholie mit; erstes Anzeichen einer erneuten Resignation. Und die ist nicht unberechtigt: 1945 forderten die vier Siegermächte im Potsdamer Abkommen noch Deutschlands völlige Entwaffnung, jetzt sind die drei westlichen Alliierten schon wieder an einer militärisch starken Bundesrepublik und die Sowjetfeldherren an einer »verteidigungsfähigen« DDR interessiert. 1949 erklärte der spätere Atom- und Verteidigungsminister Franz Josef Strauß noch, seine Hand werde verdorren, falls er je wieder ein Gewehr anfassen sollte, und der erste deutsche Bundeskanzler Adenauer beteuerte, er wünsche keineswegs eine Armee, »nachdem so viel Blut auf den Schlachtfeldern vergossen worden ist«. Jetzt wird über einen deutschen Verteidigungsbeitrag verhandelt: der Preis für die volle Souveränität der Bundesrepublik und ihre Integration in die westliche Staatengemeinschaft. Ein politisches Geschäft, dieser Vertrag zur Gründung der Europäischen Verteidigungsgemeinschaft, der am 27. Mai 1952 in Paris unterzeichnet und im Oktober 1954 ebendort besiegelt wird. Nur wenige Tage später unterzeichnen die Staaten des Ostblocks den Warschauer Vertrag – und damit ist die Fortdauer des Kalten Krieges für die nächsten Jahrzehnte besiegelt.

Im Westen Deutschlands gibt es Proteste gegen die

Wiederaufrüstung. Die Gewerkschaften, die SPD und die Kirchen halten Kundgebungen ab – ohne Erfolg.

Selbstverständlich ist auch der Antimilitarist Kästner ein erklärter Gegner der Wiederaufrüstung. In einem seiner Chansons, das 1952 in der *Kleinen Freiheit*, aber auch oft in anderen deutschen Kabaretts vorgetragen wird, heißt es:

>»Alle mal herhören!
>Auch die, die schwer hören …
>Fern von blutigen Geschäften
>kam man im Verlauf der Zeit
>wieder zu Pension und Kräften.
>Und nun ist es wieder soweit!
>In der Luft, zu Wasser und zu Lande, –
>ohne uns komm'n die anderen nicht zurande!
>Noch ist's ihnen etwas fatal.
>Doch sie brauchen uns wieder einmal …
>Hauptsache, daß wir wieder Ordnung kriegen.
>Und daß wir wieder mal richtig liegen.
>Und wenn's sein muß, zum drittenmal siegen!«[4]

Jahre zuvor hat er die Nachkriegszeit »halbes Waisenhaus, halbes Massengrab« genannt. Jetzt geht es nicht mehr nur um eine »normale« Kriegsgefahr, es geht um die Warnung vor einem Atomkrieg. Der Abwurf der amerikanischen Atombomben auf Hiroshima und Nagasaki hat die Menschheit das Ausmaß ihrer Selbstvernichtungsmöglichkeiten erahnen lassen, in den Fünfzigerjahren jedoch gibt es bereits »weit wirksamere« Vernichtungswaffen. Und nicht nur die »Qualität«, auch die Quantität der vorhandenen Waffen steigt täglich. 1954 werden bereits fünfzigtausend Atomraketen diesseits und jenseits des Eisernen Vorhangs gelagert, davon allein im Westen fünfunddreißigtausend. Kanzler Adenauer verteidigt dieses Horten von Waffen, mit denen der Erdball gleich mehrfach zu vernichten ist, auf seiner Pressekonferenz vom 5. April 1957 mit den Worten: »Unterscheiden Sie doch die taktischen und die großen atomaren Waffen. Die taktischen Waffen sind nichts weiter als die Weiterentwicklung der Artillerie. Selbstverständlich können wir nicht darauf verzichten, daß unsere Truppen auch in der normalen Bewaffnung die neueste Entwicklung mitmachen.«[5]

Nur sieben Tage später wird ihm in der *Göttinger Erklärung* von achtzehn deutschen Wissenschaftlern, darunter die Nobelpreisträger Max Born, Otto Hahn, Werner Heisenberg und Max von Laue, widersprochen: »Es gibt bei einem Atomkrieg keinen Schutz für die Armeen, die in einen Atomkrieg verwickelt sind, es gibt keine Rettung für die Bevölkerung, es gibt nur Vernichtung.« Adenauer kann den Professoren nicht einmal vorwerfen, sie sympathisierten mit den Kommunisten, denn sie stellen ausdrücklich fest: »Wir bekennen uns zur Freiheit, wie sie heute die westliche Welt gegen den Kommunismus vertritt. Wir leugnen nicht, daß die gegenseitige Angst vor den Wasserstoffbomben heute einen wesentlichen Beitrag zur

Erhaltung des Friedens in der ganzen Welt und der Freiheit in einem Teil der Welt leistet.« Sollte aber ein Krieg ausbrechen, würden die Mächtigen nicht zögern, auf die wohlgefüllten atomaren Waffenarsenale zurückzugreifen.[6]

Als Reaktion auf den Appell der Göttinger Wissenschaftler entsteht in wenigen Monaten die bis dahin größte in Deutschland bekannte außerparlamentarische Opposition. Gewerkschaftler, Priester, Politiker, Intellektuelle, Arbeiter, Künstler und Wissenschaftler gehen auf die Straße und demonstrieren gegen die regierungsamtlichen Beschwichtigungen. Am 10. März 1958 starten die SPD und die Gewerkschaften die Aktion *Kampf dem Atomtod*. Neben Ulrich Becher, Hans Henny Jahn, Siegfried Lenz und Günter Weisenborn, dem Regisseur Erwin Piscator und vielen berühmten Schauspielern jener Tage unterstützt auch Kästner diese Aktion. Im Januar 1959, als in Berlin ein großer Studentenkongress stattfindet, der sich mit der Atombewaffnung der Bundeswehr auseinandersetzt, ist er neben Walter Jens, Eugen Kogon, Hans Werner Richter und anderen Prominenten ebenfalls dabei. Alles vergebens. Am 25. März 1959 beschließt der Deutsche Bundestag mit Regierungsmehrheit die Stationierung von Atomraketen auf deutschem Boden.

Es sei »der Routinetraum deutscher Generäle, Westdeutschland, wenn nicht gar die westliche Welt bei Hof und Helmstedt mit taktischen Atomwaffen zu retten«, ruft Kästner in seiner Ansprache vor den Ostermarschierern des Jahres 1961 auf dem Münchner Königsplatz aus. »Die

Herren haben bekanntlich den Ersten und den Zweiten Weltkrieg gewonnen. Denn wo nähmen sie sonst ihre großen Worte her? Welches Argument könnten sie sonst für ihre dritte Siegeszuversicht ins Treffen führen? Ins Atomtreffen?« Er äußert seine Besorgnis, die Oppositionspartei SPD könne eines Tages »in die CDU eintreten«, und hofft auf jene Militärtheoretiker, die erkannt haben, dass allein mit Aufrüstung kein Krieg zu verhindern sei. Er fordert zum »friedlichen Streit für den Frieden« auf und schließt mit den Worten: »Resignation ist kein Gesichtspunkt.«[7]

Dabei hat er zu jener Zeit bereits resigniert. Er will es nur noch nicht zulassen, kämpft dagegen an, hat aber jede Hoffnung, diesen Kampf gewinnen zu können, längst aufgegeben. Der Neubeginn mit den »alten« Menschen ist schwerer als erwartet, wenn nicht sogar unmöglich – weil das Alte nicht wirklich vergangen ist.

Immer wieder macht Kästner diese Erfahrung. Das erste Mal bereits 1948: Da wird in Tirol mal wieder ein Film gedreht. Er spielt im Dritten Reich. Acht Statisten aus dem Dorf werden in SS-Uniformen gesteckt. Es sind große, schöne, »männliche« Männer. In einer Drehpause trinkt die falsche SS ein wenig über den Durst und schreitet in ihren Uniformen lustig durchs Dorf, um sich schließlich einem Bus in den Weg zu stellen. Einer reißt die Tür auf. »Alles aussteigen!«, brüllt er. Und: »Da samma wieda!« Dann beginnen die acht Männer in den SS-Uniformen den ängstlichen Fahrgästen Fragen zu stellen, Brieftaschen zu kontrollieren, Pässe zu visitieren. Der Regisseur des Films bemerkt den »Unfug«, schickt »seine SS« ins Wirtshaus zurück und klärt die Reisenden über den »Scherz« auf. Bei einem der Fahrgäste muss er sich im Bus entschuldigen. Der alte, kränkliche Herr konnte vor Schreck nicht aussteigen. Er stammt aus dieser Gegend, war Nazigegner und hatte in den zwölf braunen Jahren öfter mit der SS »Bekanntschaft« gemacht. Bleich wie der Tod, hört er sich die Erklärungen des Regisseurs an, der ihm versichert, die acht Männer wären nur harmlose, muntere Skilehrer und Hirten aus dem Dorf. Der alte Herr jedoch lässt sich nicht beschwichtigen. Er hat die acht wiedererkannt – es waren dieselben, mit denen er es schon vor 1945 zu tun bekommen hatte.[8]

Da samma wieda! Es sind viele »wieder da«, die mal kurz weg waren: Bereits im ersten Bundestag sitzen dreiundfünfzig ehemalige Nazis! Zwei Generäle der nazitreuen Wehrmacht, Hans Speidel und Adolf Heusinger, werden Generalleutnants der neu gegründeten Bundeswehr. Hans Globke, unter Hitler Spezialist für Judenangelegenheiten und Mitarbeiter an den Nürnberger Rassengesetzen, wird Staatssekretär im Bundeskanzleramt und bleibt das zehn Jahre lang (1953–1963). Theodor Oberländer, Nazi von Anfang an und in Verdacht, 1941 Mitbeteiligter an einem Massaker an der jüdischen Bevölkerung Lembergs gewesen zu sein, wird Vertriebenenminister und tritt erst 1960 zurück. Der ehemalige Nazi Kurt Kiesinger (Mitgliedschaft in der NSDAP von 1933 bis 1945) wird Bundeskanzler (1966–1969), der ehemalige Marinerichter Hans

Filbinger, der noch in den letzten Kriegstagen einen jungen Deserteur zum Tode verurteilt hat, Ministerpräsident von Baden-Württemberg (1966–1978). Die Liste könnte fortgesetzt werden, von den Nazirichtern, die, niemals vor Gericht gestellt, in Ruhe ihre Pensionen verzehren dürfen, bis hin zu den KZ-Ärzten, die ins Ausland fliehen können und dort, dank der nur zögerlich gestellten Auslieferungsanträge durch die Bundesrepublik, in »Würde« sterben.

Andere, wie der spätere Bundeskanzler und Friedensnobelpreisträger Willy Brandt oder die Schauspielerin Marlene Dietrich, müssen sich vorwerfen lassen, emigriert zu sein und von außen gegen »Deutschland« gekämpft zu haben. Da wird auf einmal »Nazitum« mit »Deutschland« gleichgesetzt; so verräterisch ist die Sprache.

Kann man aus der Geschichte lernen? Diese Frage Alexander Mitscherlichs stellt sich auch Kästner immer wieder. Und da er nach wie vor die einzige Chance in der Erziehung der Jugend sieht, kritisiert er heftig, dass die jüngste deutsche Geschichte in den (west)deutschen Schulen nicht thematisiert wird, und verlangt, dass alle Dokumente über die Verbrechen des Dritten Reichs gesammelt und ausgewertet werden, damit sie möglichst bald zu besichtigen sind. Besonders von Schulklassen. Für Kästner gibt es auf Mitscherlichs Frage nur eine Antwort: Die Menschheit muss aus der Geschichte lernen. »Erdbeben, Überschwemmungen und Vulkanausbrüche mögen wie ein unausbleibliches Schicksal hingenommen werden müssen. Doch dem Krieg, der gewaltigsten aller Katastrophen, einer der wenigen, die beim ›Menschen selbst‹ liegen, kann und soll und muß mit allen Mitteln begegnet werden.«[9]

So Kästner 1946. Der Kästner der Fünfzigerjahre, für den »Resignation kein Gesichtspunkt« sein darf und der weiter anschreibt gegen kriegerischen Ehrgeiz, Denkfaulheit, falsch verstandenes Heldentum, Nationalismus und internationales Spießertum, bekennt 1956 im Vorwort zu einer neu herausgegebenen Auswahl seiner Schriften: »Die Auswahl reicht von Anklagen gegen die Nachlaßverwalter des Ersten bis zu Warnungen vor den Formgestaltern des Dritten Weltkriegs. Und sie reicht vom Elan eines jungen Menschen, der an die Macht des vernünftigen Worts glaubte, bis zur Skepsis eines älteren Mannes, dem sein Kinderglauben abhanden kam ... Er weiß nun, daß Dummheit unbelehrbar und Bosheit unbekehrbar ist. Das stimmt ihn resigniert. Er weiß aber auch, daß es viele einzelne gibt, denen das zusammengehörige Wort das Herz stärkt und den Rücken steift ... Und deswegen resigniert er nicht.«

Das klingt ein wenig wie Pfeifen im Wald. Und tatsächlich, wenige Zeilen später rückt Kästner diese Aussage wieder zurecht: »Man altert nicht von ungefähr. Man rennt nicht ungestraft ein Leben lang mit demselben Kopf gegen dieselben Wände. Immer wieder kommen Staatsmänner mit großen Farbtöpfen des Wegs und erklären, sie seien die neuen Baumeister. Und immer wieder sind es nur Anstreicher. Die Farben wechseln, und die Wände bleiben.«[10]

1971, anlässlich einer Neuauflage dieses Auswahlbändchens, fügt er dem Vorwort dann noch eine Bemerkung an: »Vor fünfzehn Jahren schrieb ich: ›Die Dummheiten wechseln, und die Dummheit bleibt.‹ Ich muß mich heute korrigieren. Auch die Dummheiten sind die alten geblieben.«[11]

Mit zweiundsiebzig Jahren sieht er keinen Grund mehr, sich nicht zu seiner Resignation zu bekennen.

Mit »Die Farben wechseln, und die Wände bleiben« greift Kästner die Grundstimmung auf, die ihn 1956 – mitten in der Restauration der »alten Werte« – erfasst hat. Noch deutlicher wird das an seinem Stück *Die Schule der Diktatoren*, das 1957 in den Münchner Kammerspielen uraufgeführt wird. In diesem politischen Schulstück geht es um eine Clique weniger Mächtiger – Kriegsminister, Premier, Leibarzt und »Professor« –, die einen Staat beherrschen, »indem sie den bei einem Attentat umgekommenen oder sonst wie ermordeten Präsidenten durch immer neue Abbilder, Doppelgänger des Verstorbenen, ersetzen … Einer der zukünftigen Diktatoren … versucht einen Staatsstreich, wird aber von seinen Mitverschworenen verraten, die sich als neue Machthaber etablieren.«[12]

Bereits unter der Hitlerdiktatur entwarf Kästner den Plan für diese Parodie auf den totalitären Staatsmechanismus. Hauptsächlich aber geht es ihm nicht darum, »*eine*, sondern *jede* Diktatur in ihrer Substanz zu zeichnen, den Mechanismus der Macht … das Wiederholbare … die Austauschbarkeit der Führungsmarionette«[13].

Kann ein solches Stück beim Publikum Beifall finden? Es erfährt »am deutschen Beispiel, daß sich der Mensch, unter Beibehaltung seiner fotografischen Ähnlichkeit, bis zur Unkenntlichkeit verunstalten läßt«. So Kästner in der Vorbemerkung zu diesem Stück. Und weiter: »Dressierte Hunde, auf den Hinterbeinen hüpfend und in Puppenkleidern, wirken abscheulich genug – aber der dressierte, seine Würde und sein Gewissen apportierende, der als Mensch verkleidete Mensch ist der schrecklichste Anblick.« Genau diesen Anblick aber führt Kästner seinem Publikum vor und betont auch noch, dass es sich um »keine Satire« handelt, sondern »den Menschen, der sein Zerrbild eingeholt hat, ohne Übertreibung« zeigt.[14]

Das Publikum der Fünfzigerjahre kann dieses Stück nicht mögen, zu deutlich ist die Erinnerung an die Zeit, als man seine eigene Würde, das eigene Gewissen apportierte. Das Stück geht an den Nerv – und das will man nicht in jenen Jahren des Verdrängens.

Die Kritik reagiert unterschiedlich. Die einen suchen vergeblich nach dem Erbaulichen, andere loben das Werk als echtes Zeitstück, das Kästner nicht nur mit Gift und Galle, sondern auch mit Herzblut geschrieben habe. Werner Schneyder urteilt 1982: »Ein imponierend konzipiertes Planspiel«, doch er schränkt ein: »Planspiel bleibt Planspiel. Gedankenschach mit Unmenschen kann nicht interessieren.«[15]

Der Kästner, den das Publikum und auch die Kritik liebt und zum Teil unkritisch verhätschelt, das ist nicht der scharfsinnige Kritiker deutscher Verhältnisse, sondern der nette Erzähler der *Drei Männer im Schnee* und erst recht der freundliche Kinderbuchautor. Bei der Durchsicht von mehr als hundert bundesdeutschen Lesebüchern für Schüler ab zehn Jahren findet man im Internationalen Schulbuchinstitut in Braunschweig Mitte der Sechzigerjahre nur etwa zwanzig Beiträge aus der Feder Erich Kästners – Auszüge aus seinen Kinderbüchern und wenige, allgemein bekannte Gedichte und Sinnsprüche. In den durchgesehenen Büchern für die Oberstufe der Gymnasien lässt sich kein einziger Beitrag Kästners finden[16]; kein *Sergeant Waurich*, kein *Kennst Du das Land, wo die Kanonen blühen?*, kein *Marschlied 1945*, kein einziger Kästner-Text, der die Jugend der Sechzigerjahre mit dem Versagen ihrer Väter und Großväter konfrontiert hätte. Die Tatsache, dass nach dem Krieg über fünfzig westdeutsche Schulen nach diesem Autor benannt werden, ändert daran nichts: Es ist der Kinderbuch-Kästner, der hier geehrt wird, nicht der Autor, dem das *Herz auf Taille* geschnürt wurde.

In der DDR hingegen findet man immer wieder kritische Kästner-Texte in den Schulbüchern. Dieser deutsche Staat, so militaristisch er sich sonst gebärdet, legt der Jugend Kästners antimilitaristische Gedichte vor – und lässt sie so interpretieren, als richteten sie sich einzig und allein gegen die Militaristen der kapitalistischen Welt; jener Welt, vor der der »Sozialismus« sich mit Waffen schützen müsse.

So bastelt sich jeder deutsche Staat den Kästner zurecht,

den er gebrauchen kann; der »wahre« Kästner kommt in beiden Systemen zu kurz.

Kästners größter Nachkriegserfolg werden dann auch nicht seine wiederaufgelegten Gedichte oder die Neuausgabe des *Fabian*, der ja vor 1933 nur anderthalb Jahre erhältlich war, sondern Geschichte und Film vom *Doppelten Lottchen*.

Das Filmtreatment hatte Kästner bereits 1942 geschrieben. *Das große Geheimnis* lautete damals der Titel. 1949 kommt der Kinderroman nach diesem Stoff heraus, gleichzeitig beginnen die Vorarbeiten für den Film, der dann in beiden Deutschlands laufen und 1950 den ersten Bundesfilmpreis erhalten wird.

Aus heutiger Sicht ist *Das doppelte Lottchen* eine freundlich-heitere Geschichte, die in einem Satz zusammenzufassen ist: Ein Zwillingspaar, das durch die Scheidung der Eltern kurz nach der Geburt auseinandergerissen wurde, lernt sich im Ferienheim zufällig kennen und bringt durch Rollentausch die geschiedenen Eltern wieder zusammen. Doch die vergnüglich zu lesende – und im Kino genauso vergnüglich anzuschauende – Geschichte enthält ein großes Stück Realität, nämlich die, dass Kinder unter der Scheidung ihrer Eltern leiden. Für die Pädagogenwelt der Fünfzigerjahre ein Skandal. Vor allem, weil Kästner nicht vergisst anzufügen, dass nicht alle Scheidungsgeschichten gut enden und dass Kinder, deren verkrachte Eltern sich nicht scheiden lassen, unter dieser Nicht-Scheidung genauso oder sogar noch mehr leiden können. Das ist für die große Mehrheit der Pädagogen jener Jahre zu viel Realismus im Kinderbuch. Sie stufen es als »nicht empfehlenswert« ein.

Kästners Leser – vor allem die Kinder – kümmert das wenig. Sie lieben das Buch. Und so mancher Erwachsene beginnt zu ahnen, dass die Wirklichkeit, der die Kinder ausgesetzt sind, sich nach dem Zweiten Weltkrieg sehr verändert hat. Und dass eine neue Wirklichkeit neue Kinderbücher erfordert.

Der dreizehnte Monat
Mutter und Geliebte.
Ich möchte endlich einen Jungen haben.
Ein früher Winter.

Im Mai 1951 stirbt die Mutter. Emil Kästner hat die Frau, die ihr Leben lang nicht viel von ihm hielt, in den letzten Monaten ihres Lebens auf rührende Weise versorgt. Tag für Tag ist der Fünfundachtzigjährige mit einer Thermosflasche voll dünnem Kakao ins Sanatorium gelaufen, hat ihr das Mundtuch umgebunden, von dem Getränk eingeflößt und Nachrichten über den Sohn im fernen München erfunden. Seine Frau fasste kaum noch, was er ihr erzählte. Und als der Sohn die Mutter das letzte Mal besuchte, erkannte sie selbst ihn nicht mehr, der doch Inhalt und Sinn ihres Lebens war. Sie lächelte nur verwirrt und fragte: »Wo ist denn der Erich?«[1]

Unter den vielen Gedichten, die Kästner in seinem Leben geschrieben hat, gibt es nur ein einziges bedingungsloses Liebesgedicht. Es galt ihr:

»Seine Mutter hielt den Kopf gesenkt,
und sie schrieb gerade an den Vater:
›Heute abend gehn wir ins Theater,
Erich kriegte zwei Billetts geschenkt.‹
Ihn ergriff das Bild. Er blickte fort.

Wenn sie mir schreibt, mußte er noch denken,
wird sie ihren Kopf genau so senken.
Und dann las er. Und verstand kein Wort.

Seine Mutter saß am Tisch und schrieb.
Ernsthaft rückte sie an ihrer Brille.
Und die Feder kratzte in der Stille.
Und er dachte: Gott, hab ich sie lieb!«[2]

Als der Pfarrer, der die Trauerrede halten soll, diese mit dem Sohn bespricht und ihn dabei nach seinem Beruf fragt, explodiert Kästner: Dreißig Jahre lang hat seine Mutter geschuftet und alles Geld zusammengekratzt, nur damit aus ihm etwas wurde, und nun weiß der Pfarrer ihrer Gemeinde nicht mal, was aus ihrem Sohn geworden ist!

Emil Kästner überlebt seine Frau um sechs Jahre. Und nun, da die Mutter mit ihrer übergroßen, besitzergreifenden Liebe nicht mehr zwischen Emil und Erich Kästner steht, entwickelt sich ein inniges Verhältnis zwischen den beiden Männern. »Mein lieber, guter Papa!«, schreibt Kästner jetzt an den Mann, von dem er weiß, dass er nicht sein Vater ist und nie sein Vater sein durfte, und schickt ihm »Milliardonen Grüße und Küsse«.

1956 macht der inzwischen neunundachtzigjährige Emil Kästner dann seine erste große Reise – nach München, zum Sohn. Ida Kästner und auch er hatten es der Stadt stets verübelt, dass sie ihnen ihren Erich nahm. Jetzt gefällt es dem alten Herrn in München. Das Oktoberfest, das Hofbräuhaus, der gemütliche kleine Jahrmarkt in der Au – ein schönes Beisammensein für Vater und Sohn.

Ob die beiden Männer in den gemeinsamen Stunden jemals über Kästners wahre Herkunft sprachen? Fotos aus dieser Zeit dokumentieren ein herzliches Einvernehmen.

Kästner und Enderle leben inzwischen längst nicht mehr möbliert. 1953 haben sie in der Münchner Flemingstraße ein kleines Reihenhaus gemietet. Direkt am Schwabinger Herzogpark: Wiese, Bäume, lärmende Vögel vor dem Fenster, vier Katzen im Haus, ein winziges Bächlein davor. Doch zu Hause zu arbeiten hält Kästner nach wie vor für barbarisch, so führt er sein altes Leben weiter, steht gegen Mittag auf und begibt sich nachmittags Punkt halb fünf in sein Schreibcafé. Dort bestellt er seinen ersten Whisky, raucht viel, liest die Post und diktiert seiner Münchner Sekretärin Briefe. Abends geht er »auf Montage«, wie er seine Besuche in den kleinen, seriösen »Schreibbars« jetzt nennt. Vor fünf Uhr morgens kommt er immer noch nicht ins Bett. Schreibt er doch mal zu Hause, klemmt er sich mit seiner Schreibmaschine ans Fensterbrett und genießt den Blick in seinen Garten.

Im Herbst 1957 treffen sich Vater und Sohn noch einmal in Berlin, Silvester 1957 stirbt Emil Kästner fast einundneunzigjährig in Dresden. Zwei Wochen zuvor, am 15. Dezember 1957, wird Kästners Sohn Thomas geboren.

»Ich möchte endlich einen Jungen haben,
so klug und stark, wie Kinder heute sind.
Nur etwas fehlt mir noch zu diesem Knaben.
Mir fehlt nur noch die Mutter zu dem Kind«[3],

dichtete der zweiunddreißig Jahre junge, erfolgreiche Lyriker im März 1931. Ein Vierteljahrhundert später hat er die »Mutter zu dem Kind« gefunden. Doch es ist nicht Luiselotte Enderle – Kästners langjährige Lebensgefährtin wird erst drei Jahre nach der Geburt des Sohnes von dieser Vaterschaft erfahren –, Mutter von Kästners »Jungen« wird seine Geliebte Friedel Siebert. 1949 hat der fünfzigjährige Kästner die damals Dreiundzwanzigjährige kennengelernt, zwanzig Jahre wird ihre Bindung währen, bis Friedel Siebert sie schließlich löst, da Kästner nicht bereit ist, sich von Luiselotte Enderle zu trennen.

Die Lebensgefährtin wiederum, die über Kästners Verhältnis zu Friedel Siebert, nicht aber über den Sohn informiert war, fühlt sich »hereingelegt«[4]. Sie, die Kästner sein halbes Leben lang begleitete, bekommt seit seiner Bekanntschaft mit Friedel Siebert nur noch eine Art Mutterrolle zugewiesen. Eines aber trifft sie noch tiefer: Immer hatte sie geglaubt, Kästner wolle kein Kind – nun wollte er doch eines, aber von einer anderen. Und er brachte es drei Jahre lang nicht fertig, ihr von dem Sohn zu berichten! Dennoch will auch sie sich nicht von Kästner trennen: Sie liebt den Mann, den sie seit ihrer frühen Jugend kennt. Also akzeptiert sie die Mutterrolle, akzeptiert sie sogar über seinen Tod hinaus, indem sie ihn – auch in ihrer Biografie über ihn – vor allem bewahrt, was sein Bild in der Öffentlichkeit trüben könnte.

»Zu Anfang braucht ein Kind die Mutter sehr.
Doch wenn du größer wirst, brauchst du den Vater«,

schrieb Kästner 1931 an seinen Sohn und versprach ihm:

»Ich will mit dir durch Kohlengruben gehn.
Ich will dir Parks mit Marmorvillen zeigen.
Du wirst mich anschaun und es nicht verstehn.
Ich werde dich belehren, Kind, und schweigen.

Ich will mit dir nach Vaux und Ypern reisen
und auf das Meer von weißen Kreuzen blicken.
Ich werde still sein und dir nichts beweisen.
Doch wenn du weinen wirst, mein Kind,
      dann will ich nicken.«

Zum Schluss allerdings warnt er den Sohn:

»Wenn du trotzdem ein Mensch wirst,
      wie die meisten,
all dem, was ich dich schauen ließ, zum Hohn,
ein Kerl wie alle, über einen Leisten,
dann wirst du nie, was du sein sollst: mein Sohn!«[5]

Der Vater wird nie mit dem Sohn durch Kohlengruben gehn, wird ihm keine Kriegsgräber zeigen und Thomas wird nie »Kästners Sohn« werden. Zwar erhält Thomas Siebert 1964 auf Antrag Kästners, obwohl jede rechtliche Grundlage dafür fehlt, den Namen Kästner zugesprochen; ein wahrer »Kästner« – also ein so »brillanter Musterknabe«, wie es der Vater einst war – wird er zu dessen Enttäuschung nicht. Im Gegenteil, der Sohn leidet unter diesem Namen, der ihn aus seiner Anonymität reißt. Außerdem befindet er sich in einer schwierigen Situation: In der Schule und im Bekanntenkreis muss er den »jungen Kästner« spielen, in der Öffentlichkeit bleibt er »weggedrückt«[6]. Ergebnis: Der Junge ist kein leicht erziehbares Kind. Und als die Mutter dem inzwischen fast fünfundsechzigjährigen Vater von ihren diesbezüglichen Sorgen schreibt, weiß der weltberühmte Kinderbuchautor, der sein Leben lang alle Hoffnungen in die Erziehbarkeit der Jugend setzte, keinen anderen Rat, als ihr Ohrfeigen als Erziehungsmittel zu empfehlen: »Wenn der kleine Kästner frech wird, dann pflück ihm eine! Vom immergrünen Watschenbaum!«[7]

Trotzdem berichtet Friedel Siebert von großer Sympathie zwischen Vater und Sohn. Vor allem aber von einem Sohn, der seinen Vater »sucht«, obwohl er die Atmosphäre in dessen Haus, die Spannungen, die seine Anwesenheit auslöst, als unerträglich empfindet. Später, als Erwachsener, will Thomas Kästner dann von der ganzen »Kästnerei« nichts mehr wissen.[8] Die Lyrik des Vaters allerdings mag er, ganz besonders *Die Maulwürfe*, ein Gedicht, in dem Kästner die ökologische Endzeitstimmung der Achtziger- und Neunzigerjahre vorwegnimmt und sich auch hierin mal wieder als sehr hellsichtig erweist.

Nein, ein wirklicher Vater konnte Erich Kästner seinem Sohn nicht mehr sein. Stattdessen ist die Beziehung, die er zu Friedel Siebert pflegt, in mancher Hinsicht eher väterlich zu nennen. Die Briefe, die er ihr aus dem Tessiner Sanatorium schreibt, belegen das. Und so, wie der Sohn Kästner einst der Mutter »Scheinchen« schickte, so sind nun auch diesen Briefen Geldscheine beigefügt: für neue Stiefel, die neue Sonnenbrille, den neuen Teppich, den Polsterer, den Möbeltransporteur, den Schreiner. Ab und zu auch »Scheinchen zum Verfressen«. Keine angenehme Situation für Friedel Siebert, der Überweisungen oder ein Dauerauftrag sicher lieber gewesen wären.

1964 hält Friedel Siebert diese Dreierbeziehung nicht mehr länger aus. Sie zieht mit ihrem Sohn nach Berlin und Kästner lebt für einige Zeit bei ihnen. 1969 verlangt Friedel Siebert dann endgültig, dass Kästner sich von Luiselotte Enderle trennt und offiziell mit seiner Familie zusammenlebt. Als er dazu nicht bereit ist, trennt sie sich von ihm. Er ist empört. Seiner Meinung nach hätten sich die beiden Frauen »arrangieren« müssen.

»In seinem Privatleben, könnte man meinen, ist der Moralist und Pädagoge Erich Kästner hinter seinen Ansprüchen etwas zurückgeblieben«, stellt Werner Schneyder nach seinen Gesprächen mit Friedel Siebert und Thomas Kästner fest, fügt jedoch an: »Solch ein Urteil wird aber zu bedenken haben: Ergebnis welcher Pädagogik und welcher Moral war dieser Mann selbst?«[9]

1962 – sieben Jahre vor der Trennung von Friedel Siebert – schreibt Kästner für seinen Sohn den Kinderroman *Der Kleine Mann*, 1967 folgt die Fortsetzung der Geschichte um den nur fünf Zentimeter großen Artistenpflegesohn Mäxchen Pichelsteiner, der in einer Streichholzschachtel schläft, von Räubern gekidnappt wird und nach vielen Abenteuern zum Zirkus zurückkehren darf: *Der Kleine Mann und die Kleine Miss*. Illustrator ist nun, nach dem Tod Walter Triers, Horst Lemke.

Hans Wagener bezeichnet den ersten der beiden Bände als »großen Wurf« und attestiert ihm eine »Mischung aus Moral, Kriminalistischem und effektvoll dosierter Sentimentalität«[10], den zweiten hält er für misslungen.

Diese beiden Kinderbücher folgen auf einige von Kästner zwischen 1950 und 1961 neu nacherzählte klassische Märchen, Romane und Schwänke und werden seine letzten Veröffentlichungen für Kinder bleiben. Sein letzter Gedichtband ist bereits 1955 erschienen – Titel: *Die dreizehn Monate*.

»Lyrik voll Schönheit, Duft und Innigkeit, und überhaucht von der Wehmut, die viele Werke Kästners atmen«, charakterisiert Luiselotte Enderle diese Gedichte.[11] Hans Wagener schreibt: »Es sind nette, froh illustrierte Verse, ohne Verbindlichkeit, in harmlosem, volksliedhaft-romantischem Ton, knabenhaft plätschernd und klingend, mit einem Gran resignierender Kästnerisch-melancholischer Wehmut gemischt. Ist hier der etwas müde Kritiker der Zeitgeschichte in die ›regelmäßige‹ Natur geflohen?«[12]

Nein, bei aller tief sitzenden Resignation, noch ist Kästner nicht geflohen. Die dreizehn Gedichte stellen nur eine Art verfrühten Abschied dar: Wenige Jahre nach dem Tod der Mutter, zwei Jahre vor dem Tod des Vaters, zwanzig Jahre vor dem eigenen Tod ein Blick zurück auf das sogenannte Schöne im Leben. Und im letzten Vers des letzten Gedichts, in dem der dreizehnte Monat besungen wird, heißt es bereits:

»Es tickt die Zeit. Das Jahr dreht sich im Kreise.
Und werden kann nur, was schon immer war.
Geduld, mein Herz. Im Kreise geht die Reise.
Und dem Dezember folgt der Januar.«[13]

In den ersten Jahren nach dem Krieg war es der tägliche Kram, der ablenkte. Blick zurück? Ja! Aber nicht auf das Schöne im Leben. Es gab Wichtigeres, Näherliegendes, darunter viel Furchtbares. Der Autor Kästner konnte nicht einfach da weitermachen, wo er 1933 aufgehört hatte. Die Nazis haben ihm mehr als nur zwölf Jahre gestohlen, sie haben ihm seine Lebensmitte genommen und damit unwiederbringliche Jahre der schöpferischen Reife, in denen sich seine Möglichkeiten hätten erfüllen können. Die Erkenntnis, dass die verlorene Zeit, die verlorene Kraft, der verlorene Mut nicht zu ersetzen sind, schmerzt.

All die Ehrungen, die dem Autor Kästner nun zuteil-
werden: 1956 Literaturpreis der Stadt München, 1957
Büchner-Preis, 1959 das Große Bundesverdienstkreuz,
1960 die Hans-Christian-Andersen-Medaille des Internationalen Kuratoriums für das Jugendbuch, 1968 Literaturpreis der Deutschen Freimaurer mit Überreichung
des Lessingringes, 1970 Kultureller Ehrenpreis der Stadt
München, 1974 Goldene Ehrenmünze Münchens – sie alle
können nur ein schwacher Trost sein. Der so häufig Ge-
ehrte weiß ja: Was er jetzt erntet, wurde bereits vor langer
Zeit gesät; der Beifall gilt mehr der Legende und moralischen Institution Kästner als dem aktuellen Autor. Und
auf den »Dezember« eines Menschen folgt nun mal kein
»Januar«.

Zum ersten Mal »wintert« es bereits 1961. Während eines
Vortrags in der Wiener Stadthalle, vor etwa viertausend
Zuhörern und eingeschalteten Fernsehkameras, erleidet
der zweiundsechzigjährige Kästner einen schweren Ischi-
asanfall. Es geschieht während des dritten von vier geplanten Vorträgen; um den vierten nicht ausfallen zu lassen,
schluckt er diverse schmerzstillende Tabletten. Damit rettet er die Veranstaltung, zieht sich aber schwere Magen-
krämpfe zu. Nach wochenlangem Krankenlager kommt
er nicht umhin, sich in der Münchner Universitätsklinik
einer Generaluntersuchung zu unterziehen – und erfährt
so, dass es noch ein drittes, weit gefährlicheres, wenn auch
schmerzloses Übel zu bekämpfen gilt: Tbc.

Ein schwerer Schlag für Kästner. An Lungentuberkulose starben einst die ihm geistesverwandten Autoren Morgenstern, Klabund und Ringelnatz. Wird es für ihn ebenfalls ein frühes Ende geben?

Die Ärzte raten zu sofortigem Ortswechsel. Ägypten oder Sizilien wären angebracht. Doch was soll ein Kästner in Ländern, in denen man nicht Deutsch spricht? Der Schweizer Höhenkurort Davos? Dünne Höhenluft verträgt er nicht. »Da erwähnte einer der Ärzte das Sanatorium in Agra ... Im Tessin. Ein paar hundert Meter überm Luganer See ... wo Hermann Hesse und der Maler Hans Purrmann wohnten. Das klang vertrauter.«[14]

Also fährt Kästner im Januar 1962 nach Agra – für anderthalb Jahre! Er verfertigt dort aus seinem Lustspiel *Zu treuen Händen* das Drehbuch zu dem Film *Liebe will gelernt sein*, schreibt am *Kleinen Mann*. Hauptsächlich aber wird er behandelt: Liegekuren, Bäder, Massagen, Medikamente. Als es ihm halbwegs besser geht, darf er Ausflüge machen, runter nach Lugano, Breganzona und Montagnola, wo er Hermann Hesse besucht.

Die Unzahl starker, filterloser Zigaretten und seinen täglichen Whisky lässt er sich in all der Zeit allerdings nicht nehmen. Sitzt er in dem altmodisch eingerichteten Kursaal, der ihn an seine alten Schreibcafés in Leipzig und Berlin erinnert, stellen die Kellner, die ihn wegen seiner netten Art und der fürstlichen Trinkgelder rasch schätzen gelernt haben, unaufgefordert ein Teeglas voll Whisky vor ihn hin. Kehrt er abends viel zu spät aus dem Ristorante ins Sanatorium zurück, steckt eine kleine Flasche in seiner Jackentasche. Horst Lemke, der im Tessin ein kleines Häuschen besitzt und sich ab und zu mit Kästner trifft, um die Illustrationen zum *Kleinen Mann* zu besprechen, beobachtet es mit Besorgnis.[15] Reinreden in seine private Unvernunft aber lässt sich ein Kästner nicht.

Im August 1962 stirbt Hermann Hesse und auch im Sanatorium gibt es immer wieder »Abgänge«. Kästner gehört trotz seiner »Sünden« zu den Glücklichen, die genesen; zwar nicht völlig, aber doch so weit, dass er im Mai 1963 nach München entlassen werden kann. Nach einem Rückfall muss er im Januar 1964 erneut nach Agra, diesmal für sieben Monate.

Im Jahr darauf wird Kästner zum Ehrenpräsidenten des westdeutschen PEN-Zentrums gewählt und in dieser Funktion bis zu seinem Tod 1974 immer wieder bestätigt. Außerdem stehen in den folgenden Jahren mehrere Reisen auf dem Programm des reiseunlustigen Autors: In Stockholm, Kopenhagen, London und Den Haag finden Ausstellungen zu seinem Werk statt. Eine Einladung nach Japan allerdings lehnt er ab, eine solche Reise wäre ihm zu strapaziös.

Im Ausland, vor allem in den angelsächsischen Ländern, beschäftigt sich die Literaturwissenschaft mit Kästners Werk; in Deutschland leistet man es sich, einen der meistgelesenen europäischen Autoren dieses Jahrhunderts mit flüchtigem Lob abzuspeisen. Kästner wollte immer fürs Volk schreiben und damit, wie Lessing, »weniger erhoben und fleißiger gelesen sein«. Dieses Ziel hat er erreicht. Den deutschen Literaturwissenschaftlern jedoch scheint diese Art Literatur nicht »tief« genug zu gehen. Vielleicht ist man aber auch nur irritiert, dass da einer satirische Lyrik und Kinderbücher, zeitkritische und Unterhaltungswerke verfasst hat. Auf jeden Fall hat eine ernsthafte Auseinandersetzung mit diesem Autor in Deutschland bis zum heutigen Tage kaum stattgefunden.

1965 und auch 1966 gibt es mehrere Anlässe für den schriftstellerisch bereits so gut wie verstummten Autor, sich politisch noch einmal zu Wort zu melden. Der erste ist eine erneute Bücherverbrennung, die im Oktober 1965 am Düsseldorfer Rheinufer stattgefunden hat. Mitglieder des *Evangelischen Jugendbundes für entschiedenes Christentum* haben dort unter Gitarrenbegleitung, fotografiert von einem evangelischen Pressemann und unterstützt von zwei Diakonissen, in- und ausländische Literatur ins Feuer geworfen. Darunter sogenannte Schundhefte (Wildwest-, Kriminal- und Landserromane vom Zeitungskiosk), aber auch Werke von Albert Camus, Françoise Sagan, Vladimir Nabokov, Günter Grass – und Erich Kästner. Es heißt, die jungen Leute hätten ihren Entschluss spontan gefasst; allerdings mit Genehmigung des Amtes für öffentliche Ordnung. Und nicht der Reichspropagandaminister Goebbels mit seiner Bücherverbrennung vom 10. Mai 1933 habe sie inspiriert, sondern der Apostel Paulus mit seiner Verbrennung heidnischer Zauberbücher.

Zufällig ist Kästner eine Woche nach dieser Aktion zu einer bereits Monate zuvor vereinbarten Lesung in Düsseldorf und spricht mit dem Oberbürgermeister (SPD) über diesen Vorfall. Der entschuldigt das Ganze als Dummejungenstreich, den man nicht hochspielen solle. Das Amt für öffentliche Ordnung habe nicht den literarischen Wert oder Unwert der verbrannten Bücher beurteilt, sondern sich allein für den Funkenflug interessiert. Deshalb habe es die Bücherverbrennung auch nicht »erlaubt«, sondern nur verhindert, dass sie auf dem Karlplatz stattfand, wie ursprünglich beabsichtigt war. Gegen das Rheinufer habe man – rein aus Funkenfluggründen – nichts einzuwenden gehabt.

Kästner ist entsetzt. »Mich verdroß diese Unbildung. Mich verdroß der bewiesene ›Feuereifer‹. Mich verdroß noch mehr, daß, nach wie vor, von einer spontanen Aktion die Rede war. Denn junge Christen, welcher Konfession auch immer, sollten nicht frecher lügen als andere junge Leute. Und am meisten verdroß mich die Schweigsamkeit der städtischen Behörden. Denn daß das Amt für öffentliche Ordnung einen bedenklichen Fehler gemacht hatte, als es nur an den Funkenflug auf dem Karlplatz dachte, nicht aber an brennendere Probleme, mußte dem Rathaus längst klargeworden sein.«[16]

Dem Rathaus vielleicht, nicht aber dem *Christlichen Verein Junger Männer*. Auf deren Kongress wird die Bücherverbrennung von fast zweihundert Delegierten ausdrücklich begrüßt. Und natürlich wird sie auf der Bundestagung der *entschiedenen Christen* ebenfalls »lebhaft gebilligt«. Das passt in eine Zeit, in der ein Bundeskanzler Ludwig Erhard einen kritischen Intellektuellen wie den Dramatiker Rolf Hochhuth »Pinscher« schimpft und in der ehemalige und neue Nazis es wagen, sich in einer Partei zu sammeln, die sich NPD nennt; ein Kürzel, das man nur mit einem anderen – SA – komplettieren muss, um hinter dieser »neuen« Partei die alte NSDAP zu entdecken.

Auch auf die sich häufenden Wahlerfolge dieser Unbelehrbaren reagiert Kästner: »Sie wissen jetzt, statistisch nachprüfbar, zweierlei«, schreibt er nach den bayrischen Gemeindewahlen 1966, die dieser Partei in manchen Städten bis zu zehn Prozent Wählerstimmen bescherten. »Erstens: Die öffentliche Unzufriedenheit wächst. Und zweitens: Sie läßt sich, zwanzig Jahre nach dem Zusammenbruch des Dritten Reichs, wieder mit den alten Phrasen anheizen und gängeln. Man braucht nicht mehr zu fordern, daß die Mängel unsrer Demokratie beseitigt werden. Man kann mit wachsender Zustimmung rechnen, wenn man fordert, daß die Demokratie selber abgeschafft wird. Ich sehe zu schwarz.«[17]

Er sieht nicht zu schwarz. Die Demokratie wird gefährdet bleiben in der Bundesrepublik Deutschland. Zwar ist die Blütezeit der NPD Ende der Sechzigerjahre schon wieder vorüber, dafür kommt in den Siebzigerjahren der Linksterrorismus auf, der es sich zum Ziel gesetzt hat, die Demokratie zu zerschlagen, aber – im Gegensatz zu den Rechten – keinen Rückhalt in der Bevölkerung findet. Gleichzeitig gibt es neben den linken Terrorgruppen immer auch rechtsradikale Wehrsportgruppen und neonazistische Vereinigungen, bis in den Achtziger- und Neunzigerjahren – insbesondere nach der Wiedervereinigung der beiden deutschen Staaten 1989 und bis in die Gegenwart hinein – ein neuer Rechtstrend zu beobachten ist. Verschiedene Parteien säen mit extremistischen Parolen Hass auf die ins Land flüchtenden Asylbewerber und Ausländer.

Asylantenheime brennen, es gibt Tote. Erschrocken fragen sich Politiker und Bürger, wo das herkommt, und wollen nicht wahrhaben, dass sie es selbst herangezüchtet haben – und das nicht erst seit gestern, sondern schon seit vorgestern, in den Fünfziger- und Sechzigerjahren, als man die jüngste deutsche Vergangenheit nicht aufarbeitete, sondern verdrängte; also nicht Schuld, Reue und Einsicht auf der Tagesordnung standen, sondern der Stolz auf das schon wieder Erreichte.

Bereits 1965 hat Kästner, zusammen mit vielen anderen Schriftstellern, Publizisten, Juristen, Geistes- und Naturwissenschaftlern, gegen die zur Debatte stehende Verjährung der Naziverbrechen protestiert. Später wendet er sich gegen den lang anhaltenden Krieg in Vietnam. Mitunterzeichner dieses Protestes sind unter anderen Wolfgang Hildesheimer, Heinrich Böll, Ingeborg Bachmann und Peter Weiss. Eine Verjährung der Naziverbrechen kann verhindert werden, der Krieg in Vietnam geht erst zu Ende, als die USA einsehen, dass dieser Krieg nicht zu gewinnen ist.

Wie hat Kästner 1957 geschrieben? »Aber die Menschen sind unheimliche Leute. Wer seine Schwiegermutter totschlägt, wird geköpft. Das ist ein uralter verständlicher Brauch. Wer aber Hunderttausende umbringt, erhält ein Denkmal. Straßen werden nach ihm benannt. Und die Schulkinder müssen auswendig lernen, wann er geboren wurde und wann er friedlich die gütigen Augen für immer schloß ...«[18]

Nach dem Desaster des Vietnamkriegs werden keine Denkmäler errichtet, zwanzig Jahre später jedoch, nach dem von den USA siegreich geführten Golfkrieg, werden Generäle zu Fernsehhelden hochstilisiert.

Kästner reichen die Erfahrungen der Sechzigerjahre, um sich seine endgültige Resignation einzugestehen: Der Autor, der als »nerviger, hochintelligenter Asphaltliterat« begann und »hellsichtig Zeit und Zukunft hochrechnete«[19], verzweifelt am gesunden Menschenverstand, den er ein Leben lang einforderte und der, wie er nun erkennen muss, für alle Zeit in der Minderheit bleiben wird.

Kurt Tucholsky hat seine Resignation auf der letzten Seite seines *Sudelbuchs* als Treppe dargestellt – »Sprechen, Schreiben, Schweigen« – und sich, als er auf der obersten Stufe angekommen war, das Leben genommen. Sein Schüler Kästner flüchtet sich in den letzten Jahren seines Lebens in den Wohlstand und den Alkohol.

Für die junge Generation der Siebzigerjahre ist er deshalb bald nur noch der Sozialromantiker und Kinderbuch-onkel; sie können nicht begreifen, weshalb er von den Nazis verboten war. Der ganze Kästner wurde ihnen weder in der Schule noch im Elternhaus nahegebracht.

Heute hat Kästner einen gesicherten Platz nur noch als Kinderbuchautor. Das ist viel für einen Autor, dessen Romane für Kinder vor über achtzig und vor mehr als fünfzig Jahren erstmals erschienen. Und ist doch zu wenig für einen der vielseitigsten deutschen Schriftsteller und Zeitkritiker dieses Jahrhunderts.

Am 23. Februar 1974 feiert Erich Kästner seinen fünfundsiebzigsten Geburtstag, am 29. Juli 1974, frühmorgens, stirbt er an Speiseröhrenkrebs. Beigesetzt wird er auf dem kleinen St.-Georgs-Friedhof in München-Bogenhausen.

PS: Am 28. Februar 1975 trägt der Moderator des Vormittagsmagazins des Norddeutschen Rundfunks einige Strophen aus Kästners *Patriotischem Bettgespräch* vor und wird daraufhin von seiner Moderatorentätigkeit beurlaubt. Begründung: Der Beitrag sei mit der Redaktion nicht abgesprochen und überdies politischen Inhalts gewesen.[20]

Wie heißt es doch in Kästners Gedicht *Warnung vor Selbstschüssen*:

»Ja, die Bösen und Beschränkten
sind die Meisten und die Stärkern.
Aber spiel nicht den Gekränkten.
Bleib am Leben, sie zu ärgern.«[21]

So ist der unbequeme Autor Kästner auch nach seinem
Tod am Leben geblieben. Wenigstens ein bisschen.

Zeittafel

1899 23. Februar: Erich Kästner in Dresden geboren
1906 Einschulung in die Volksschule in Dresden
1913 Eintritt ins Freiherrlich von Fletscher'sche Lehrerseminar, Dresden
1917 Einberufung zum Militär
1918 Entlassung aus dem Heeresdienst. Abschlusskurs am
Strehlener Lehrerseminar
1919 Hospitant am König-Georg-Gymnasium. Kriegsabitur.
Goldenes Stipendium der Stadt Dresden. Studienbeginn
in Leipzig (Germanistik, Geschichte, Philosophie und
Theaterwissenschaft)
1921 Sommersemester in Rostock. Bekanntschaft mit Ilse
Beeks. Wintersemester in Berlin
1922 Wieder in Leipzig. Assistent bei Prof. Albert Köster. Besuch des Zeitungswissenschaftlichen Instituts und Werkstudent. Anstellung bei der *Neuen Leipziger Zeitung*
1923 Beginn der Freundschaft mit Erich Ohser
1925 Promotion mit der Arbeit *Friedrich der Große und die
deutsche Literatur. Die Erwiderung auf seine Schrift »De
la littérature allemande«*
1926 Erste Auslandsreise mit der Mutter (Italien, Schweiz)
1927 Übersiedlung nach Berlin. Theaterkritiker und freier Mitarbeiter für Zeitungen und Zeitschriften, u. a. *Die Weltbühne, Tagebuch, Vossische Zeitung, Montag Morgen*.
Noch in Leipzig: Bekanntschaft mit Luiselotte Enderle.
Berlin: Beginn der Freundschaft zu Hermann Kesten
1928 Erste Reise nach Paris (mit Erich Ohser). Bekanntschaft
mit Walter Trier. Elfriede Mechnig wird Kästners Sekretärin

1930 April: zehntägige Reise in die Sowjetunion (mit Erich Ohser)

1931 Umzug in die erste eigene Wohnung (Charlottenburg, Roscherstraße). Wahl in den PEN-Club

1933 Publikationsverbot in Deutschland. 10. Mai: Bücherverbrennung durch die Nazis (u. a. *Herz auf Taille*). Neuer Verlag Kästners: Atrium, Zürich. Dezember: erste Verhaftung Kästners durch die Gestapo

1935 Bekanntschaft mit der Schauspielerin Herti Kirchner

1936 Reise nach Davos. Walter Trier emigriert nach London

1937 Zweite Verhaftung. Reise nach Bad Reichenhall, täglicher Grenzübergang nach Salzburg, um Walter Trier zu treffen

1938 September: Reise nach London und Rückkehr wegen Kriegsgefahr

1939 Herti Kirchner kommt bei einem Autounfall ums Leben

1942 Schreibverbot für Deutschland und das Ausland

1943 5. März: Uraufführung des Films *Münchhausen* in Berlin

1944 Kästners Wohnung fällt einem Bombenangriff zum Opfer. Er zieht zu Luiselotte Enderle. März: Erich Ohser und Erich Knauf werden verhaftet; Ohser begeht Selbstmord, Knauf wird wegen »defätistischer Äußerungen« zum Tode verurteilt und hingerichtet

1945 März: mit einer Filmexpedition von Harald Braun (Ufa) nach Mayrhofen (Zillertal, Tirol). Sommer: kurzer Aufenthalt in Schliersee. Herbst: Gründung des Kabaretts *Die Schaubude* in München, Feuilletonleiter bei der *Neuen Zeitung*; Mitarbeiterin: Luiselotte Enderle

1946 Januar: Umzug in eine möblierte Wohnung (München-Schwabing, Fuchsstraße). Kästner übernimmt die Herausgabe der Jugendzeitschrift *Pinguin*. September: Reise nach Berlin und Dresden; erstes Wiedersehen mit den Eltern

1947 Reise zum internationalen PEN-Kongress in Zürich

1949 Kästner lernt Friedel Siebert kennen

1950 Bundesfilmpreis für die Verfilmung des Kinderromans *Das doppelte Lottchen*

1951 Kästner wird Präsident des (west)deutschen PEN-Zentrums. Gründung des Kabaretts *Die kleine Freiheit* in München. Juli: Kästners Mutter stirbt in Dresden

1953 Umzug in die Münchner Flemingstraße, direkt am Herzogpark

1956 Literaturpreis der Stadt München

1957 Georg-Büchner-Preis. Dezember: Geburt des Sohnes Thomas. Silvester: Tod des Vaters

1958 Rede zum 25. Jahrestag der Bücherverbrennung (PEN-Kongress Hamburg)

1959 Zu Kästners 60. Geburtstag erscheinen seine *Gesammelten Schriften*. Großes Bundesverdienstkreuz

1960 Das Internationale Kuratorium für das Jugendbuch verleiht Kästner in Luxemburg die Hans-Christian-Andersen-Medaille

1961 Vier Vorlesungen in der Wiener Stadthalle. An Ischias erkrankt. In der Medizinischen Universitätsklinik München wird Tbc festgestellt

1962 Januar: Sanatorium Agra im Tessin

1963 Mai: Rückkehr nach München

1964 Januar bis August: wieder in Agra. Herbst: Eröffnung der Kästner-Ausstellung des Goethe-Instituts in der Internationalen Jugendbibliothek in München

1965 Reise zur Eröffnung der Kästner-Ausstellung in Stockholm. Oktober: Bücherverbrennung in Düsseldorf (u. a. *Herz auf Taille*)

1966 Reisen zu den Kästner-Ausstellungen in Kopenhagen (Januar) und London (Oktober)

1967 Februar: Lesung im Gobelinsaal des Zwingers, Dresden (PEN-Autorenaustausch mit Anna Seghers, die in Heidelberg liest). September: Reise zur Kästner-Ausstellung in Den Haag

1968 Literaturpreis Deutscher Freimaurer (Lessing-Ring)

1970 Kultureller Ehrenpreis der Stadt München

1974 13. Februar: Verleihung der Goldenen Ehrenmünze der Landeshauptstadt München. 23. Februar: 75. Geburtstag. 29. Juli: Erich Kästner stirbt

1975 9. Juni: Gründung der Erich-Kästner-Gesellschaft

1979 11. Februar: Peter Rühmkorf erhält den erstmals verliehenen Literaturpreis der Erich-Kästner-Gesellschaft

1991 Luiselotte Enderle stirbt

Quellenverzeichnis

Die Anmaßung

1 Erich Kästner (im Folgenden E. K.), Als ich ein kleiner Junge war © Atrium Verlag AG, Zürich 1957

2 E. K., Brief an mich selber. In: Gesammelte Schriften © Atrium Verlag AG, Zürich 1959

Kindheitsbilder

1 E. K., Als ich ein kleiner Junge war

2 Ebenda

3 Ebenda

4 Werner Schneyder, E. K. Ein brauchbarer Autor. München (Kindler) 1982

5 E. K., Als ich ein kleiner Junge war

6 D. A. Müller, Kästners Lyrik für die Schule. In: Rudolf Wolff (Hrsg.), E. K. Werk und Wirkung. Bonn (Bouvier) 1983

7 E. K., Als ich ein kleiner Junge war

8 Ebenda

9 Ebenda

10 E. K., Fabian. Die Geschichte eines Moralisten © Atrium Verlag AG, Zürich 1936 und Thomas Kästner

11 Hans Wagener, E. K./Reihe »Köpfe des 20. Jahrhunderts, Berlin (Colloquium) 1984

12 E. K., Als ich ein kleiner Junge war

Der Ersatz-Mann

1 E. K., Als ich ein kleiner Junge war

2 Ebenda

3 E. K., Emil und die Detektive. Berlin (Williams) 1929

4 E. K., Als ich ein kleiner Junge war

5 Ebenda

6 Ebenda

7 Ebenda

8 Ebenda

9 Ebenda

10 Ebenda

11 Ebenda

12 Ebenda

13 Ebenda

14 Ebenda

15 E. K., Zur Entstehungsgeschichte des Lehrers. In: Zeitschrift *Pinguin. Für junge Leute.* München, Juni 1946
16 E. K., Fabian
17 E. K., Erziehung zu blindem Gehorsam. In: Gesammelte Schriften
18 E. K., Kleine Führung durch die Jugend. In: Doktor Erich Kästners Lyrische Hausapotheke © Atrium Verlag AG, Zürich 1936 und Thomas Kästner
19 E. K., Zur Entstehungsgeschichte des Lehrers. In: Gesammelte Schriften
20 E. K., Als ich ein kleiner Junge war
21 E. K., Kurzgefaßter Lebenslauf. In: Ein Mann gibt Auskunft © Atrium Verlag AG, Zürich 1930 und Thomas Kästner
22 E. K., Gedanken eines Kinderfreundes. In: *Neue Zeitung.* München, Februar 1946
23 E. K., Ansprache zu Schulbeginn. In: Die kleine Freiheit © Atrium Verlag AG, Zürich 1952 und Thomas Kästner
24 Ebenda

Kennst du das Land?
1 E. K., Als ich ein kleiner Junge war
2 Ebenda
3 Bernhard von Bülow, Rede im Deutschen Reichstag vom 6. Dezember 1897
4 August Thyssen, Kriegszieldenkschrift. September 1914. In: Annemarie Lange (Hrsg.), Das wilhelminische Berlin. Berlin (Dietz) 1976
5 Ebenda
6 E. K., Primaner in Uniform. In: Ein Mann gibt Auskunft
7 E. K., Fabian
8 E. K., Sergeant Waurich. In: Lärm im Spiegel © Atrium Verlag AG, Zürich 1929 und Thomas Kästner
9 E. K., Fabian
10 E. K., Kennst du das Land, wo die Kanonen blühn? In: Herz auf Taille © Atrium Verlag AG, Zürich 1928 und Thomas Kästner
11 E. K., Die andre Möglichkeit. In: Ein Mann gibt Auskunft

Glückallein
1 Luiselotte Enderle, E. K. in Selbstzeugnissen und Bilddokumenten. Reinbek (Rowohlt) 1966
2 Ebenda
3 E. K., Zur Entstehungsgeschichte des Lehrers. In: Gesammelte Schriften
4 Eine Legende, an die auch Kästner glaubte, besagte, dass Hans Otto von den Nazischergen in den Hof der Berliner Gestapozentrale geworfen worden sei. Den Tod vor Augen, soll er »Das ist meine schönste Rolle« gerufen haben. Das entspricht jedoch nicht der Wahrheit.
5 E. K., Mein liebes, gutes Muttchen, Du! Briefe und Postkarten aus 30 Jahren. Ausgewählt und eingeleitet von Luiselotte Enderle. Hamburg (Albrecht Knaus) 1981
6 Ebenda
7 Ebenda

8 Enderle, E. K.
9 E. K., Junggesellen auf Reisen. In: Doktor Erich Kästners Lyrische Hausapotheke
10 E. K., Fabian
11 E. K., Mein liebes, gutes Muttchen, Du!
12 Ebenda
13 Ebenda
14 E. K., Sachliche Romanze. In: Lärm im Spiegel

Fortunas Fußtritt
1 E. K., Erich Ohser aus Plauen. In: Gesammelte Schriften
2 Ebenda
3 Luiselotte Enderle, Damals in Leipzig ... In: Das Kästner-Buch in Texten und Bildern, hrsg. von Sylvia List. München (Piper) 1975
4 E. K., Abendlied (später: Nachtgesang, K. K.) des Kammervirtuosen. In: Herz auf Taille
5 Enderle, Damals in Leipzig ...
6 E. K., Mit Erich Ohser in Paris. In: Gesammelte Schriften
7 Kurt Tucholsky (Peter Panther), Auf dem Nachttisch. In: *Die Weltbühne. Wochenschrift für Politik, Kunst und Wirtschaft*. Berlin, 9. 12. 1930. Zitiert nach: Helga Bemmann, Humor auf Taille. E. K. – Leben und Werk. Berlin (Verlag der Nation) 1983

Berlin
1 E. K., Zwei Versuche, Berlin wiederzusehen. In: Gesammelte Schriften
2 E. K., Fabian
3 E. K., Zuckmayer und der Kakadadaismus. In: *Die Weltbühne*, 28. 1. 1930
4 E. K., Glückwünsche an Carl Zuckmayer. In: Gesammelte Schriften
5 Ebenda
6 E. K., Möblierte Melancholie. In: Lärm im Spiegel
7 E. K., Fabian
8 E. K., Erich Ohser aus Plauen. In: Gesammelte Schriften
9 E. K., Mit Erich Ohser in Paris. In: Gesammelte Schriften
10 Géza von Cziffra, Der Kuh im Kaffeehaus. München (Kindler) 1984
11 E. K., Mein liebes, gutes Muttchen, Du!
12 E. K., Erich Ohser aus Plauen. In: Gesammelte Schriften
13 Ebenda
14 Hermann Kesten, E. K. – ein Sohn des Volkes. Vorwort zu: Das Kästner-Buch in Texten und Bildern, hrsg. von Sylvia List. München/Zürich (Piper) 1986
15 Ebenda
16 E. K., Mein liebes, gutes Muttchen, Du!
17 Ebenda
18 Ebenda
19 E. K., Ein Mann gibt Auskunft. In: Ein Mann gibt Auskunft
20 E. K., Fabian

Die kleine Versfabrik

1 Hermann Kesten, Wir, die Erben der Toten. Grabrede auf E. K. In: *Süddeutsche Zeitung*, 2. 8. 1974
2 Zitiert nach: Wagener, E. K.
3 Zitiert nach: Wolff (Hrsg.), E. K. Werk und Wirkung (Anmerkung zur Kästner-Rezeption)
4 E. K., Eine kleine Sonntagspredigt. In: Gesammelte Schriften
5 Marcel Reich-Ranicki, Der Dichter der kleinen Freiheit. In: *Frankfurter Allgemeine Zeitung*, 23. 2. 1974
6 Schneyder, E. K.
7 Hans Fallada, Auskunft über den Mann Kästner. In: Die Literatur XXXIV, 1931/32
8 Walter Benjamin, Linke Melancholie. In: Die Gesellschaft. Internationale Revue für Sozialismus und Politik. Berlin 1931
9 Bemmann, Humor auf Taille
10 E. K., Fabian
11 Benjamin, Linke Melancholie
12 Tucholsky (Peter Panther), Auf dem Nachttisch. In: *Die Weltbühne*, 9. 12. 1930
13 E. K., Und wo bleibt das Positive, Herr Kästner? In: Ein Mann gibt Auskunft
14 Ebenda
15 Tucholsky (Peter Panther), Auf dem Nachttisch
16 E. K., Kästner über Kästner. In: Die kleine Freiheit
17 Robert Neumann, Ein Sohn, etwas frühreif, schreibt an Frau Großhennig. In: Mit fremden Federn. München (Desch) 1952
18 Schneyder, E. K.
19 E. K., Mein liebes, gutes Muttchen, Du!
20 Rundfunkinterview mit Elfriede Mechnig vom 23. 2. 1980/RIAS Berlin
21 E. K., Begegnung mit Tucho. In: Gesammelte Schriften
22 E. K., Mein liebes, gutes Muttchen, Du!
23 E. K., Kurzgefaßter Lebenslauf. In: Ein Mann gibt Auskunft

Der anständige Junge

1 E. K., Einiges über Kinderbücher. In: Gesammelte Schriften
2 Bemmann, Humor auf Taille
3 Vgl. E. K., Als ich ein kleiner Junge war
4 Klaus Doderer in: Lexikon der Kinder- und Jugendliteratur. Weinheim/Basel (Beltz) 1984
5 Klaus Doderer, E. K.s »Emil und die Detektive«. Gesellschaftskritik in einem Kinderroman. In: Wolff (Hrsg.), E. K. Werk und Wirkung
6 Doderer in: Lexikon der Kinder- und Jugendliteratur
7 E. K., Kästner über Kästner. In: Die kleine Freiheit
8 Doderer in: Lexikon der Kinder- und Jugendliteratur
9 E. K., Pünktchen und Anton. Berlin (Williams & Co.) 1931
10 Ebenda

11 Wagener, E. K.
12 E. K., Pünktchen und Anton
13 E. K., Von der deutschen Vergeßlichkeit. Rede zur Erinnerung an den 20. Juli 1944, gehalten am 12. 5. 1954 in den Münchner Kammerspielen. In: Gesammelte Schriften
14 Wagener, E. K.
15 Ebenda
16 Ebenda
17 E. K., Ein deutscher Kleinmeister aus Prag. In: Gesammelte Schriften

Es brennt
1 E. K., Marschliedchen. In: Gesang zwischen den Stühlen © Atrium Verlag AG, Zürich 1932 und Thomas Kästner
2 E. K., Mein liebes, gutes Muttchen, Du!
3 Ebenda
4 Ebenda
5 Kindlers Literatur Lexikon. Zürich (Kindler) 1965
6 Wagener, E. K.
7 Zitiert nach Enderle, E. K.
8 Fallada, Auskunft über den Mann Kästner
9 E. K., Fabian und die Sittenrichter. In: *Die Weltbühne*, 27. 10. 1931
10 Ebenda
11 E. K., Fabian
12 E. K., Begegnung mit Tucho. In: Gesammelte Schriften
13 Schneyder, E. K.
14 E. K., Notwendige Antwort auf überflüssige Fragen. In: Kurz und bündig © Atrium Verlag AG, Zürich 1948 und Thomas Kästner
15 Gescheit und trotzdem tapfer. In: *Pinguin*, Januar 1946
16 E. K., Mein liebes, gutes Muttchen, Du!
17 E. K., Über das Auswandern. In: Gesammelte Schriften
18 Stefan Heym, Nachruf. München (Bertelsmann) 1988
19 Ebenda
20 E. K., Bei Durchsicht meiner Bücher © Atrium Verlag AG, Zürich 1946 und Thomas Kästner
21 E. K., Über das Verbrennen von Büchern. In: Gesammelte Schriften
22 Ebenda
23 Hans Beyer, im Interview mit Klaus Kordon 1982

Überwintern
1 E. K., Das Eisenbahngleichnis. In: Gesang zwischen den Stühlen
2 E. K., Bei Durchsicht meiner Bücher. Hier erinnert sich Kästner nicht richtig. Wer in Deutschland jener Tage seinen Beruf als Schriftsteller ausüben wollte, musste Mitglied der Reichsschrifttumskammer sein. Kästner hat sich mehrfach um die Aufnahme beworben und wurde nach längerer Diskussion für ein Jahr »zur Be-

währung« als Anwärter für die Mitgliedschaft aufgenommen. Das ermöglichte ihm zunächst die Weiterarbeit an seinen Buchprojekten. So wurde sein Kinderroman *Das fliegende Klassenzimmer* in den Jahren 1933 und 1934 noch zum großen Verkaufserfolg. Erst im Oktober 1934 wurde Kästners Antrag auf Mitgliedschaft in der Reichsschrifttumskammer abgelehnt.

3 Peter Aley, Jugendliteratur im Dritten Reich. Gütersloh 1967. Zitiert nach: Doderer, E. K.s »Emil und die Detektive«

4 In manchen Veröffentlichungen werden die nachfolgenden Geschehnisse unter »September 1934« erwähnt, was einer Überprüfung jedoch nicht standhält, da Kästner in Briefen an seine Mutter bereits unter dem 11. und 14. 12. 1933 darüber berichtet.

5 Enderle, E. K.

6 E. K., Unser Weihnachtsgeschenk. In: Gesammelte Schriften

7 E. K., Das Ende der Blutgruppenträger. In: Gesammelte Schriften

8 Bemmann, Humor auf Taille

9 Ebenda

10 E. K., Über den Charakter von Schriftstellern. In: Gesammelte Schriften

11 E. K., Was auch geschieht! In: Gesang zwischen den Stühlen

12 Zitiert nach Enderle, E. K.

13 Ebenda

14 Wagener, E. K.

15 Bemmann, Humor auf Taille

16 E. K., Die einäugige Literatur. In: Der tägliche Kram © Atrium Verlag AG, Zürich 1948 und Thomas Kästner

17 Schneyder, E. K.

18 Zitiert nach Bemmann, Humor auf Taille

19 Ebenda

20 Enderle, E. K.

21 Rundfunkinterview mit Elfriede Mechnig vom 23. 2. 1980

22 E. K., Unser Weihnachtsgeschenk. In: Gesammelte Schriften

23 Ebenda

24 E. K., Als ich ein kleiner Junge war

Die Zeit ist kaputt

1 E. K., Und wo bleibt das Positive, Herr Kästner? In: Ein Mann gibt Auskunft

2 E. K., Notabene 45 © Atrium Verlag AG, Zürich 1961 und Thomas Kästner

3 E. K., Briefe an mich selber. In: Gesammelte Schriften

4 Ebenda

5 E. K., Fabian

6 Enderle, E. K.

7 Ebenda

8 Wolfgang Harich, Erich Kästner wird fünfzig. In: *Die Weltbühne* Nr. 8, 1949

9 Claudia Dillmann, Ewige Jugend. Der Jubiläumsfilm »Münchhausen«. In: Das Ufa-Buch, hrsg. von H.-M. Bock und Michael Töteberg. Frankfurt a. M. (Verlag Zweitausendeins) 1992

10 Ebenda
11 E. K., Münchhausen. Ein Drehbuch. Frankfurt a. M. (Fischer) 1960
12 Zitiert nach Enderle, E. K. (Ablichtung des Originalschreibens)
13 Rundfunkinterview mit Elfriede Mechnig vom 23. 2. 1980
14 Oda Schaefer, Auch wenn du träumst, gehen die Uhren. Lebenserinnerungen.
   München (Piper) 1970
15 Rundfunkinterview mit Elfriede Mechnig vom 23. 2. 1980
16 Ebenda
17 E. K., Mama bringt die Wäsche. In: Gesammelte Schriften
18 Ebenda
19 Ebenda
20 E. K., Notabene 45
21 E. K., Erich Ohser aus Plauen. In: Gesammelte Schriften

Das verlorene Gesicht
 1 E. K., Und dann fuhr ich nach Dresden. In: Der tägliche Kram
 2 E. K., Notabene 45
 3 E. K., Mein liebes, gutes Muttchen, Du!
 4 E. K., Notabene 45
 5 Ebenda
 6 Ebenda
 7 Ebenda
 8 Ebenda
 9 Ebenda
10 Ebenda
11 Ebenda
12 Ebenda
13 Ebenda
14 Ebenda
15 Ebenda
16 Ebenda
17 Ebenda

Der tägliche Kram
 1 E. K., Notabene 45
 2 Ebenda
 3 E. K., Die andre Möglichkeit. In: Ein Mann gibt Auskunft
 4 E. K., Notabene 45
 5 Ebenda
 6 Ebenda
 7 Ebenda
 8 Ebenda
 9 Ebenda
10 Ebenda

11 Ebenda
12 E. K., Elegie mit Ei. In: Herz auf Taille
13 E. K., Der tägliche Kram
14 Ebenda
15 Heym, Nachruf
16 Enderle, E. K.
17 E. K., Notabene 45
18 Ebenda
19 *Pinguin*, Januar 1946
20 E. K., Marschlied 1945. In: Der tägliche Kram
21 Bemmann, Humor auf Taille
22 E. K., Streiflichter aus Nürnberg. In: Gesammelte Schriften
23 E. K., Sechsundvierzig Heiligabende. In: *Neue Zeitung*, Dezember 1945/Kinder-
beilage

Land ohne Zündhölzer

1 E. K., Wert oder Unwert des Menschen. In: Gesammelte Schriften
2 Ebenda
3 E. K., Das Märchen von den kleinen Dingen. In: Gesammelte Schriften
4 E. K., Gescheit und trotzdem tapfer. In: *Pinguin*, Januar 1946
5 E. K., Mein liebes, gutes Muttchen, Du!
6 Ebenda
7 E. K., Notabene 45
8 E. K., Mein liebes, gutes Muttchen, Du!
9 E. K., Zwei Versuche, Berlin wiederzusehen. In: Gesammelte Schriften
10 Rundfunkinterview mit Elfriede Mechnig vom 23. 2. 1980
11 E. K., Noch immer kein Wiedersehen mit Berlin. In: Gesammelte Schriften
12 E. K., Als ich ein kleiner Junge war
13 E. K., … und dann fuhr ich nach Dresden. In: Gesammelte Schriften
14 E. K., Als ich ein kleiner Junge war
15 E. K., … und dann fuhr ich nach Dresden
16 E. K., Der tägliche Kram
17 E. K., Deutschland 1948. In: Kurz und bündig

Die kleine Freiheit

1 James Krüss, Stilist und Menschenfreund. In: *Christ und Welt*, 21. 2. 1964
2 E. K., Das Zeitalter der Empfindlichkeit. In: Die kleine Freiheit
3 E. K., Die kleine Freiheit. In: Die kleine Freiheit
4 E. K., Frühlingserwachen. In: Die kleine Freiheit
5 Konrad Adenauer, Erinnerungen 1955–1959. Zitiert nach Peter Mertz, Das gerettete Theater. Weinheim/Berlin (Quadriga) 1990
6 Zitiert nach Mertz, Das gerettete Theater
7 E. K., Ostermarsch 1961. In: Gesammelte Schriften
8 E. K., Wahres Geschichtchen. In: Gesammelte Schriften

9 E. K., Nürnberg und die Historiker. In: Gesammelte Schriften
10 E. K., Vorwort zu: Wer nicht hören will, muß lesen. Textauswahl. Zürich (Atrium) 1956
11 Ebenda, Neuauflage 1971
12 Wagener, E. K.
13 Ebenda
14 E. K., Die Schule der Diktatoren. Eine Komödie in neun Bildern. Zürich (Atrium) 1956
15 Schneyder, E. K.
16 Vgl. Wilhelm Rausch, Vorwort zu: Erich Kästner. Was nicht in euren Lesebüchern steht. Frankfurt a. M. (Fischer Taschenbuch) 1968

Der dreizehnte Monat

1 E. K., Als ich ein kleiner Junge war
2 E. K., Stiller Besuch. In: Ein Mann gibt Auskunft
3 E. K., Brief an meinen Sohn. In: Gesang zwischen den Stühlen
4 Schneyder, E. K.
5 E. K., Brief an meinen Sohn. In: Gesang zwischen den Stühlen
6 Schneyder, E. K.
7 E. K., Briefe aus dem Tessin. Zürich (Arche) 1977
8 Schneyder, E. K.
9 Ebenda
10 Wagener, E. K.
11 Enderle, E. K.
12 Wagener, E. K.
13 E. K., Der dreizehnte Monat. In: Die dreizehn Monate. Zürich (Atrium) 1955
14 Enderle, E. K.
15 Vgl. Horst Lemke, Vorwort zu: E. K., Briefe aus dem Tessin
16 E. K., Lesestoff, Zündstoff, Brennstoff. In: Gesammelte Schriften
17 E. K., Die Einbahnstraße als Sackgasse. In: Gesammelte Schriften
18 E. K., Als ich ein kleiner Junge war
19 Schneyder, E. K.
20 Vgl. Sylvia List (Hrsg.), Das Kästner-Buch in Texten und Bildern. Zeittafel
21 E. K., Warnung vor Selbstschüssen. In: Lärm im Spiegel

Wir danken dem Atrium Verlag, Zürich, für die freundliche Genehmigung zum Abdruck aus Erich Kästners Werk.

Bibliografie

Werke Erich Kästners

Kinderbücher

Emil und die Detektive. Berlin (Williams) 1929

Pünktchen und Anton. Berlin (Williams) 1931

Der 35. Mai oder Konrad reitet in die Südsee. Berlin (Williams) 1931

Arthur mit dem langen Arm. Berlin (Williams) 1932

Das verhexte Telefon. Berlin (Williams) 1932

Das fliegende Klassenzimmer. Stuttgart (DVA) 1933

Emil und die drei Zwillinge. Zürich (Atrium) 1934

Till Eulenspiegel (Nacherzählung). Zürich (Atrium) 1938

Die Konferenz der Tiere. Zürich (Europa) 1949

Das doppelte Lottchen. Zürich (Atrium) 1949

Der gestiefelte Kater (Nacherzählung). Zürich (Atrium) 1950

Des Freiherrn von Münchhausen wunderbare Reisen und Abenteuer zu Wasser und zu Lande (Nacherzählung). Zürich (Atrium) 1951

Die Schildbürger (Nacherzählung). Zürich (Atrium) 1954

Leben und Taten des scharfsinnigen Ritter Don Quichotte (Nacherzählung). Zürich (Atrium) 1956

Als ich ein kleiner Junge war. Zürich (Atrium) 1957

Gullivers Reisen (Nacherzählung). Zürich (Atrium) 1961

Das Schwein beim Friseur. Zürich (Atrium) 1961

Der Kleine Mann. Zürich (Atrium) 1963

Der Kleine Mann und die Kleine Miss. Zürich (Atrium) 1967

(In der Bundesrepublik Deutschland erscheinen Kästners Kinderbücher seit Oktober 2018 wieder im Atrium Verlag, Zürich.)

Werke für Erwachsene (Einzelausgaben)

Herz auf Taille. Gedichte. Leipzig/Wien (Weller) 1928

Lärm im Spiegel. Gedichte. Leipzig/Wien (Weller) 1929

Ein Mann gibt Auskunft. Gedichte. Stuttgart (DVA) 1930

Fabian. Die Geschichte eines Moralisten. Roman. Stuttgart (DVA) 1931

Gesang zwischen den Stühlen. Gedichte. Stuttgart (DVA) 1932

Drei Männer im Schnee. Erzählung. Zürich (Rascher) 1934

Die verschwundene Miniatur. Roman. Zürich (Atrium) 1935

Doktor Erich Kästners Lyrische Hausapotheke. Gedichte. Zürich (Atrium) 1936

Georg und die Zwischenfälle (ab 1949: Der kleine Grenzverkehr). Roman. Zürich (Atrium) 1938

Bei Durchsicht meiner Bücher. Auswahl aus vier Versbänden. Zürich (Atrium) 1946

Der tägliche Kram. Chansons und Prosa 1945–1948. Zürich (Atrium) 1948

Kurz und bündig. Epigramme. Wien (Vereinigung Oltener Bücherfreunde) 1948. Erweiterte Ausgabe: Zürich (Atrium) 1950

Die kleine Freiheit. Chansons und Prosa 1949–1952. Zürich (Atrium) 1952

Die dreizehn Monate. Gedichte. Zürich (Atrium) 1955

Notabene 45. Ein Tagebuch. Zürich (Atrium) 1961

Friedrich der Große und die deutsche Literatur (Dissertation). Stuttgart (Kohlhammer) 1972

Der Zauberlehrling. Romanfragment. Ebenhausen (Voss) 1974

Briefe aus dem Tessin. Zürich (Arche) 1977

Der Gang vor die Hunde. Roman. Zürich (Atrium) 2013

Das Blaue Buch. Geheimes Kriegstagebuch 1941–1945. Zürich (Atrium) 2018

(In der Bundesrepublik Deutschland sind die genannten Einzelausgaben zuletzt wieder im Atrium Verlag, Zürich, erschienen.)

Werke für Erwachsene (Gesamtausgaben)
Gesammelte Schriften in sieben Bänden. Gemeinschaftsausgabe:
Zürich (Atrium), Berlin (Dressler), Köln (Kiepenheuer & Witsch),
Wien (Ullstein) 1959
Gesammelte Schriften in acht Bänden. (Taschenbuchkassette) München (Droemer) 1969

Werke für Erwachsene (Auswahlbände)
Ausgewählte Schriften in vier Bänden. Zürich (Atrium) 1983
Das Kästner-Buch in Texten und Bildern. Hrsg. von Sylvia List.
München (Piper) 1986

Theaterstücke
Leben in dieser Zeit. Hör- und Bühnenstück. Berlin (Chronos) 1930
Emil und die Detektive. Berlin (Chronos) 1930
Pünktchen und Anton. Berlin (Chronos) 1932
Zu treuen Händen. Komödie (unter dem Pseudonym Melchior
Kurtz veröffentlicht). Hamburg (Chronos) 1948
Die Schule der Diktatoren. Komödie in neun Bildern. Zürich (Atrium) 1956

Filmografie
Dann schon lieber Lebertran (Kurzfilm). Deutschland. Regie: Max
Ophüls. 1931. Co-Autor: Emmerich Pressburger
Emil und die Detektive. Deutschland. Co-Autoren: Emmerich
Pressburger, Billy Wilder. Regie: Gerhard Lamprecht. 1930
Emil und die Detektive (Emil/Emil and the Detectives). USA/England. Regie: Milton Rosmer. 1931
Das Ekel. Deutschland. Regie: Franz Wenzler und Eugen Schüfftan.
1931. Co-Autor: Emmerich Pressburger nach einer Idee von
Hans Reimann und Toni Impekoven.
Die Koffer des Herrn O. F. Deutschland. Regie: Alexander Granowsky. 1931. Songs von Erich Kästner
Drei Männer im Schnee. Schweden. Regie: Tancred Ibsen. 1936
Drei Männer im Schnee (Paradise for three). USA. Regie: Edward
Buzzell. 1938
Münchhausen. Deutschland. Regie: Josef von Baky. 1943
Der kleine Grenzverkehr. Deutschland. Regie: Hans Deppe. 1943

Das doppelte Lottchen. Bundesrepublik Deutschland. Regie: Josef von Baky. 1950

Pünktchen und Anton. Bundesrepublik Deutschland/Österreich. Regie: Thomas Engel. 1953

Die verschwundene Miniatur. Bundesrepublik Deutschland. Regie: Carl Heinz Schroth. 1954

Das fliegende Klassenzimmer. Bundesrepublik Deutschland. Regie: Kurt Hoffmann. 1954

Emil und die Detektive. Bundesrepublik Deutschland. Regie: R. A. Stemmle. 1954

Drei Männer im Schnee. Österreich. Regie: Kurt Hoffmann. 1955

Salzburger G'schichten (Der kleine Grenzverkehr). Bundesrepublik Deutschland. Regie: Kurt Hoffmann. 1956

Das doppelte Lottchen (The parent trap). USA. Regie: David Swift. 1961

Liebe will gelernt sein (Zu treuen Händen). Bundesrepublik Deutschland. Regie: Kurt Hoffmann. 1962

Emil und die Detektive (Emil and the Detectives). USA. Regie: Peter Tewkbury. 1963

Die Konferenz der Tiere (Zeichentrickfilm). Bundesrepublik Deutschland. Regie: Curt Linda. 1969

Fabian. Bundesrepublik Deutschland. Regie: Wolf Gremm. 1979

Charlie & Louise/Das doppelte Lottchen. Bundesrepublik Deutschland. Regie: Joseph Vilsmaier. 1994

Erich Kästner – Das andere Ich (Dokumentarfilm) Deutschland. Regie: Annette Baumeister. 2016

Kästner und der kleine Dienstag (Spielfilm) Deutschland/Österreich. Regie: Wolfgang Murnberger. 2016

Werke über Erich Kästner (Auswahl)

Werner Schneyder, Erich Kästner. Ein brauchbarer Autor. München (Kindler) 1982

Sven Hanuschek, Keiner blickt dir hinter das Gesicht: Das Leben Erich Kästners. München (Carl Hanser Verlag) 1999

Sven Hanuschek, Erich Kästner. Reinbek (Rowohlt Taschenbuch) 2004

Bildnachweis

Klaus Kordon

Klaus Kordon, geboren 1943 in Berlin, war Transport- und Lagerarbeiter, studierte Volkswirtschaft und unternahm als Exportkaufmann Reisen nach Afrika und Asien, insbesondere nach Indien. Heute lebt er als freischaffender Schriftsteller in Berlin. Seine Bücher wurden in viele Sprachen übersetzt und mit zum Teil internationalen Preisen ausgezeichnet.

Bei Beltz & Gelberg erschienen zahlreiche Bücher von Klaus Kordon, darunter die »Trilogie der Wendepunkte« mit den Romanen *Die roten Matrosen* oder *Ein vergessener Winter*, *Mit dem Rücken zur Wand* und *Der erste Frühling*. Der autobiografisch gefärbte Roman *Krokodil im Nacken* wurde für den Deutschen Bücherpreis nominiert und mit dem Deutschen Jugendliteraturpreis ausgezeichnet. Zuletzt erschien *Hilfe, ich will keinen Hund!*.

Für sein Gesamtwerk erhielt Klaus Kordon den Alex-Wedding-Preis der Akademie der Künste zu Berlin und Brandenburg, den Großen Preis der Deutschen Akademie für Kinder- und Jugendliteratur und 2016 den Sonderpreis des Deutschen Jugendliteraturpreises.

Arnulf Zitelmann

Keiner dreht mich um

Die Lebensgeschichte des Martin Luther King

Mit Fotos, 276 Seiten (ab 14), Gulliver TB 74873
Auswahlliste zum Deutschen Jugendliteraturpreis

Als Pfarrer in Montgomery brachte ihn der
Busstreik an die Spitze der Bürgerrechts-
bewegung. Er mobilisierte landesweit Widerstand gegen das weiße Unterdrückungssystem
und wurde mit dem Friedensnobelpreis geehrt.
Auch im Erfolg verließen ihn seine Selbst-
zweifel nicht. Doch bei aller Kritik blieb Martin
Luther King dabei: »Keiner dreht mich um.«

Maren Gottschalk

Die Morgenröte unserer Freiheit
Die Lebensgeschichte des Nelson Mandela

Mit Fotos, 312 Seiten (ab 14), Gulliver TB 74872
Ebenfalls als E-Book erhältlich (74479)

Nelson Mandela, geboren 1918, wird schon
früh zur zentralen Figur des African National
Congress. Über viele Jahre hinweg hält er am
gewaltlosen Widerstand gegen Rassismus und
Intoleranz fest. Doch angesichts der Brutalität
des Apartheidregimes geht er in den Untergrund,
wird verhaftet und jahrzehntelang gefangen
gehalten. Dass die Revolution am Kap der
Guten Hoffnung schließlich friedlich verläuft,
ist nicht zuletzt Verdienst Mandelas, der nach
seiner Freilassung alles daransetzt, um die tiefen
Gräben zwischen Schwarzen und Weißen zu
überwinden.

 **GULLIVER** www.beltz.de
Beltz & Gelberg, Postfach 10 01 54, 69441 Weinheim

Arnulf Zitelmann
»Widerrufen kann ich nicht«
Die Lebensgeschichte des Martin Luther

Mit Abbildungen, 204 Seiten (ab 14), Gulliver TB 74768
Ebenfalls als E-Book erhältlich (74813)
Auswahlliste zum Deutschen Jugendliteraturpreis

Jurist sollte er werden, Staatsbeamter. Statt
dessen wurde Martin Luther (1483–1546)
»Doktor der Heiligen Schrift« und stellte mit
seinen Wittenberger Thesen Kirche und
Obrigkeit in Frage. Damit brach die alte
Ordnung zusammen. Bauern revoltierten,
Fürsten widersetzten sich dem Kaiser, Nonnen
brachen aus dem Kloster aus. Aber hat Luther
selbst das alles so gewollt?

Renate Wind
Dem Rad in die Speichen fallen
Die Lebensgeschichte des Dietrich Bonhoeffer

Mit Fotos, 240 Seiten (ab 14), Gulliver TB 78805
Evangelischer Buchpreis
Auswahlliste zum Deutschen Jugendliteraturpreis

Dietrich Bonhoeffer (1906–1945) erlebt, wie
Antisemitismus zur Staatsideologie erhoben
wird. Unermüdlich übt er scharfe Kritik an der
Haltung der evangelischen Kirche zum
Naziregime. Christsein bedeutet für Bonhoeffer
gesellschaftliche Parteinahme und politischer
Widerstand. 1943 wird er von der Gestapo
verhaftet und nach zweijähriger Haft im KZ
Flossenbürg umgebracht.

 **GULLIVER** www.beltz.de
Beltz & Gelberg, Postfach 10 01 54, 69441 Weinheim

Mirjam Pressler
Ich sehne mich so
Die Lebensgeschichte der Anne Frank
Mit Fotos, 224 Seiten (ab 14), Gulliver TB 74097

Durch ihr Tagebuch wurde Anne Frank (1929–1945) weltberühmt. Mirjam Pressler entwirft ein lebendiges Bild des deutsch-jüdischen Mädchens mit all seinen Widersprüchen, Begabungen und Sehnsüchten und zeichnet Annes Leben nach – von der Zeit des Untertauchens bis zu ihrem Tod 1945 im Konzentrationslager Bergen-Belsen.

Alois Prinz
Lieber wütend als traurig
Die Lebensgeschichte der Ulrike Marie Meinhof
Mit Fotos, 336 Seiten (ab 14), Gulliver TB 74012
Deutscher Jugendliteraturpreis

Ulrike Marie Meinhof (1934–1976) war Bürgerstochter, renommierte Journalistin und Mitbegründerin der Roten Armee Fraktion – eine christliche Pazifistin, die schließlich die Welt mit Gewalt verändern wollte. Mit gebotener Distanz erzählt der Autor ein Leben, in dem sich die Nachkriegsgeschichte der Bundesrepublik spiegelt und das zugleich fundamentale Fragen politischer Ethik aufwirft.

GULLIVER   www.beltz.de
Beltz & Gelberg, Postfach 10 01 54, 69441 Weinheim

Maren Gottschalk
Schluss. Jetzt werde ich etwas tun
Die Lebensgeschichte der Sophie Scholl

Mit Fotos, 264 Seiten (ab 14), Gulliver TB 81264
Ebenfalls als E-Book erhältlich (74417)

Als Widerstandskämpferin und Mitglied der
Weißen Rose wurde Sophie Scholl (1921–1943)
zur Ikone. Ihr Mut und ihre Unerschrockenheit
sind umso erstaunlicher, als sie noch wenige
Jahre vorher eine begeisterte HJ-Führerin war.
Wer war Sophie Scholl also wirklich? Die
einfühlsame Biografie zeigt, dass ihre
Persönlichkeit wesentlich vielschichtiger war
als bisher bekannt.

Alois Prinz
Beruf Philosophin oder Die Liebe zur Welt
Die Lebensgeschichte der Hannah Arendt

Mit Fotos, 328 Seiten (ab 14), Gulliver TB 78879
Ebenfalls als E-Book erhältlich (74443)
Evangelischer Buchpreis

Hannah Arendt gilt als die bedeutendste Frau in
der Geschichte der Philosophie. Ihre Arbeiten zu
den Grundlagen totalitärer Herrschaft zählen zu
den großen politisch-philosophischen Werken
des 20. Jahrhunderts. Ihre Biographie liest sich
wie ein Plädoyer für Mut und Engagement, wie
ein Loblied auf die Freundschaft und die Liebe
zur Freiheit.

 **GULLIVER**   www.beltz.de
Beltz & Gelberg, Postfach 10 01 54, 69441 Weinheim

Klaus Kordon
Ein Trümmersommer

Roman, 197 Seiten (ab 12), Gulliver TB 74775
Ebenfalls als E-Book erhältlich (74951)

Berlin 1947 – eine Stadt in Trümmern, in
der sich Pit und Eule, mit ihren Freunden,
Geschwistern und Müttern durchschlagen
müssen. Väter sind rar, sie sind gefallen
oder in Gefangenschaft. Die Jagd nach
Essen, Hamsterkäufe und Handel auf dem
Schwarzmarkt gehören zum Alltag. Pit
und Eule spielen in den Ruinen, gründen
eine Bande und werden schließlich in einen
Einbruch verwickelt …

Klaus Kordon
Krokodil im Nacken

Roman, 796 Seiten (ab 14), Gulliver TB 78632
Deutscher Jugendliteraturpreis
Ebenfalls als E-Book erhältlich (74179)

Die bewegende Lebensgeschichte des Manfred
Lenz, der nach einem missglückten Flucht-
versuch aus der DDR ein Jahr in Stasi-
Gefängnissen verbringt. Er erinnert sich an
seine Kindheit und Jugend in Ost-Berlin und an
die Verzweiflung, die ihn eines Tages zur Flucht
in den Westen zwingt. Ein Zeitpanorama, wie
es authentischer und packender nicht sein
könnte.

GULLIVER www.beltz.de
Beltz & Gelberg, Postfach 10 01 54, 69441 Weinheim